이혜정 지음

글쓰기는 왜 해야 할까요?

사람은 태어날 때부터 자기표현을 해요. 인간은 자기를 표현하며 '살아 있음'을 증명하기 때문이지요. 말을 배우기 전까지는 의미를 알 수 없는 소리와 몸짓으로, 말을 배운 후에는 의미 있는 소리와 행동으로, 그리고 글을 배운 후에는 글로도 생각을 표현해요.

말과 글은 둘 다 자기표현의 수단이지만, 단지 음성이냐 활자냐의 차이만 있는 것은 아니에요. 글은 말보다 더 깊고, 선명해요. 그리고 한층 더 정선된 표현을 하도록 도와준답니다. 우리가 글을 쓰는 이유도 이 때문이에요.

그럼, 글을 잘 쓰기 위해서는 어떻게 해야 할까요? 이 책과 함께 다음과 같은 순서로 글쓰기 연습을 해 보세요.

○ 1단계. 배경지식

풍부한 배경지식은 글을 쓰는 데 큰 도움이 돼요. 글쓰기 소재에 대해 잘 알면 보다 정확하고 깊이 있는 글을 쓸 수 있거든요. 고사성어, 속담, 문학 작품, 뉴스 기사 등 오늘의 글쓰기 소재에 관한 다양한 종류의 글을 읽어 보세요.

○ 2단계. 생각 열기

소재에 대한 배경지식을 쌓았다면, 이제 그에 대한 나만의 생각을 펼칠 수 있어야 해요. 머릿속에 가지고 있는 생각들이 내 글의 중요한 재료가 되기 때문이지요. 일단 생각나는 대로 최대한 많이, 마음껏 늘어놓아 보세요.

○ 3단계. 생각 글쓰기

이제 늘어놓은 생각을 보며 글의 주제를 정하고, 주제와 관련된 생각만 다시 모아 정리하여 글을 써요. 상황과 목적에 맞는 글의 갈래와 글쓰기 기법을 각각 10가지씩 소개할 거예요. 그 전략을 잘 활용해 내 생각을 마음껏 표현해 보세요.

'시작이 반이다.'라는 속담이 있어요. 이 책을 편 여러분은 이미 반을 끝낸 것이나 다름없답니다. 차근차근 하루 한 장씩 글쓰기 연습을 하다 보면, 어느새 나만의 글 50편을 멋지게 완성할 수 있을 거예요.

자, 이제 선생님과 함께 본격적으로 글쓰기 여행을 떠나 볼까요?

웃는샘 이혜정

이 책의 구성

이 책은 초등 국어 교육과정에 제시된 글의 갈래와 글쓰기 기법을 이해하고 경험함으로써 체계적인 글쓰기 훈련을 할 수 있는 교재입니다. 초등학생의 관심 분야에 맞는 친밀한 소재를 골라, '나 → 너 → 우리 → 세상'으로 주제를 확장하며 생각의 폭을 점차 넓힐 수 있도록 구성하였습니다. '배경지식' → '생각 열기' → '생각 글쓰기'의 3단계 과정을 거치며 50편의 글을 완성해 보세요. 다양한 종류의 글과 그에 어울리는 글쓰기 전략을 골고루 체험하고 나면 어떤 글이든 자신 있게 쓸 수 있을 거예요.

DAY 01 편지글 **반짝반짝 빛나는 나**

배경지식 내가 태어난 달의 탄생석을 찾아 그 의미를 살펴봐요.

1월	2월	3월	4월
가넷 (진실, 우정)	자수정 (성실, 평화)	아쿠아마린 (젊음, 행복)	다이아몬드 (불멸, 사랑)
5월	6월	7월	8월
에메랄드 (행복, 행운)	진주 (깨끗함, 부귀)	루비 (사랑, 평화)	페리도트 (가족 행복, 친구 화합)
9월	10월	11월	12월
사파이어 (성실, 진실)	오팔 (희망, 깨끗함)	토파즈 (건강, 희망)	터키석 (성공, 승리)

- 내 탄생석은 (이)다.
- 내 탄생석의 의미는 (이)다.
- 다른 탄생석의 의미도 살펴보고, 마음에 드는 것과 그 이유를 써요.

생각 열기 내 탄생석의 의미와 지금 나의 모습을 비교해서 써요.

탄생석의 의미와 어울리는 내 모습이나 성격	탄생석의 의미와 어울리지 않는 내 모습이나 성격

12

생각 글쓰기 나의 탄생석에게 편지를 써요.

편지글 + 빗대어 쓰기: 어떤 것을 직접적으로 쓰지 않고, 비슷한 다른 것으로 대신 말하는 방법 → 현재 나의 모습을 내 탄생석의 의미에 빗대어 보고, 내 탄생석에게 편지를 써요.

받는 사람	에게
첫인사	안녕? 나는 야.
1 쓴 이유	너의 의미가 (이)라고 들었어.
2 전할 내용	너와 내가 닮은 부분은 너와 내가 닮지 않은 부분은
3 마무리	나는 앞으로
날짜 / 보내는 사람	년 월 일 가

현재 내 모습이 내 탄생석의 의미에 가까운지 먼저 써 봐.

탄생석과 닮거나 닮지 않은 내 모습을 떠올려서 구체적으로 설명해 보자. 실제 경험도 써 봐.

내 탄생석에게 앞으로 어떻게 살지 약속해 보자. 탄생석의 의미와 관련지으면 더 좋겠지?

13

1단계. 배경지식

글쓰기에 앞서 흥미를 유발하는 다양한 이야깃거리, 국어 실력을 키워 주는 고사성어와 속담 등으로 배경지식을 쌓아요.

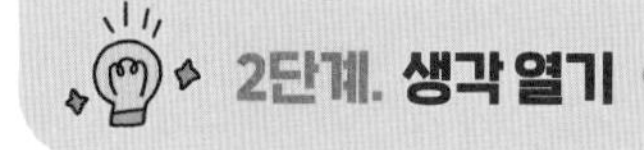

2단계. 생각 열기

마인드맵, 시간 순서대로 정리하기, 뇌 들여다보기 등 다양한 방법으로 소재에 대한 생각을 펼칩니다. 여기서 꺼낸 생각들은 글을 만드는 재료가 됩니다.

3단계. 생각 글쓰기

글의 주제를 정한 후, 주장하는 글, 생활글, 설명글, 시나리오 등 상황과 목적에 맞는 글의 종류를 선택합니다. 다음으로 빗대어 쓰기, 가정하여 쓰기, 사례 들어 쓰기, 원인·결과 쓰기 등의 글쓰기 전략을 활용해 나만의 글을 씁니다. 생각이 잘 나지 않거나 쓰기 어려울 때는 '글쓰기 가이드북'을 참고하세요.

차례

1 '나'

2 '너'

3 '우리'

4 '세상'

5 '밸런스 글쓰기'

글의 갈래와 글쓰기 전략 소개

	글의 갈래	어떤 글일까요?
1	생활글	일상생활에서 겪은 일을 중심으로 쓴 글이에요. 여러분이 자주 쓰는 일기도 바로 생활글이지요. 있었던 일(사실)과 그에 대한 자기 생각을 자유롭게 풀어 쓰면 돼요.
2	상상글	실제로 경험하지 않은 현상이나 사물에 대해 마음속으로 떠올린 이야기를 쓴 글이에요. 상상한 내용은 실제 있었던 일이 아니기 때문에, 구체적으로 상황을 그린 후에 글을 써야 해요.
3	설명글	읽는 이에게 지식이나 정보를 전달하고 이해시키기 위해 쓴 객관적인 글이에요. 사실에 바탕을 두어야 하며, 읽는 사람이 이해하기 쉽도록 풀어 써야 해요. 조사한 자료를 그대로 베껴 쓰지 않도록 주의해요.
4	주장하는 글	어떤 주제에 관해 자기의 생각이나 주장을 조리 있고 짜임새 있게 밝혀 쓴 글이에요. 상대방을 설득할 수 있도록 타당한 근거가 뒷받침되어야 하죠. 근거를 쓸 때는 관련 사례를 제시하면 효과를 높일 수 있어요.
5	감상글	어떤 것을 보거나 겪은 느낌을 쓴 글이에요. • 책을 읽고 쓴 감상글은 '독후감상글'이라고 해요. 제목(주제), 읽게 된 동기, 줄거리, 책을 읽고 난 후의 생각 등이 들어가지요. • 여행 후 쓴 감상글은 '기행글'이라고 해요. 기행글에서는 시간과 장소의 흐름에 따라 여정, 견문, 감상이 잘 드러나야 해요.
6	편지글	안부, 소식, 용무 등을 적어 누군가에게 보내는 글이에요. 마음을 정확하게 전달하는 방법 중 하나지요. 받는 사람, 첫인사, 쓴 이유, 전달하고 싶은 내용, 끝인사, 날짜와 보내는 사람을 써요.
7	시	생각이나 느낌을 리듬이 느껴지는 말을 활용하여 짧게 표현한 글이에요. 똑같은 말을 여러 번 반복해서 쓰거나, 비슷한 말에 빗대어 써서 노래하는 것 같은 느낌을 줘요. 행(시의 한 줄)과 연(행 덩어리)으로 구성돼요.
8	시나리오	'희곡'이라고도 해요. 영화나 연극의 대본을 뜻하며, 해설(시간과 공간 설명), 대사(등장인물끼리 주고받는 말), 지시문(등장인물의 몸짓이나 말투)으로 구성돼요. 연극 장면이 눈앞에서 펼쳐지는 것처럼 표현해요.
9	광고글	광고에는 상품의 정보를 선전하는 '상업광고', 공공의 이익을 목적으로 하는 '공익광고'가 있어요. 상업광고글에서는 상품의 장점을 잘 표현해야 하고, 공익광고글은 사람들에게 알리려는 주제를 분명하게 드러내야 해요.
10	뉴스 기사	정보와 사실을 전해 주기 위해 쓰는 글이에요. 읽는 사람이 관심을 가질 만한 것, 알릴 만한 가치가 있는 것이어야 하며, 정확한 자료를 바탕으로 해요.

	글쓰기 전략	어떤 방법일까요?
1	빗대어 쓰기	'비유'라고도 해요. 어떤 것을 직접적으로 쓰지 않고, 비슷한 다른 것으로 대신 말하는 것을 의미해요.
2	가정하여 쓰기	사실이 아니거나, 사실인지 아닌지 혹은 실제로 일어날지 아닐지 분명하지 않은 일을 임시로 일어났다고 인정해서 쓰는 거예요. 영어에서 'if'(~라면)'의 용법과 비슷해요.
3	사례 들어 쓰기	실제로 있었던 일을 제시하며 글을 쓰는 것을 의미해요. 구체적인 근거를 들 때 활용하는 방법이에요.
4	나열하여 쓰기	'나열'은 사례나 방법들을 나란히 줄을 짓듯 죽 벌여 놓는 방법이에요. 나열한 후 하나씩 분석해 보면 더 정확한 글을 쓸 수 있겠죠?
5	인용하여 쓰기	'인용'은 남의 말이나 글을 자신의 글 속에 끌어들이는 것이에요. 보통 속담이나 고사성어, 옛이야기 등을 자신의 주장을 뒷받침하기 위해 인용하지요.
6	원인·결과 쓰기	'원인'은 어떤 일이 일어난 까닭을, '결과'는 그 원인 때문에 벌어진 일을 말해요. 원인과 결과를 말할 때는 '왜냐하면', '그래서', '~ 때문에' 등의 접속사를 사용해요.
7	비교·대조하여 쓰기	'비교'는 두 가지 이상의 대상에서 공통점을 찾아 설명하는 것이고, '대조'는 두 가지 이상의 대상에서 차이점을 찾아 설명하는 거예요.
8	묘사하여 쓰기	'묘사'는 어떤 대상이나 사물, 현상을 그림을 그리듯 생생하게 서술하는 것을 의미해요. 모양, 색깔, 소리, 냄새, 감촉 등을 자세히 표현해요.
9	시간 흐름에 따라 쓰기	어떤 사건이 시작되기 전부터 끝난 후까지, 시간의 흐름에 따라 있었던 일들을 나열하는 방법이에요. 여행 후 감상을 기록하는 기행글을 쓸 때 활용하면 좋아요.
10	장소 이동에 따라 쓰기	장소가 바뀜에 따라 있었던 일들을 죽 나열하는 방법이에요. 각 장소의 특징과 그곳에서 있었던 일, 느낀 점 등을 써요.

50일 학습 계획표

	소재	글의 갈래	글쓰기 전략	글 쓴 날짜
1 '나'	1. 나	편지글	빗대어 쓰기	월 일
	2. 소원	독후감상글	가정하여 쓰기	월 일
	3. 취미	생활글	사례 들어 쓰기	월 일
	4. 공부	설명글	원인·결과 쓰기	월 일
	5. 습관	주장하는 글	나열하여 쓰기	월 일
	6. 노력	광고글	인용하여 쓰기	월 일
	7. 보물	시나리오	비교·대조하여 쓰기	월 일
	8. 추억	감상글	시간 흐름에 따라 쓰기	월 일
	9. 마음	시	묘사하여 쓰기	월 일
	10. 미래	상상글	장소 이동에 따라 쓰기	월 일
2 '너'	11. 친구	편지글	사례 들어 쓰기	월 일
	12. 동물	상상글	가정하여 쓰기	월 일
	13. 놀이	설명글	나열하여 쓰기	월 일
	14. 날씨	생활글	묘사하여 쓰기	월 일
	15. 계절	감상글	비교·대조하여 쓰기	월 일
	16. 학교 폭력	광고글	원인·결과 쓰기	월 일
	17. 거짓말	시나리오	장소 이동에 따라 쓰기	월 일
	18. 듣고 싶은 말	시	빗대어 쓰기	월 일
	19. 독서	주장하는 글	인용하여 쓰기	월 일
	20. 배려	독후감상글	시간 흐름에 따라 쓰기	월 일

3 '우리'	21. 집	상상글	묘사하여 쓰기	월 일
	22. 학교	설명글	나열하여 쓰기	월 일
	23. 급식 시간	주장하는 글	사례 들어 쓰기	월 일
	24. 가족	편지글	인용하여 쓰기	월 일
	25. 다문화	광고글	비교·대조하여 쓰기	월 일
	26. 여행	기행글	장소 이동에 따라 쓰기	월 일
	27. 교실	시나리오	시간 흐름에 따라 쓰기	월 일
	28. 우리나라	시	빗대어 쓰기	월 일
	29. 세종 대왕	독후감상글	원인·결과 쓰기	월 일
	30. 우리 동네	생활글	가정하여 쓰기	월 일
4 '세상'	31. 마법	상상글	묘사하여 쓰기	월 일
	32. 꿈	시	인용하여 쓰기	월 일
	33. 운명	주장하는 글	사례 들어 쓰기	월 일
	34. 우주	편지글	가정하여 쓰기	월 일
	35. 가상 세계	광고글	비교·대조하여 쓰기	월 일
	36. 지옥과 천국	기행글	장소 이동에 따라 쓰기	월 일
	37. 전설	시나리오	빗대어 쓰기	월 일
	38. 신화	설명글	나열하여 쓰기	월 일
	39. 히어로	독후감상글	원인·결과 쓰기	월 일
	40. 전쟁	뉴스 기사	시간 흐름에 따라 쓰기	월 일
5 '밸런스 글쓰기'	41. 어른 vs 아이	주장하는 글	사례 들어 쓰기	월 일
	42. 공부 vs 외모	생활글	인용하여 쓰기	월 일
	43. 과거 vs 미래	설명글	나열하여 쓰기	월 일
	44. 초능력 고르기	시나리오	가정하여 쓰기	월 일
	45. 복권 고르기	상상글	원인·결과 쓰기	월 일
	46. 산 vs 바다	기행글	장소 이동에 따라 쓰기	월 일
	47. 여름 vs 겨울	시	시간 흐름에 따라 쓰기	월 일
	48. 남자 vs 여자	독후감상글	비교·대조하여 쓰기	월 일
	49. 호텔 vs 풀빌라	광고글	묘사하여 쓰기	월 일
	50. 친구 고르기	편지글	빗대어 쓰기	월 일

1

'나'

'나'에 대해 아는 것은 글쓰기의 시작이죠.
글쓰기는 자기를 표현하는 것이니까요.
나를 들여다보는 시간을 가져 봐요.

DAY 01
편지글

반짝반짝 빛나는 나

배경지식 내가 태어난 달의 탄생석을 찾아 그 의미를 살펴봐요.

1월	2월	3월	4월
가넷 (진실, 우정)	자수정 (성실, 평화)	아쿠아마린 (젊음, 행복)	다이아몬드 (불멸, 사랑)
5월	**6월**	**7월**	**8월**
에메랄드 (행복, 행운)	진주 (깨끗함, 부귀)	루비 (사랑, 평화)	페리도트 (가족 행복, 친구 화합)
9월	**10월**	**11월**	**12월**
사파이어 (성실, 진실)	오팔 (희망, 깨끗함)	토파즈 (건강, 희망)	터키석 (성공, 승리)

- 내 탄생석은 ____________ (이)다.
- 내 탄생석의 의미는 ____________ (이)다.
- 다른 탄생석의 의미도 살펴보고, 마음에 드는 것과 그 이유를 써요.

생각 열기 내 탄생석의 의미와 지금 나의 모습을 비교해서 써요.

탄생석의 의미와 어울리는 내 모습이나 성격	탄생석의 의미와 어울리지 않는 내 모습이나 성격

생각 글쓰기 나의 탄생석에게 편지를 써요.

편지글 + **빗대어 쓰기** 어떤 것을 직접적으로 쓰지 않고, 비슷한 다른 것으로 대신 말하는 방법 → **현재 나의 모습을 내 탄생석의 의미에 빗대어 보고, 내 탄생석에게 편지를 써요.**

받는 사람	에게
첫인사	안녕? 나는 야.
1 쓴 이유	너의 의미가 (이)라고 들었어.
2 전할 내용	난 꼭 같아. 너와 내가 닮은 부분은 물론 너와 다른 부분도 있어.
3 마무리	나는 앞으로
날짜 · 보내는 사람	20 년 월 일 가

현재 내 모습이 내 탄생석의 의미에 가까운지, 먼저 써 봐.

탄생석과 닮거나 닮지 않은 내 모습을 떠올려서 구체적으로 설명해 보자. 실제 경험도 써 봐.

내 탄생석에게 앞으로 어떻게 살지 약속해 보자. 탄생석의 의미와 관련지으면 더 좋겠지?

DAY 02

독후감상글

소원을 말해 봐

배경지식 '알라딘의 요술 램프' 이야기를 읽고 인물의 행동에 대한 생각을 써 보세요.

'알라딘'이라는 가난한 소년이 있었어. 어느 날, '자파'라는 마법사가 알라딘을 찾아와, 동굴 속 낡은 램프를 가져오라고 했어. 위험에 처했을 때 쓸 수 있는 신기한 반지를 주면서 말이야.

알라딘은 동굴에 들어가 램프를 찾았지. 무너지는 동굴 밖으로 나가기 위해 마법사에게 도움을 청했지만, 램프를 먼저 내놓으라는 마법사와 실랑이한 끝에 동굴 속에 갇히고 말았어.

다행히 알라딘은 반지의 도움으로 무사히 집에 돌아갈 수 있었어. 알라딘의 어머니는 지저분한 램프를 수건으로 깨끗이 닦고 있었어. 그러자, 거인 요정 '지니'가 나타나지 뭐야? 소원을 들어주는 지니 덕분에 알라딘은 부자가 되어 공주와 결혼하고, 멋진 성과 보석도 얻게 되지.

이를 알게 된 마법사는 공주를 속여 요술 램프를 가짜 램프로 바꿔 놓고, 지니에게 소원을 빌어 공주와 함께 멀리 떠나 버려. 하지만 알라딘은 마법사에게 받은 반지를 이용해 그를 찾아 물리쳤어. 그리고 공주와 함께 행복하게 살았대.

● 다음 인물의 행동에 대한 생각을 써 보세요.

알라딘	
마법사	

생각 열기 내 소원 4가지를 쓰고, 그중 가장 이루고 싶은 것을 선택해요.

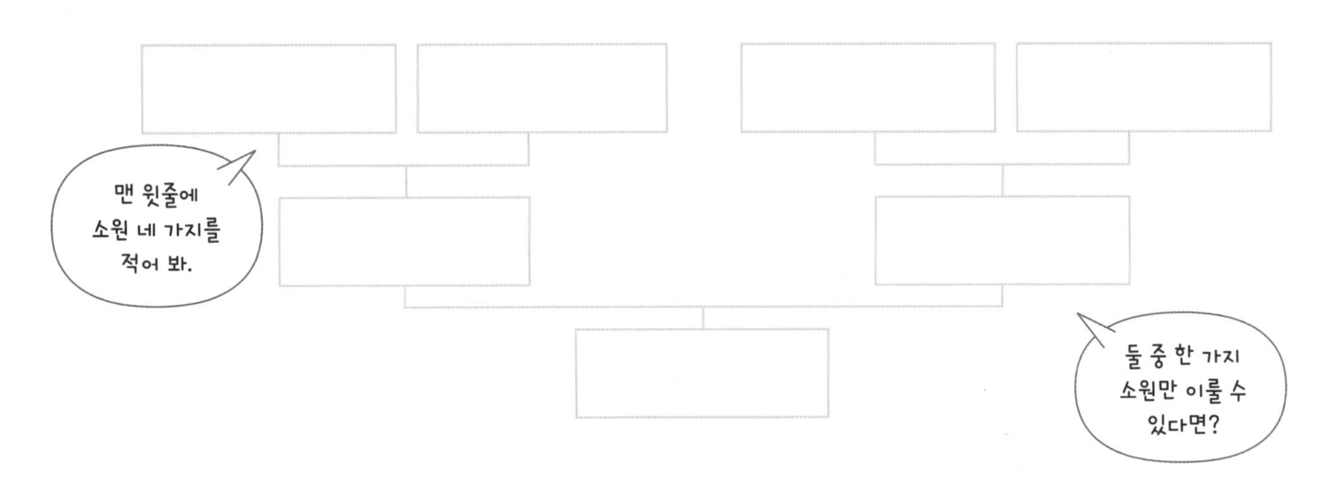

생각 글쓰기 '알라딘의 요술 램프' 이야기를 읽고 독후감상글을 써요.

독후 감상글

가정하여 쓰기

사실이 아니거나
사실인지 아닌지 분명치 않은 것을
임시로 상상하는 방법

'요술 램프가 생겼다'는 가정을 하고
내 소원을 생각하며
이야기를 읽은 감상을 써요.

제목	
1 줄거리 요약	줄거리를 간단히 요약하면, (어떤 사건이 일어났는지 요약해 봐.)
2 내용에 대한 생각	(사건과 인물의 행동에 대해 어떻게 생각하니?)
3 요술 램프를 갖게 된다면?	만약 내게 요술 램프가 있다면, 나는 (램프 속 지니를 만나면 무슨 소원을 빌 거야?)
4 마무리	

DAY 03 생활글

슬기로운 취미 생활

배경지식

'아마추어'와 '프로'의 차이를 읽고, '일'의 반의어를 찾아봐요.

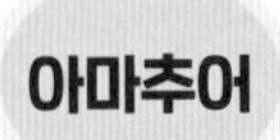

아마추어 예술이나 스포츠, 기술 따위를 취미로 삼아 즐겨 하는 사람. (비전문가)

프로 어떤 일을 전문으로 하거나 그런 지식이나 기술을 가진 사람. 또는 직업 선수. (전문가)

아마추어와 프로는 달라요. 아마추어는 그 일이 본업이 아니지만 좋아해서 취미로 즐기는 사람이고, 프로는 그 일을 직업으로 삼는 전문가로, 그것으로 돈을 버는 사람이지요. 하지만 아마추어와 프로를 따로 떼어 볼 필요는 없어요. 아마추어가 발전하면 프로가 될 수 있거든요.

● 반의어는 반대되는 말을 뜻해요. '일'의 반의어는 무엇일까요?

'일'의 반의어	그렇게 생각하는 이유

생각 열기

취미에 대한 생각을 읽고 찬성측과 반대측이 되어 주장을 써요.

즐거움만 준다면 모두 다 취미가 될 수 있다!	✔ 찬성측	내 삶을 즐기기 위한 일이므로, 즐거움만 있다면 무조건 취미라고 해도 좋습니다.
	✖ 반대측	

즐거움 외의 다른 이로움도 있어야 하지 않을까?

취미 생활도 시간을 조절하며 해야 한다!	✔ 찬성측	
	✖ 반대측	많은 시간 동안 취미 생활을 하면 더 잘하게 될 것이기 때문에 무조건 오래 해야 합니다.

시간을 조절하지 않고 취미 생활을 하면 어떻게 될까?

생각 글쓰기 '나의 취미'에 대한 생활글을 써요.

생활글

+

사례 들어 쓰기

실제로 있었던 일을
구체적인 근거로 제시하면서
쓰는 방법

→

**취미 생활에 대한 내 경험,
보거나 들은 것들을
사례로 들어 생활글을 써요.**

제목	
1 내 취미 소개	나의 취미에 대해 생각해 보았다.
2 생각과 이유	나는 내 취미에 대해
3 경험이나 사례	
4 다짐	

나의 취미를 소개해 봐.

내 취미는 내게 도움이 될까? 그 이유는?

주변에서 본 좋은 취미, 또는 잘못된 취미 생활의 예를 들어 봐.

앞으로 어떤 취미를 가지고, 어떤 태도로 할래?

DAY 04

설명글

공부란 뭘까?

배경지식 '공부'의 의미를 읽고, 공부에 관한 사자성어를 알아봐요.

공부(功扶)의 공(功)은 성취하다, 부(扶)는 돕는다는 뜻으로 '무엇을 도와 성취한다'는 의미였어요. 지금은 그 뜻과 형태가 축약되어 공부(工夫), '학문이나 기술을 배우고 익힌다'는 용어가 되었지요.

● 공부에 관한 사자성어 ●

수불석권(手不釋卷)	손에서 책을 놓지 않는다. 늘 책을 가까이하여 학문을 열심히 한다.
주경야독(晝耕夜讀)	낮에는 밭을 갈고 밤에는 책을 읽는다. 어려움 속에서도 학업을 게을리하지 않는다.
일취월장(日就月將)	날마다 달마다 성장하고 발전한다. 학업이 날이 가고 달이 갈수록 진보한다.
자강불식(自强不息)	스스로 힘쓰고 쉬지 않는다. 자신의 목표를 향해 끊임없이 노력한다.

생각 열기 위 사자성어를 보며 공부에 대한 내 생각을 연꽃 모양 표에 정리해요.

공부

의미는 무엇인가요?

✔ 자기 목표를 세우고 노력하는 것

왜 필요한가요?

어떤 방법으로 해야 할까요?

어떤 자세로 해야 할까요?

생각 글쓰기 '공부'에 대해 설명하는 글을 써요.

설명글 + 원인·결과 쓰기 → 노력(원인)이 좋은 성과(결과)를 내는 사례를 들어 공부의 의미를 설명해요.

어떤 일이 일어난 까닭은 '원인',
원인 때문에 벌어진 일은 '결과'

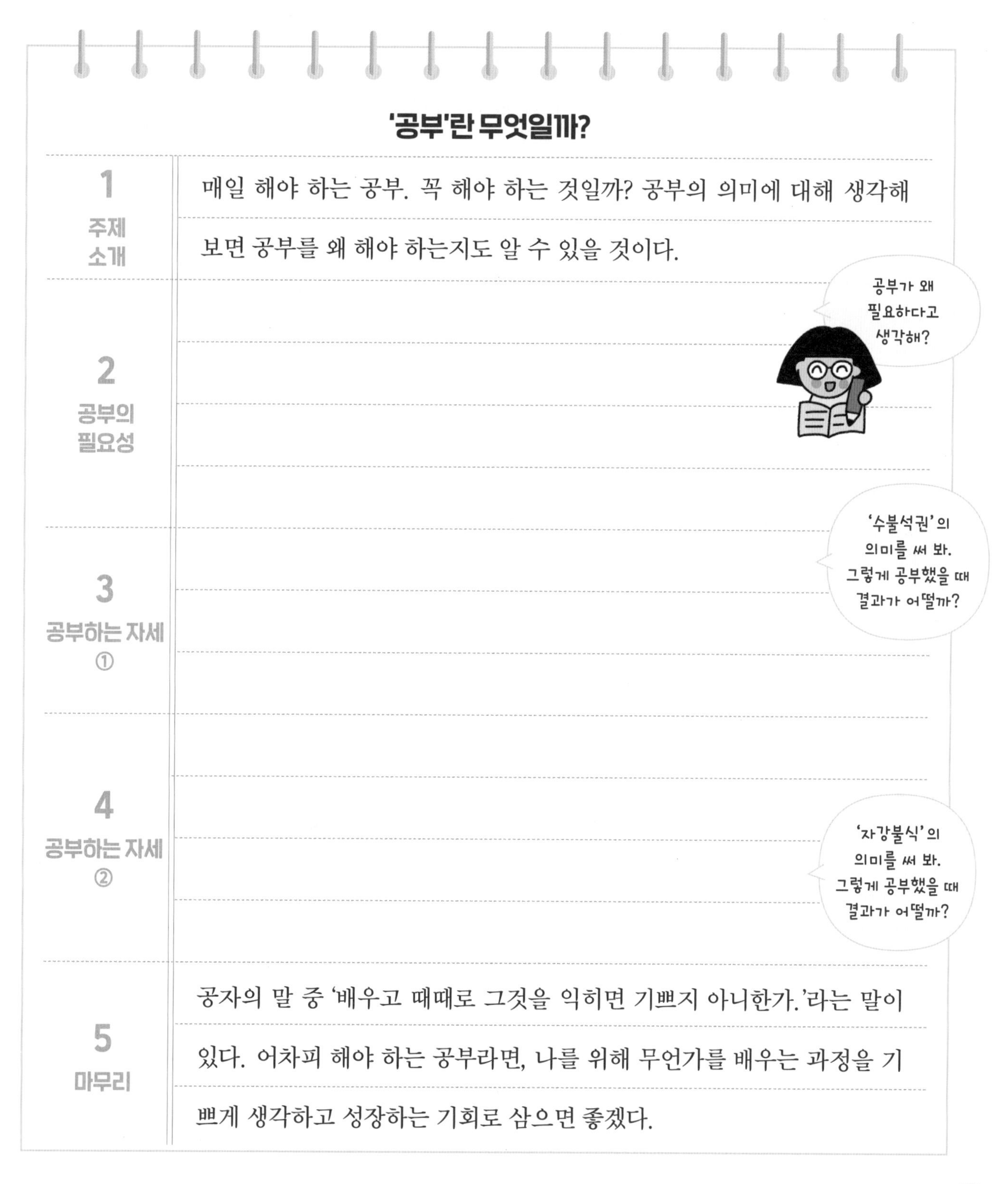

'공부'란 무엇일까?

1 주제 소개	매일 해야 하는 공부. 꼭 해야 하는 것일까? 공부의 의미에 대해 생각해 보면 공부를 왜 해야 하는지도 알 수 있을 것이다.
2 공부의 필요성	
3 공부하는 자세 ①	
4 공부하는 자세 ②	
5 마무리	공자의 말 중 '배우고 때때로 그것을 익히면 기쁘지 아니한가.'라는 말이 있다. 어차피 해야 하는 공부라면, 나를 위해 무언가를 배우는 과정을 기쁘게 생각하고 성장하는 기회로 삼으면 좋겠다.

DAY 05

주장하는 글

세 살 버릇 여든까지

배경지식 아래의 습관을 좋은 습관, 나쁜 습관으로 나누어 선으로 이어요.

늦게 일어나는 습관	질문을 많이 하는 습관	독서를 좋아하는 습관	한 가지 음식만 먹는 습관	뭐든지 계획해서 실행하는 습관

좋은 습관

나쁜 습관

생각 열기 가운데에 내 습관들을 쓰고, 4가지 내용으로 분석해요.

내 습관 중 남들보다 더 좋은 것은?

남보다 뛰어난 점

남보다 모자란 점

습관 때문에 남보다 뭔가를 잘못하게 된 경우는?

내 습관

1. ______________________

2. ______________________

3. ______________________

습관 덕에 다른 뭔가가 가능했던 적이 있니?

다른 일에 도움이 되는 점

다른 일을 방해하는 점

습관 때문에 방해 받은 일이 있었니?

'나를 위한 습관'을 주제로 주장하는 글을 써요.

+

나열하여 쓰기

사례나 방법들을 죽 벌여 놓으며 쓰는 방법

내 습관을 나열해 하나씩 분석한 후 나를 위한 좋은 습관은 무엇일지 주장하는 글을 써요.

제목	좋은 습관 나쁜 습관
1 내 습관 나열	내가 가진 습관들을 생각해 보았다. 엄청 많았다.
2 생각+사례 ①	이 습관 중에서 나에게 이로운 것도 있다.
3 생각+사례 ②	하지만 내 습관 중에서 나에게 해로운 것도 사실 있다.
4 주장	우리는 모두 습관을 가져야 한다.

내 습관을 하나씩 모두 나열해 봐.

그중 내게 이로운 습관은? 구체적인 예시를 들어 봐.

반대로 해로움을 준 습관이 있다면?

내 경험을 바탕으로 앞으로 어떤 습관을 가질 것인지 주장해 봐.

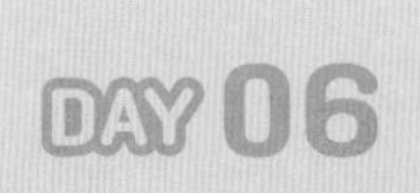

광고글

노력은 아름다운 것

배경지식 빈칸에 어울리는 낱말을 찾아 써서 속담을 완성해요.

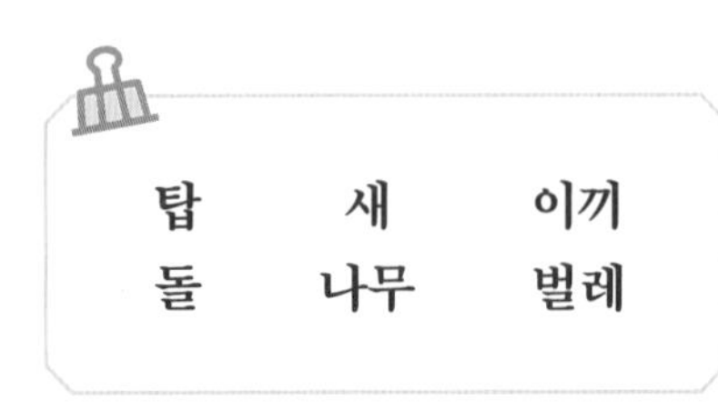

일찍 일어나는 [　　　] 가 [　　　] 를 잡는다.

부지런히 노력하는 사람이 기회를 잡을 수 있다는 뜻이에요.

구르는 [　　　] 에는 [　　　] 가 안 낀다.

꾸준히 노력하는 사람은 뒤처지지 않고 계속 발전한다는 의미예요.

공든 [　　　] 이 무너지랴.

공을 들여 쌓은 탑처럼 정성을 다한 일은 그 결과가 반드시 헛되지 않다는 뜻이에요.

열 번 찍어 안 넘어가는 [　　　] 없다.

안될 것 같은 일도 여러 번 시도하면 결국 이루어진다는 뜻이에요.

생각 열기 내가 평소에 하는 노력에 대해 3가지 내용으로 분석해요.

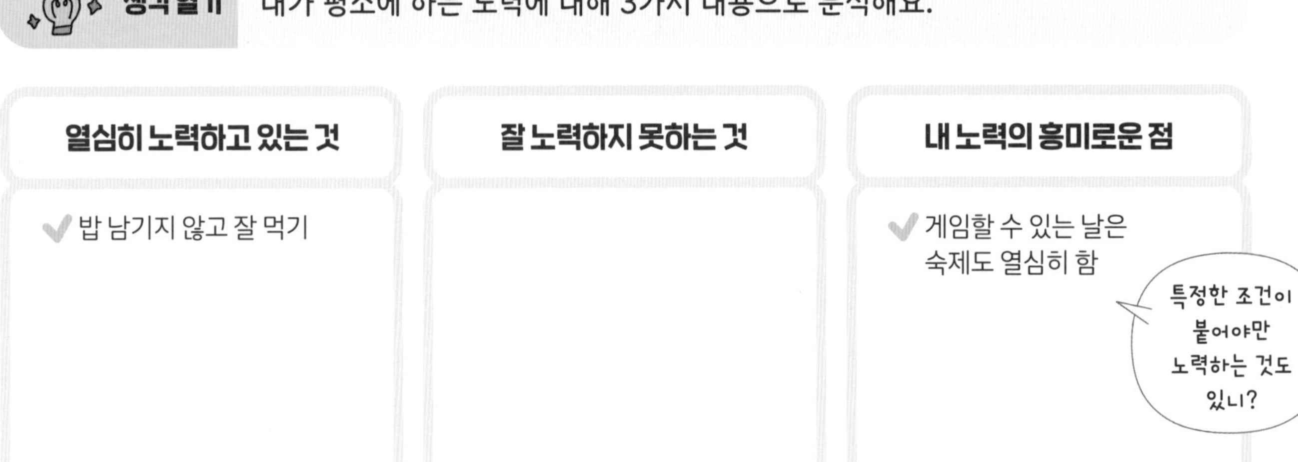

'노력을 하자'는 주제로 공익광고를 만들어요.

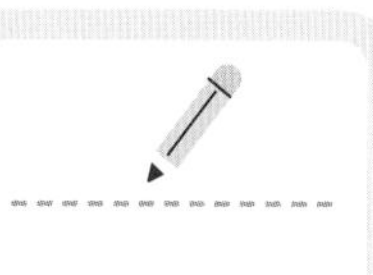

광고글 + **인용하여 쓰기** 속담, 고사성어, 옛이야기 등 남의 말이나 글을 끌어들여서 쓰는 방법 →  '노력'에 대한 속담의 의미를 활용해 '노력하자'는 메시지를 전하는 광고 카피를 써요.

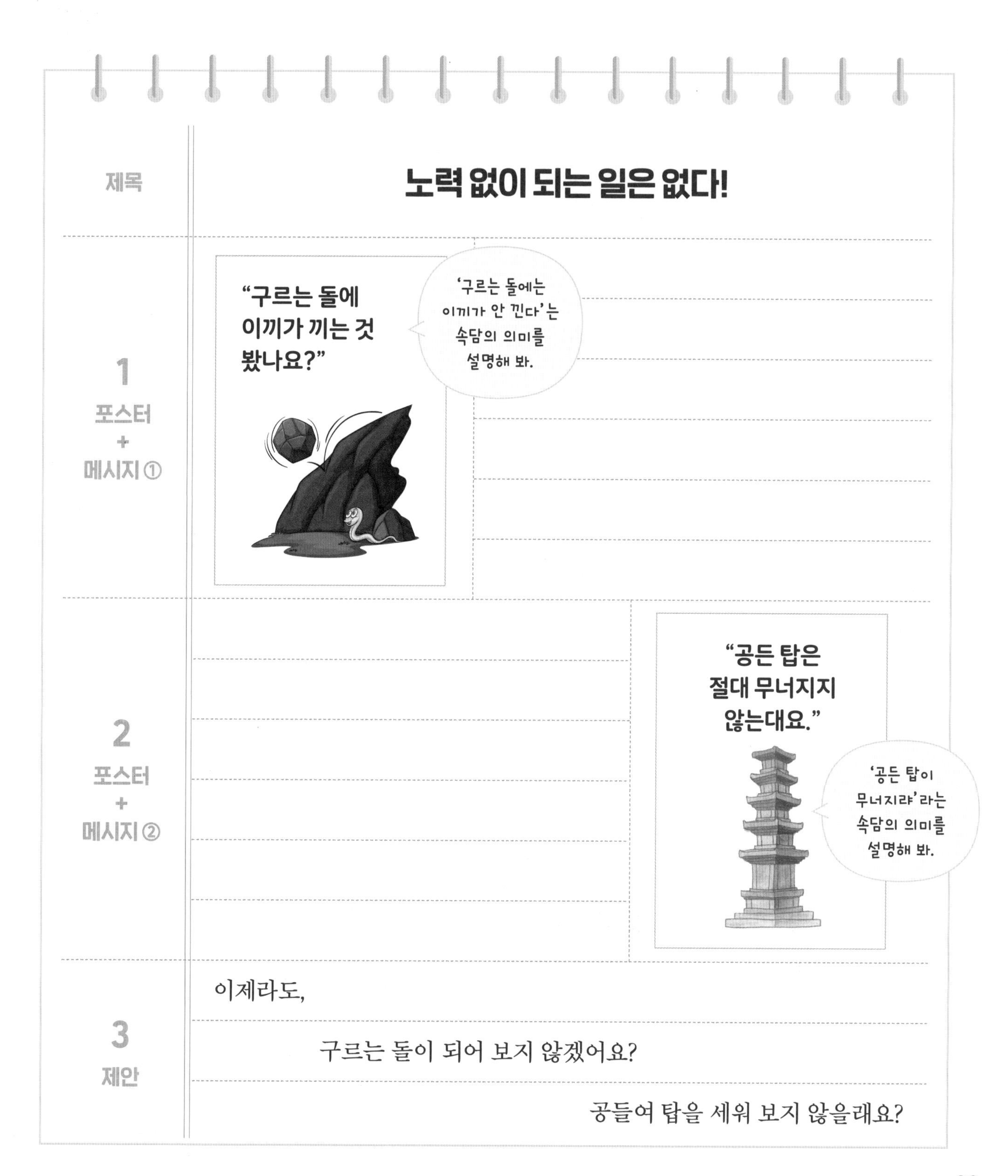

DAY 07 시나리오

나만의 보물을 찾아서

배경지식 이야기를 읽고 빈칸에 내 생각을 써요.

포도밭 보물

게으른 삼 형제를 둔 아버지가 포도밭에 보물을 숨겨 두었다는 유언을 남기고 세상을 떠났어요. 삼 형제는 밭을 열심히 팠지만 보물은 없었지요. 실망하려던 찰나, 밭을 일군 덕에 주렁주렁 열린 포도를 본 삼 형제는 이 포도가 보물이었다는 사실을 깨달았어요.

하지만 형제들은 곧 다시 게을러졌어요. 어느 날, 삼 형제는 냄비 속에서 아버지의 유언장을 발견했어요. '보물 지도를 포도나무 가지에 묶어 놓았다.' 삼 형제는 곧장 밭으로 달려갔지만 주렁주렁 매달린 포도에 가려 가지가 전혀 보이지 않았어요. 보물 지도를 찾는 방법은 오직 하나! 포도를 전부 따는 거였지요.

그렇게 삼 형제는 아침 일찍부터 저녁 늦게까지 포도를 땄어요. 너무나 힘들었지만, 포도를 모두 수확한 삼 형제는 뿌듯함을 느꼈답니다. 형제들은 본격적으로 보물 지도를 찾기 시작했어요. 그러나 모든 가지를 이 잡듯 뒤졌는데도 끝내 보물 지도는 나오지 않았지요. 어쩔 수 없이 삼 형제는 수확한 포도를 팔러 시장에 나갔어요.

그런데 웬일일까요? 너도나도 삼 형제의 포도를 사 가서 수많은 포도가 순식간에 바닥났어요. 알고 보니 삼 형제의 아버지는 소문난 농사꾼이었고, 삼 형제의 포도밭은 질 좋은 포도를 생산하기로 유명했던 거예요. 하루아침에 큰 부자가 된 형제들은 그제야 포도를 가꾸기 위해 들인 정성과 노력이야말로 보물을 얻게 해 주는 진정한 보물 지도라는 사실을 깨달았답니다.

- 아버지가 아들들에게 주려고 했던 '보물'은 ______ (이)다.

생각 열기 그림을 보고 나의 보물 3개를 골라 ○표 해요.

돈

집

사랑

건강

가족

반려동물

친구

스마트폰

'보물의 의미'를 인터뷰하는 내용의 시나리오를 써요.

시나리오 + **비교·대조하여 쓰기** 두 가지 이상의 대상에서 공통점을 찾아 설명하면 '비교' 차이점을 찾아 설명하면 '대조' → ★★★ 리포터가 되어 아버지와 아들이 생각하는 '보물의 의미'를 듣고, 공통점과 차이점을 찾아 비교·대조하는 인터뷰 대본을 써 봐요.

제목	**'보물의 의미'를 찾아서!**
해설	현장에 나간 리포터가 이야기의 주인공 '아들'과 '아버지'를 취재한다.
대사 + 지문	리포터 : (마이크를 들고) 안녕하십니까? 오늘은 '포도밭 보물'로 유명한 분들을 만나러 왔는데요. 바로 인터뷰를 하러 가 보겠습니다. 안녕하세요. 아버님? 저는 SSW 뉴스 ××× 리포터라고 합니다.
	아버지 : (리포터와 눈이 마주치며) 허허. 무엇이 궁금하신가?
	리포터 : 아드님들께 어떤 보물을 주려고 하셨습니까? 그 이유는요?
	아버지: (표정으로)
	리포터 : 옆에 계신 아드님께서는 보물이 뭐라고 생각하세요?
	아들: (표정으로) 처음에는
	하지만 지금은 아니에요. 보물은,
	리포터 : 네, 잘 들었습니다.

아버지의 표정과 대사를 상상해서 써 봐.

아들의 표정과 대사를 상상해서 써 봐.

내 생각은 아버지, 아들의 생각과 어떻게 같고 다를까? 비교·대조해서 설명해 봐.

DAY 08

감상글

추억을 떠올려 봐

배경지식 날짜와 시간에 대한 순우리말을 알아봐요.

시간 표현

새벽	먼동이 트려 할 무렵
아침	날이 새면서 오전 반나절쯤까지의 동안
낮	아침이 지나고 저녁이 되기 전까지의 동안
저녁	해가 질 무렵부터 밤이 되기까지의 사이
밤	해가 져서 어두워진 때부터 다음 날 해가 떠서 밝아지기 전까지의 동안

날짜 표현

그끄저께	3일 전
그저께(그제)	2일 전
어제	1일 전
오늘	-
내일	1일 후
모레	2일 후
글피	3일 후
그글피	4일 후

날짜 세는 법

하루(1일), 이틀(2일), 사흘(3일), 나흘(4일), 닷새(5일), 엿새(6일), 이레(7일), 여드레(8일), 아흐레(9일), 열흘(10일), 열하루(11일), 열이틀(12일), 열사흘(13일), 열나흘(14일), 열닷새(보름·15일), 열엿새(16일), 열이레(17일), 열여드레(18일), 열아흐레(19일), 스무날(20일), 스무하루(21일), 스무이틀(22일), 스무사흘(23일), 스무나흘(24일), 스무닷새(25일), 스무엿새(26일), 스무이레(27일), 스무여드레(28일), 스무아흐레(29일), 그믐날(30일)

생각 열기 그림을 보고 추억 하나를 골라 ○표 하고, 떠오르는 기억을 적어요.

여행

생일 파티

바다

자연 관찰

비 오는 날

핼러윈 데이

나의 추억

생각 글쓰기 '나의 특별한 추억'이라는 주제로 감상글을 써요.

감상글

\+ **시간 흐름에 따라 쓰기**

사건의 배경부터 사건 종료 후까지, 시간의 흐름에 따라 있었던 일을 죽 쓰는 방법

기억에 남는 경험을 떠올려 시간의 흐름대로 나열하고, 그때의 느낌과 감상을 써요.

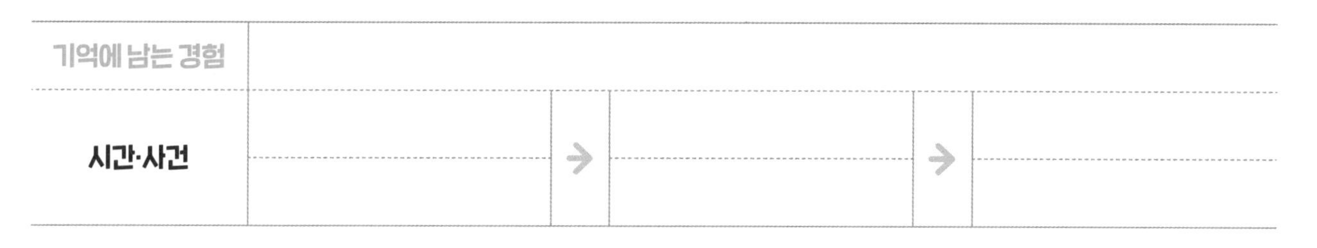

기억에 남는 경험					
시간·사건		→		→	

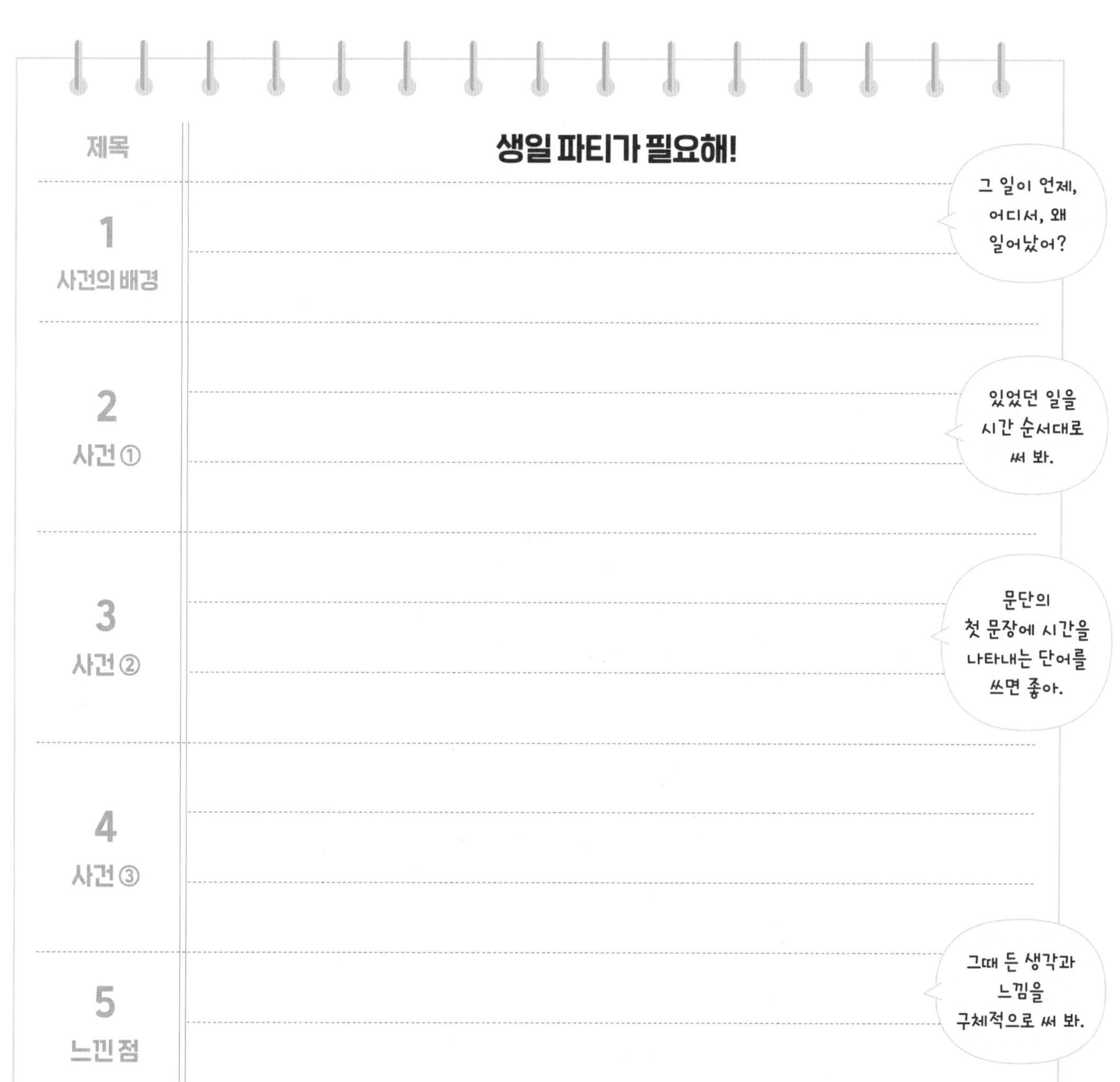

DAY 09

시

내 마음속 풍경

배경지식 마음에 대한 명언을 읽고 마음에 드는 문장에 밑줄을 그어요.

타인의 마음을 이해하는 일에는 요령이 있다.
누구를 대하든 자신이 아랫사람이 되는 것이다.
그러면 저절로 자세가 겸손해지고,
이로써 상대에게 좋은 인상을 안겨 준다.
그리고 상대는 마음을 연다.

-괴테

만약 마음 속에서
'나는 그림에 재능이 없는걸'
이라는 음성이 들려오면
반드시 그림을 그려 보아야 한다.
그 소리는 당신이 그림을 그릴 때 잠잠해진다.

-빈센트 반 고흐

마음으로 보아야만
분명하게 볼 수 있어!
정말 중요한 것은 눈에
보이지 않는 법이거든.

-생텍쥐베리

일체유심조(一切唯心造)
모든 것은 마음이 지어낸다.

-원효대사

마음은 팔 수도 살 수도 없지만
줄 수 있는 보물이다.

-플로베르

생각 열기 요즘 내 머릿속은 어떤 생각으로 차 있는지 써요.

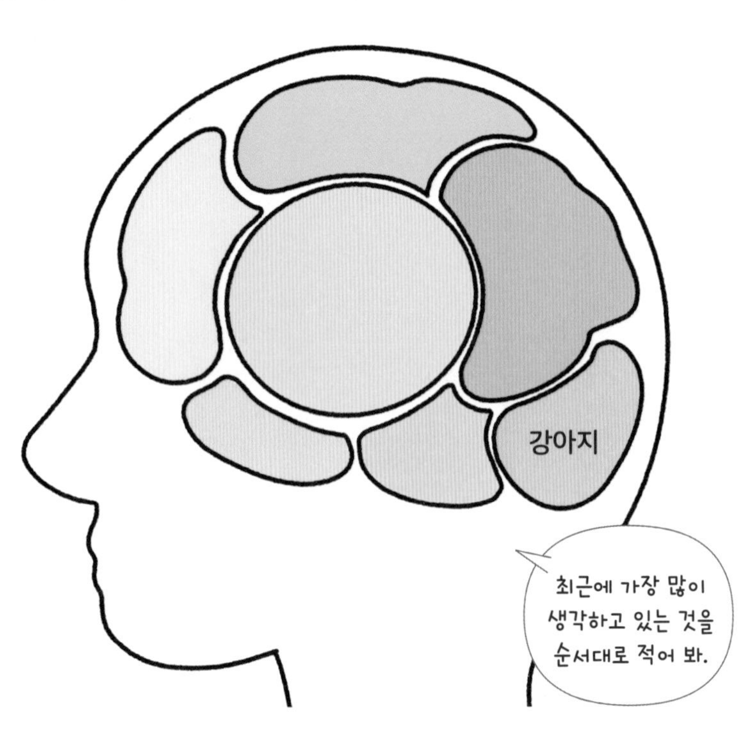

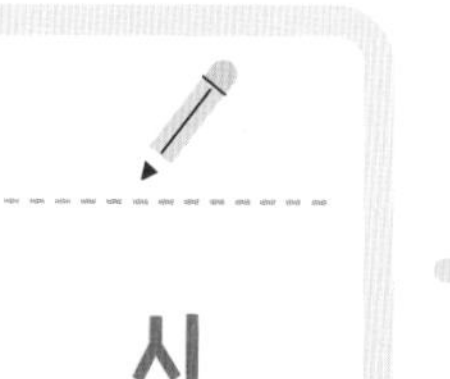

생각 글쓰기 '내 마음'을 주제로 시를 써요.

시 + 묘사하여 쓰기
어떤 대상이나 사물, 현상을 그림을 그리듯 서술하는 방법
→ 내 마음속에 가득 자리 잡은 대상을 구체적으로 묘사하며 4연 12행의 시를 써요.

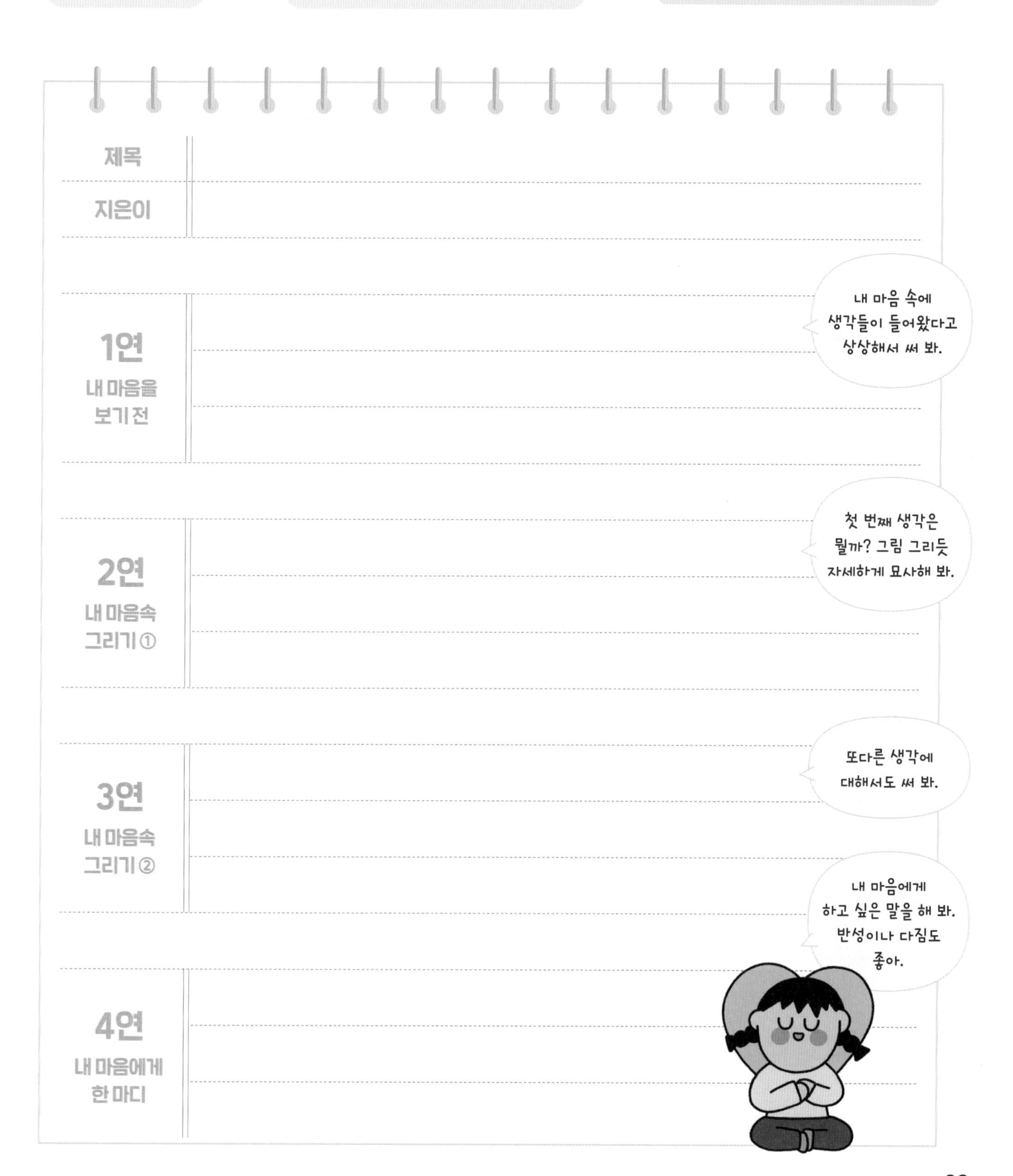

DAY 10

상상글

무한한 미래, 꿈을 꿔!

배경지식 QR코드로 아래 음악을 감상하며 가사의 의미를 생각해 봐요.

꿈을 향해 날아요

지훈아울 프로젝트(김수영 작사)

어느 바닷가 자그만 섬마을
한 소녀 살고 있었죠
그 소녀는 바다를 보면 항상 궁금했죠
저 수평선 너머엔 뭐가 있을까
저 바다 어디 너머엔가
그곳으로 간다면 내 작은 꿈들과
만나게 될까
소녀는 꿈꾸기 시작했죠

알이 깨지고 자그만 날개가 돋아
땅을 딛고 날아올라 저 푸른 하늘로
용기를 내 바다 건너 더 큰 세상 속에서
행복하게 미소 짓는 꿈
I can fly in my dream

사람들은 소녀를 비웃었죠
너에게 꿈 따윈 사치라고
하지만 소녀는 말했죠
언제까지 팔자 탓만 할 거냐고
이대로는 한 번뿐인 내 인생에게 미안하지도 않냐며
소녀는 마침내 바닷가로 향했죠

알을 깨뜨려 자그만 날개를 펼쳐
땅을 박차 날아올라 저 푸른 하늘로
용기를 내 바다 건너 더 큰 세상을 만나
행복하게 미소 지었죠
Now I fly to my dream

꿈꿔요 멋진 인생 믿어요 그 꿈들을
날아 봐요 용기 내서 이뤄요 당신의 꿈
떠나 봐요 지구별로 만나요 멋진 세상
날아 봐요 푸른 하늘
You can fly to your dream

노래를 듣기 전에 가사를 먼저 읽어 봐도 좋아.

생각 열기 아래 장소의 흐름에 따라 어른이 된 나의 하루 일과를 상상해서 써요.

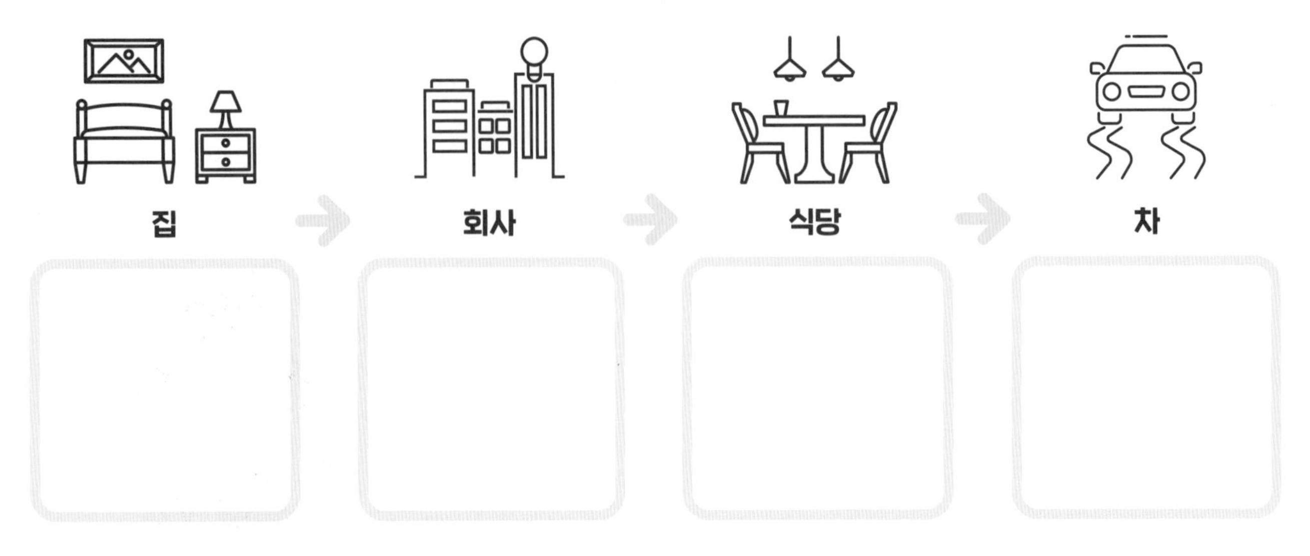

생각 글쓰기 '20년 후, 나의 하루'라는 주제로 상상 일기를 써요.

상상글

\+

장소 이동에 따라 쓰기
장소의 이동에 따라
있었던 일을 죽 쓰는 방법

20년 후, 나의 하루를 상상해 장소의 이동에 따라 일어나는 일과 그때의 느낌을 써요.

20년 후 나의 하루

장소·사건		→		→	

날짜	20 년 월 일 날씨 :
제목	
1 장소와 사건 ①	
2 장소와 사건 ②	
3 장소와 사건 ③	
4 느낀 점	

그날 하루를 아우르는 '주제'를 쓰면 좋아.

어떤 장소에서 무슨 일이 일어날까?

이날 하루의 내 기분과 생각을 써 봐.

2

'너'

주변을 가만히 둘러보세요.
옆에 있는 사람의 마음을 관찰하고 읽을 수 있다면
여러분은 한 뼘 더 성장할 거예요.

DAY 11

편지글

새로운 친구가 생긴다면

배경지식 우정을 나타내는 사자성어 '관포지교'에 얽힌 이야기를 읽어요.

옛날 중국에 관중과 포숙아라는 두 친구가 있었어요. 하지만 제나라의 내란으로 둘은 서로 적이 되었어요. 포숙아가 섬기는 환공이 새로운 왕이 되어 적이었던 관중을 죽이려 하자, 포숙아는 왕에게 관중의 재능에 대해 설명했어요.

"제나라를 다스리는 것으로 만족하신다면 저만으로도 충분합니다만, 천하를 다스리고자 하신다면 관중이 있어야 하옵니다."

결국 죽임을 당하지 않고 나랏일을 맡게 된 관중은 훗날 크게 성공하여 말했어요.

"내가 젊을 때 포숙아와 장사를 하며 그보다 많은 이득을 취해도, 그는 내가 가난한 것을 알았기에 나를 욕하지 않았다. 내가 몇 번씩 벼슬에서 쫓겨났을 때도, 그는 내게 아직 운이 오지 않았다고 생각하여 무능하다고 흉보지 않았다. 나는 싸움터에서 도망쳐 온 적도 있으나, 그는 나에게 늙은 어머니가 계시기 때문이라며 나를 겁쟁이라 하지 않았다. 나를 낳아준 이는 부모이지만, 나를 진정으로 알아준 사람은 포숙아다."

여기서 '관포지교'라는 말이 유래했어요. 관중과 포숙아처럼 서로를 깊이 이해하고 아끼는 친구 사이를 의미하지요.

관포지교(管鮑之交) : 관중과 포숙아의 사귐. 변하지 않는 친구 사이의 두터운 우정

생각 열기 나와 친한 친구를 떠올려, 4가지 내용으로 분석해요.

나보다 더 뛰어난 점	고쳐야 할 점

내 친구 ____________________

나에게 도움이 되는 점	내 일을 방해하는 점

생각 글쓰기 미래의 내 친구에게 편지를 써요.

편지글

+

사례 들어 쓰기

실제로 있었던 일을
구체적인 근거로 제시하면서
쓰는 방법

친구와 있었던 다양한 경험을
사례로 들어 미래에 만나고 싶은
친구에게 편지를 써요.

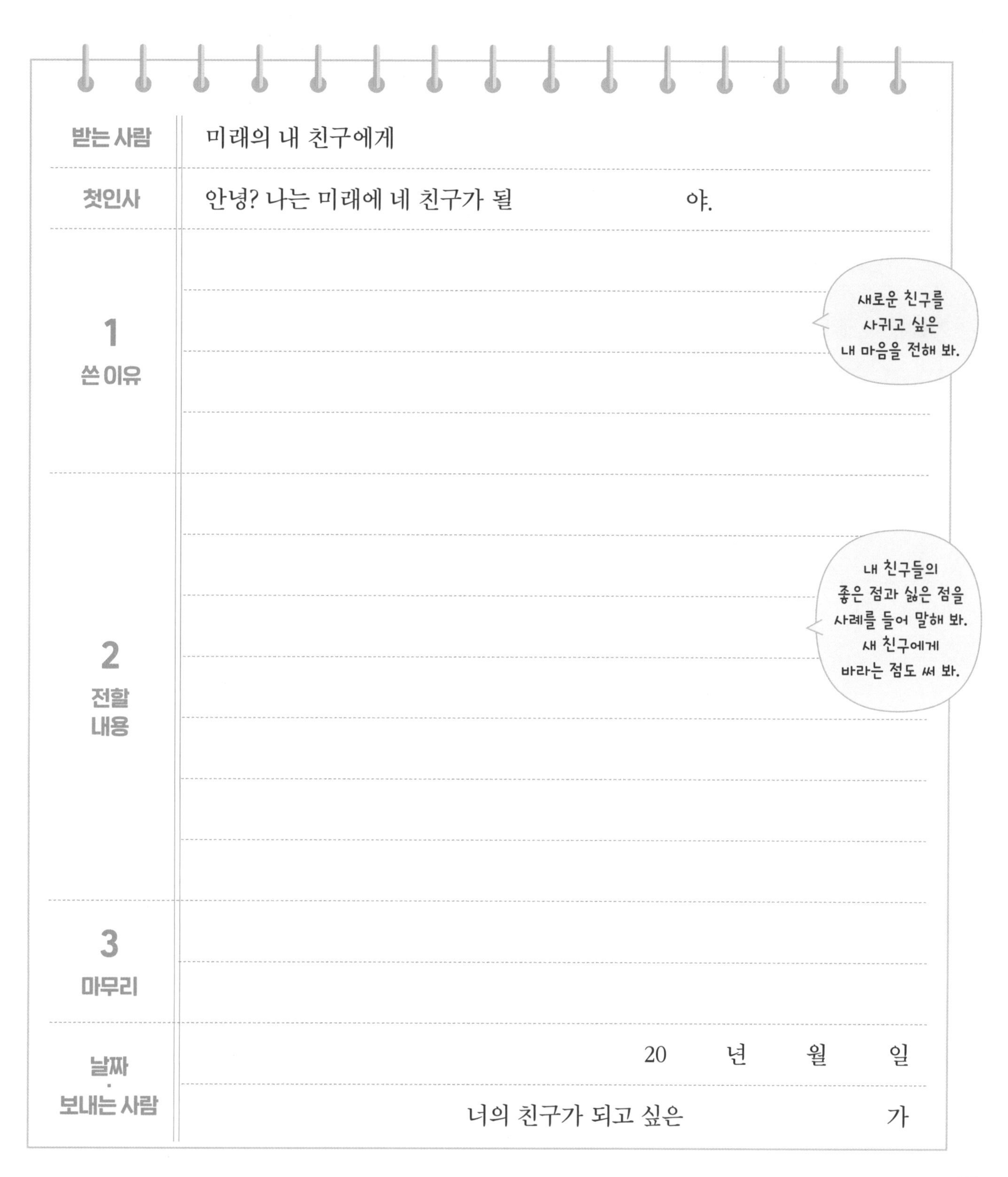

DAY 12

상상글

나의 사랑스러운 동물 친구

빈칸에 아래 동물 이름을 알맞게 넣어 속담을 완성해요.

서당 [   ] 삼 년에 풍월을 읊는다.

한곳에 오래 있으면 웬만큼 지식과 경험을 쌓게 된다는 뜻이에요.

[   ] 쫓던 [   ] 지붕만 쳐다보네.

애쓰던 일이 실패로 돌아가거나 남보다 뒤떨어져 어찌할 도리가 없다는 뜻이에요.

[   ] 도 나무에서 떨어진다.

아무리 익숙하고 잘하는 사람도 가끔 실수할 때가 있다는 뜻이에요.

[   ] 에 진주 목걸이.

값어치를 모르는 이에게는 아무리 비싼 보물도 아무 소용이 없다는 뜻이에요.

생각 열기

내가 좋아하는 동물을 키우는 상상을 하고 글과 그림으로 표현해요.

*예: 판다 똥 치우는 장면 / 도망간 도마뱀을 찾느라 고생하는 장면 / 앵무새와 노래하며 노는 장면 등

생각 글쓰기 내가 좋아하는 동물을 키우는 상황을 가정하여 글을 써요.

상상글 + **가정하여 쓰기** 사실이 아니거나 사실인지 아닌지 분명치 않은 것을 임시로 상상하는 방법 →  내가 좋아하는 동물을 키운다고 가정한 후, 그 상황을 상상하여 글로 써요.

제목	
1 동물을 키우고 싶은 이유	내가 좋아하는 동물 (을)를 키우면 어떨지 상상해 보았다.
2 가정 ①	
3 가정 ②	
4 마무리	

좋아하는 동물의 이름을 적고 키우고 싶은 이유를 써 봐.

동물을 키우면서 어떤 일이 벌어질까? 기억에 남을 만한 사건을 상상해서 써 봐.

그 동물과 어떻게 지내고 싶은지, 다짐이나 바람도 적어 봐.

DAY 13 설명글

언제나 즐거운 놀이

배경지식 내가 즐겨하는 놀이를 떠올리며, '놀이'의 특징을 알아봐요.

놀이

- 일상에서 벗어나 다양한 경험을 가능하게 해요.
- 물질적인 생산이 아닌 재미와 쾌락이 목적이에요.
- 한정된 공간과 시간 속에서 일어나는 활동이에요.
- 일상생활의 법칙이 아닌 놀이에서만 통하는 규칙을 따라요.

생각 열기 내가 좋아하는 놀이에 대해 항목별로 정리해요.

놀이 이름	놀이 방법	놀이의 특징	놀이할 때 유의점
	인원수 : 준비물 : 방법 1. 2. 3.	장점 단점	1. 2.

생각 글쓰기 '내가 좋아하는 놀이'에 대해 설명하는 글을 써요.

설명글 + **나열하여 쓰기** 사례나 방법들을 죽 벌여 놓으며 쓰는 방법 → 내가 좋아하는 놀이의 이름, 하는 방법, 특징 등을 나열하며 설명하는 글을 써요.

2 너

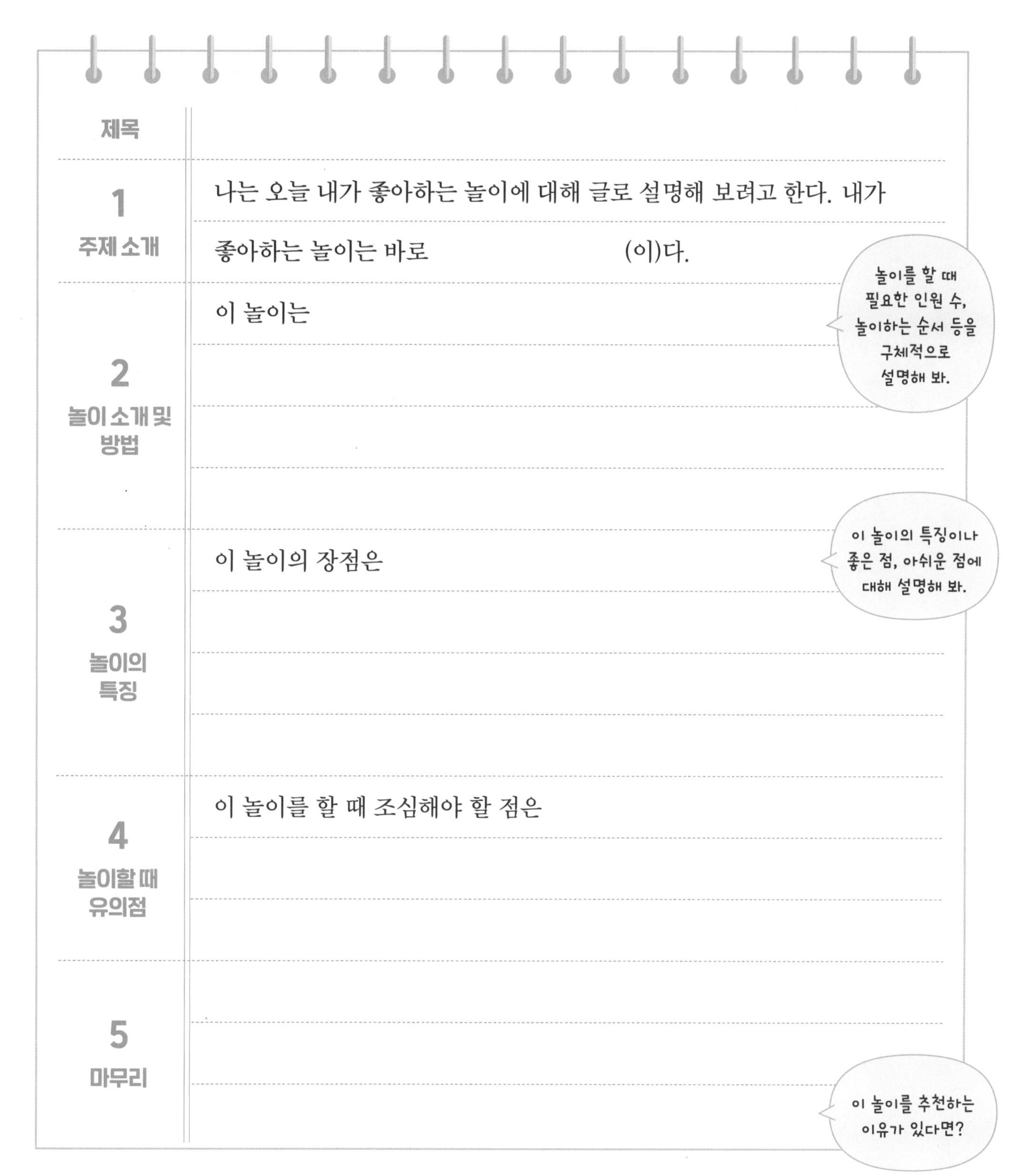

제목	
1 주제 소개	나는 오늘 내가 좋아하는 놀이에 대해 글로 설명해 보려고 한다. 내가 좋아하는 놀이는 바로 (이)다.
2 놀이 소개 및 방법	이 놀이는
3 놀이의 특징	이 놀이의 장점은
4 놀이할 때 유의점	이 놀이를 할 때 조심해야 할 점은
5 마무리	

DAY 14

생활글

오늘 날씨, 어때?

배경지식 날씨를 나타내는 순우리말을 읽고 마음에 드는 낱말에 밑줄을 그어요.

봄

- **명지바람:** 보드랍고 화창한 바람
- **소소리바람:** 이른 봄에 살 속으로 스며드는 듯한 차고 매서운 바람
- **꽃샘추위:** 잎이 나올 때쯤 갑자기 추워지는 날씨
- **쟁명하다:** 날씨가 깨끗하고 맑게 개어 있다.

여름

- **일더위:** 첫여름부터 일찍 오는 더위
- **훗훗하다:** 약간 갑갑할 정도로 훈훈하게 덥다.
- **느끄름하다:** 날씨가 흐리어 침침하다.
- **여우비:** 볕이 난 날 잠깐 뿌리는 비
- **돌개바람:** 폭풍, 회오리바람

가을

- **상크름하다:** 서늘한 바람기가 있어 좀 선선하다.
- **건들바람:** 초가을에 선들선들 부는 바람
- **황소바람:** 좁은 틈으로 세게 불어 드는 바람
- **을씨년스럽다:** 보기에 날씨나 분위기 따위가 몹시 스산하고 쓸쓸한 데가 있다.

겨울

- **함박눈:** 굵고 탐스럽게 내리는 눈
- **도둑눈:** 밤사이에 사람들이 모르게 내린 눈
- **푹하다:** 겨울 날씨가 퍽 따뜻하다.
- **맵차다:** 바람이 맵고 차다.
- **된바람:** 매섭게 부는 바람

생각 열기 날씨에 대한 내 생각을 연꽃 모양 표에 정리해요.

날씨

어떤 계절을 좋아하나요?

왜 좋아하나요?

요즘 날씨는 어떤가요?

어떤 날씨가 이어졌으면 좋겠나요?

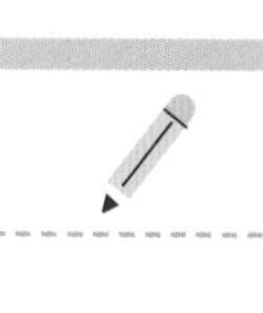

생각 글쓰기 '오늘의 날씨'를 주제로 생활글을 써요.

생활글

\+

묘사하여 쓰기
어떤 대상이나 사물, 현상을
그림을 그리듯 서술하는 방법

순우리말을 활용해 오늘의 날씨를 구체적으로 묘사하고, 날씨에 대한 내 경험과 생각을 써요.

2 나

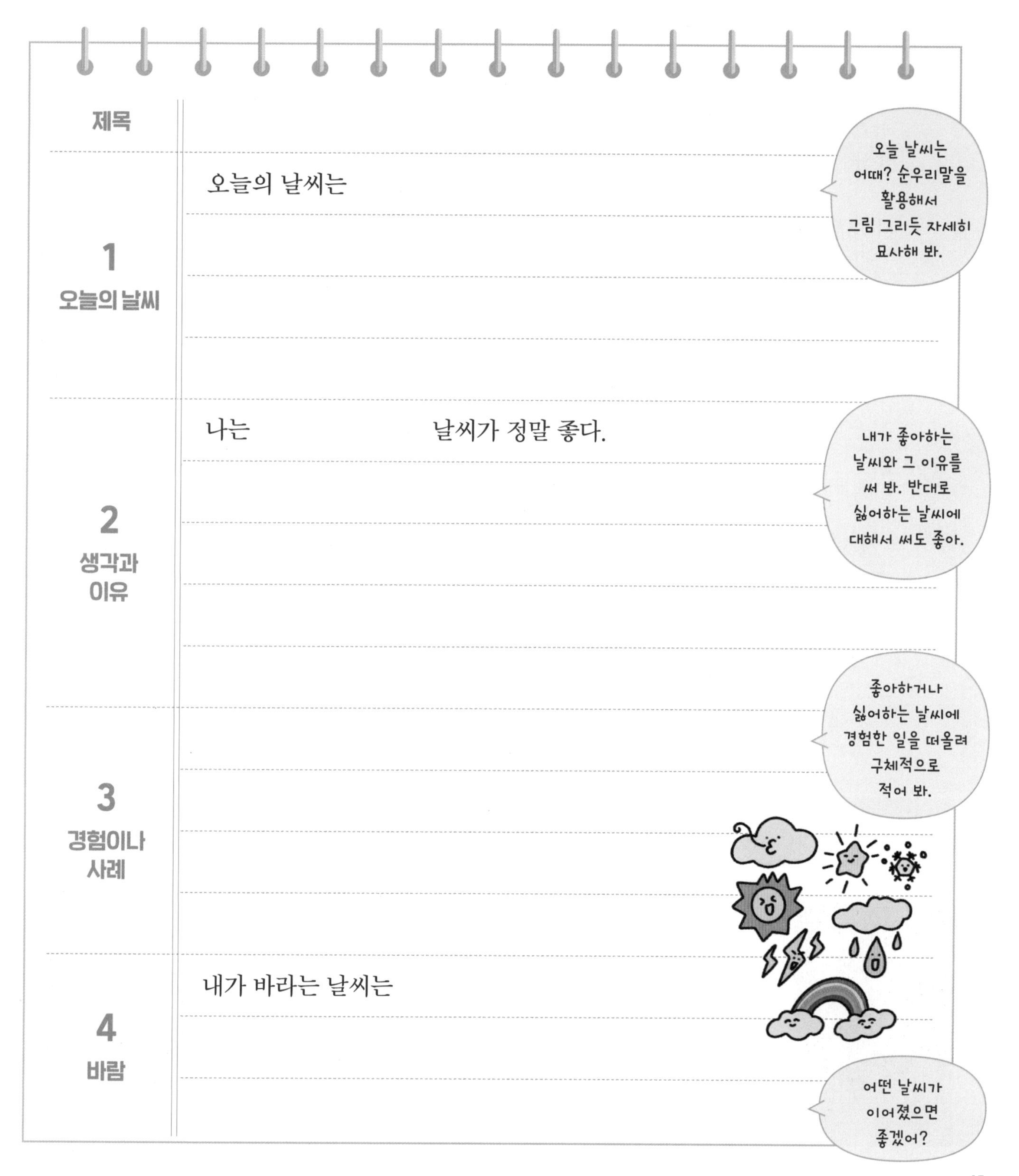

제목	
1 오늘의 날씨	오늘의 날씨는
2 생각과 이유	나는 날씨가 정말 좋다.
3 경험이나 사례	
4 바람	내가 바라는 날씨는

DAY 15

감상글

계절이 들려주는 이야기

배경지식 두 시를 읽고 빈칸에 내 생각을 써요.

봄바람

바람을 타고
산들산들
꽃들이 이사해요

내 콧속으로
팔랑팔랑
날아와 앉았어요.

에이치!
알레르기 출동!
당장 다른 데로 이사가!

가을

나무가
옷을 갈아입는다.

저렇게 많은
색색의 단추를 꿰어

높은 하늘을 무대로
춤을 춘다.

가을의
스타이다.

- 「봄바람」에서 글쓴이는 봄에 대해 어떻게 생각하고 있나요?

- 「가을」에서 색색의 단추는 무엇을 의미할까요?

생각 열기 같은 길을 여름과 겨울에 걸었다고 상상한 후, 짧게 감상을 써요.

- 여름에는

- 겨울에는

생각 글쓰기 한 장소를 서로 다른 계절에 겪은 경험을 토대로 감상글을 써요.

감상글 + **비교·대조하여 쓰기**
두 가지 이상의 대상에서
공통점을 찾아 설명하면 '비교'
차이점을 찾아 설명하면 '대조'

→ 내가 자주 가는 장소를 떠올려 계절에 따라 어떤 점이 같고 다른지에 대한 감상을 써요.

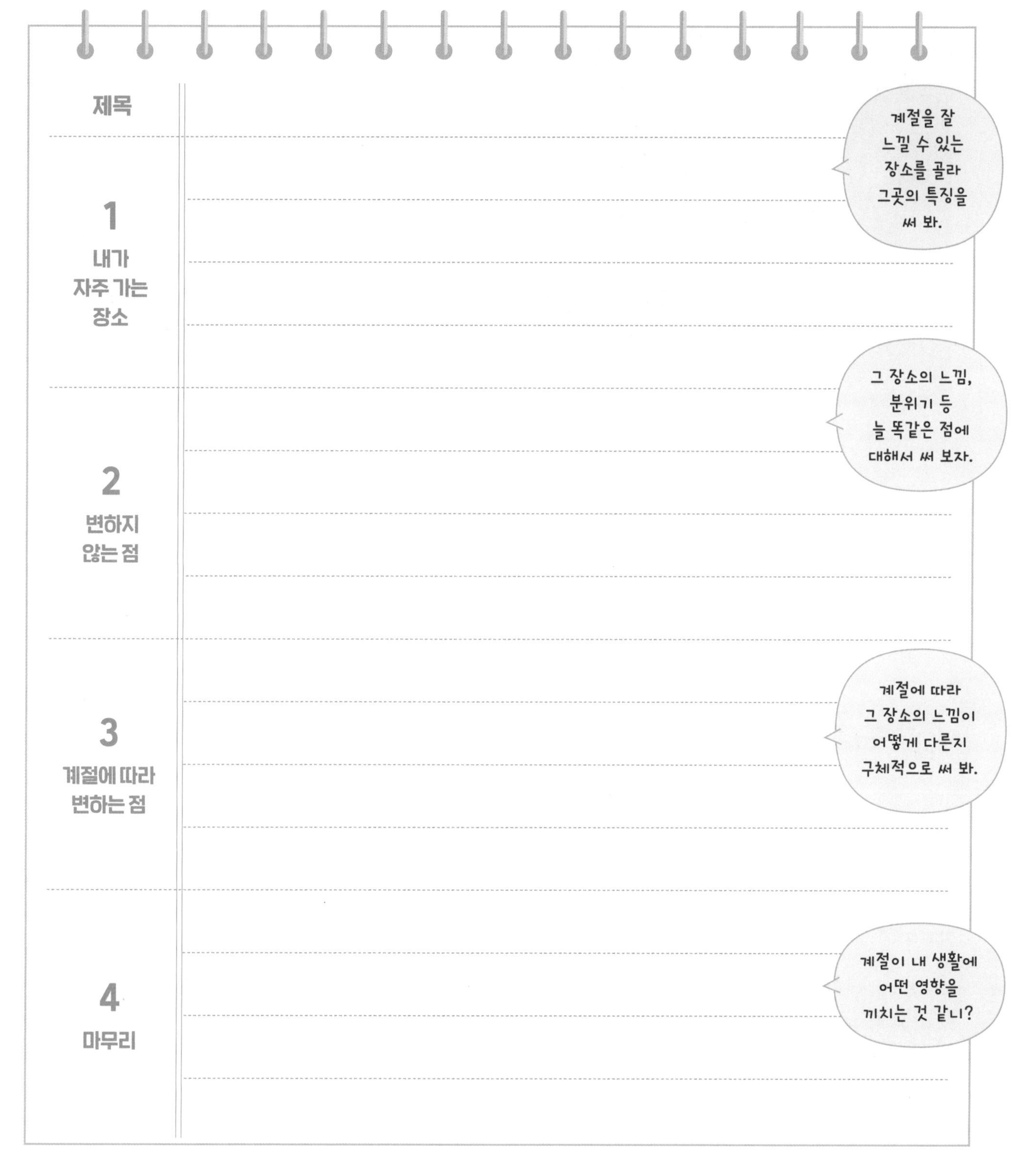

DAY 16

광고글

학교 폭력, 그 무서운 진실

배경지식 아래 공익광고를 보고, 어떤 내용을 담고 있는지 생각해 봐요.

● 이 광고에서 말하고자 하는 바는 무엇일까요?

생각 열기 내가 할 수 있는 학교 폭력 예방법 4가지를 쓰고, 그중 하나를 선택해요.

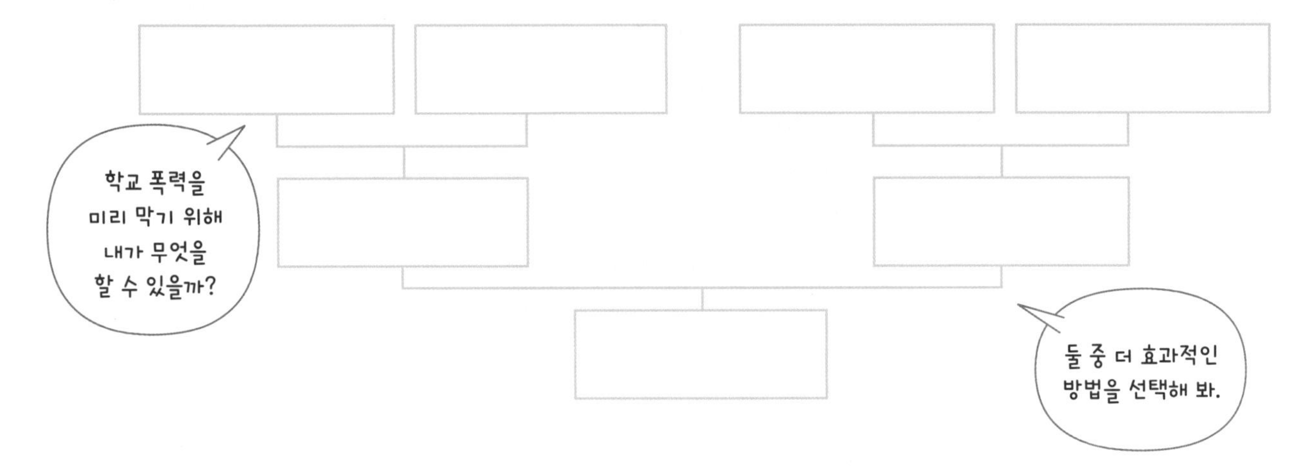

생각 글쓰기 '학교 폭력을 예방하자'는 주제로 공익광고를 만들어요.

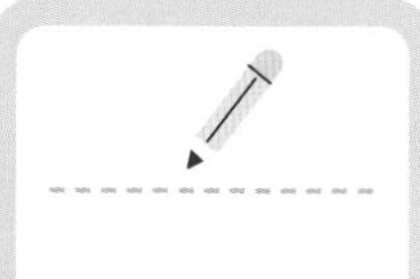

광고글 + **원인·결과 쓰기** 어떤 일이 일어난 까닭은 '원인', 원인 때문에 벌어진 일은 '결과' → 학교 폭력의 원인과 결과를 생각하며 '학교 폭력을 예방하자'는 메시지를 전하는 광고 카피를 써요.

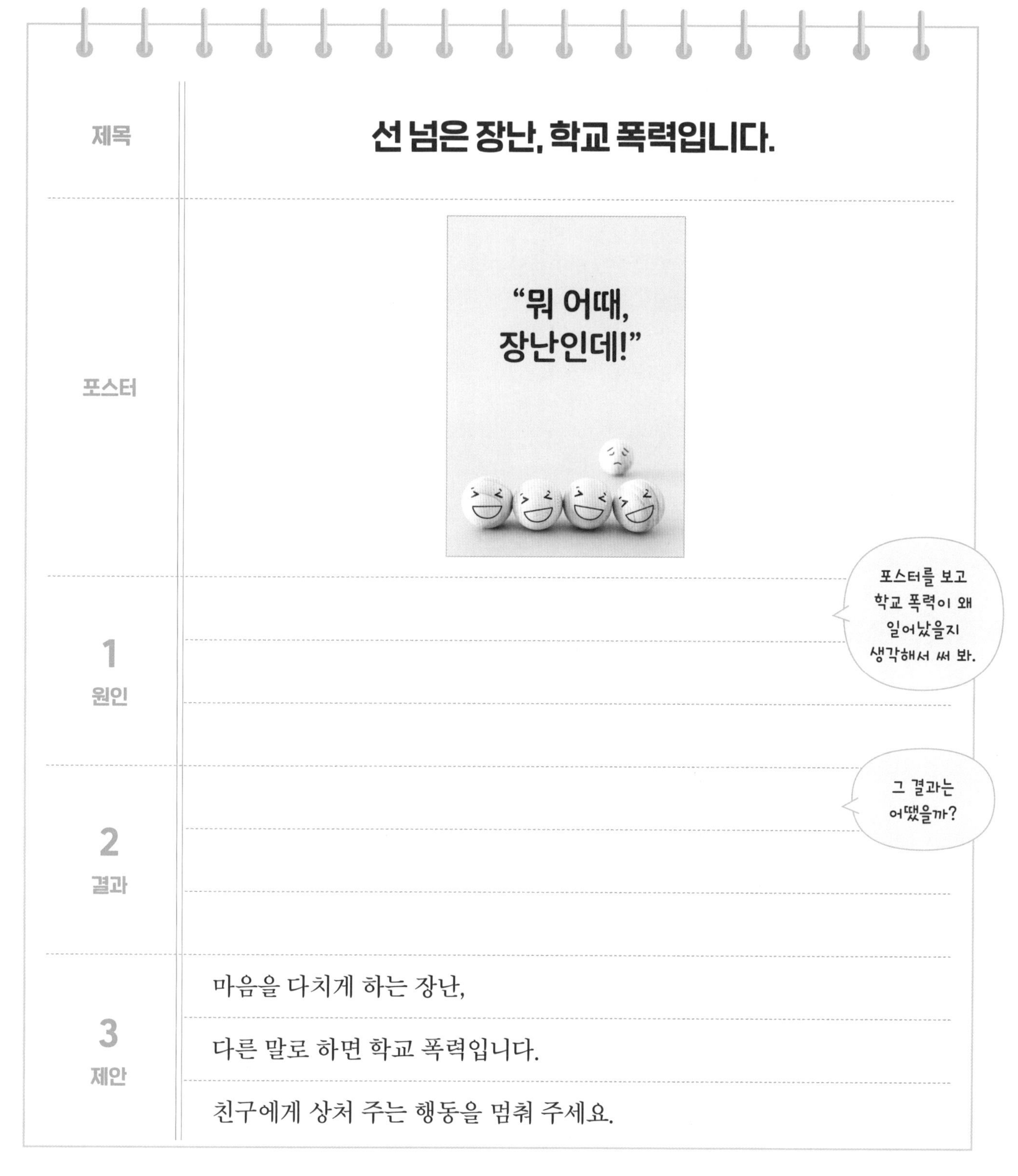

제목	**선 넘은 장난, 학교 폭력입니다.**
포스터	"뭐 어때, 장난인데!"
1 원인	
2 결과	
3 제안	마음을 다치게 하는 장난, 다른 말로 하면 학교 폭력입니다. 친구에게 상처 주는 행동을 멈춰 주세요.

포스터를 보고 학교 폭력이 왜 일어났을지 생각해서 써 봐.

그 결과는 어땠을까?

DAY 17

시나리오

재치 넘치는 거짓말

배경지식 아래 이야기를 읽으며 조성찬의 거짓말을 모두 찾아 밑줄을 그어요.

거짓말로 사위 된 이야기

옛날에 무남독녀 외동딸을 둔 부자 노벽수가, "거짓말 세 마디를 모두 합격하는 사람을 사위 삼겠다"고 공표했다. 수많은 사람들이 찾아와 거짓말을 했지만 노씨는 항상 세 번째 거짓말에서 "그것은 참말이다." 하며 모조리 쫓아냈다. 그렇게 시간이 흘러 예비 사윗감들의 발걸음도 뚝 끊긴 어느 날, 초라한 행색의 조성찬이라는 청년이 노씨네 대문을 힘차게 두드렸다.

그리고는 뒤뜰 개집 앞에서 첫 번째 거짓말로, "저희 집에 작은 개가 하나 있는데, 그 녀석은 '멍멍!'이 아니라 '야옹~' 하고 운답니다."

앞마당에서 두 번째 거짓말로 "오늘 아침 앞마당에 까치가 '짹짹짹' 울지 뭡니까?"

곳간에서 세 번째 거짓말로, "저희 할아버님께서 옛적에 금강산에 박을 하나 심었는데, 열린 박이 어찌나 큰지 그 박을 파 쌀 삼천 석을 넣어 산에서 굴렸는데, 그게 어르신 댁으로 굴러 들어가 예전 어르신의 할아버님께서 받으셨던 일이 있답니다."라는 것이 아닌가.

세 번째 거짓말을 들은 노벽수는 고민에 빠졌다. '허허, 어쩐다. 이게 참말이면 그 삼천 석을 이자 쳐서 돌려달라 할 게 아닌가?' 결국 조성찬은 세 가지 거짓말을 모두 통과하여 노벽수의 딸과 결혼하게 되었다.

생각 열기 위 이야기의 흐름을 장소별로 나누어 표에 정리해요.

장소	관련 그림	내용
		조성찬이라는 청년이 노씨네 대문을 두드렸다. 거짓말 세 마디만 합격하면 노씨의 사위가 될 수 있기 때문이다.
뒤뜰 개집 앞		
		조성찬은 나무 위의 까치를 보며 '오늘 아침 까치가 '짹짹짹' 울었다'는 두 번째 거짓말을 했다.
곳간		

생각 글쓰기 '거짓말로 사위 된 이야기'로 연극 시나리오를 써요.

시나리오

+

장소 이동에 따라 쓰기

장소의 이동에 따라 있었던 일을 죽 쓰는 방법

이야기 속 장소의 이동에 따라 벌어지는 일을 지문과 대사로 재구성하여 연극 대본을 써요.

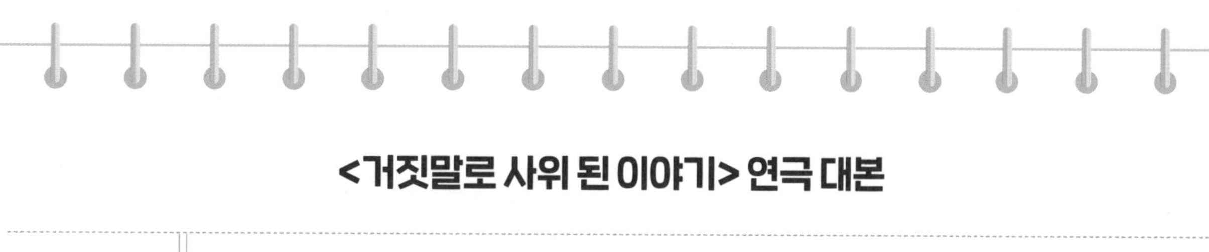

<거짓말로 사위 된 이야기> 연극 대본

해설	부자 노벽수는 딸이 시집갈 나이가 되자, "거짓말 세 가지를 합격한 사람을 사위 삼겠다."고 말했어요. 수많은 사람 중 통과한 자는 아무도 없었지요. 어느 날, 허름한 차림의 한 청년이 대문을 두드렸어요.
#1 뒤뜰 개집 앞	조성찬: (뒤뜰로 걸어가 개를 가리키며) 저희 집에도 저만큼 작은 개가 하나 있는데, 그 녀석이 '멍멍!' 하고 짖는 것이 아니라 '야옹~' 하고 운답니다. 참 신기한 노릇이지요? 노벽수:
#2 앞마당	조성찬: 노벽수:
#3 곳간	조성찬: 노벽수:
해설	그렇게 재치로 시험을 통과한 조성찬은 노벽수의 사위가 되어, 노벽수의 딸과 오래도록 행복하게 살았답니다.

조성찬의 말을 듣고 노벽수는 어떤 말과 행동을 했을까? 상상해서 써 봐.

인물의 말투나 행동은 괄호 속에 지문으로 써 봐.

DAY 18
시

네게 듣고 싶은 말

배경지식 말과 관련된 사자성어와 속담을 읽고 의미를 생각해 봐요.

청산유수(靑山流水)
'푸른 산에 흐르는 맑은 물'이라는 뜻으로, 막힘없이 썩 잘하는 말.

감언이설(甘言利說)
'달콤한 말과 이(利)로운 이야기'라는 뜻으로, 남의 비위에 맞도록 꾸민 말.

삼사일언(三思一言)
'세 번 생각하고 한번 말한다'라는 뜻으로, 신중히 말해야 함을 의미한다.

가는 말이 고와야 오는 말이 곱다.
남에게 말이나 행동을 좋게 해야 남도 자기에게 좋게 한다.

가루는 칠수록 고와지고 말은 할수록 거칠어진다.
말이 길어지면 시비, 다툼으로 이어질 수 있다.

같은 말이라도 아 다르고 어 다르다.
비슷한 말이라도 말하는 방식에 따라 달라질 수 있다.

● 아래 낱말 중 3개를 골라 '말'에 대한 문장을 만들어요.

기분	감언이설	배려	마음	삼사일언	대화

생각 열기 내가 말에 대해 갖고 있는 생각을 3가지 내용으로 분석해요.

평소에 듣고 싶은 말을 생각해서 써 봐.

듣고 싶은 말	듣기 싫은 말	즐거운 말
✔ "너 멋져."	✔ "오늘 숙제야."	✔ "라면 먹을래?"

들었을 때 신이 나고 즐거웠던 말을 떠올려 봐.

생각 글쓰기 '듣고 싶은 말'을 주제로 시를 써요.

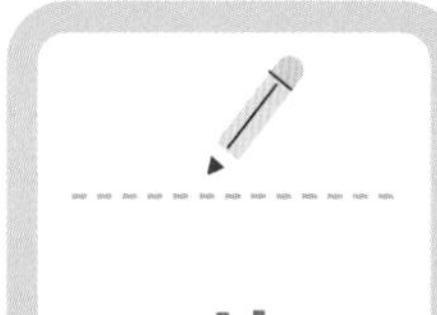

시

\+

빗대어 쓰기

어떤 것을 직접적으로 쓰지 않고,
비슷한 다른 것으로
대신 말하는 방법

내가 듣고 싶은 말을 떠올려 보고,
그 말들이 나에게 무엇과도 같은지
빗대어 4연 12행의 시를 써요.

2 너

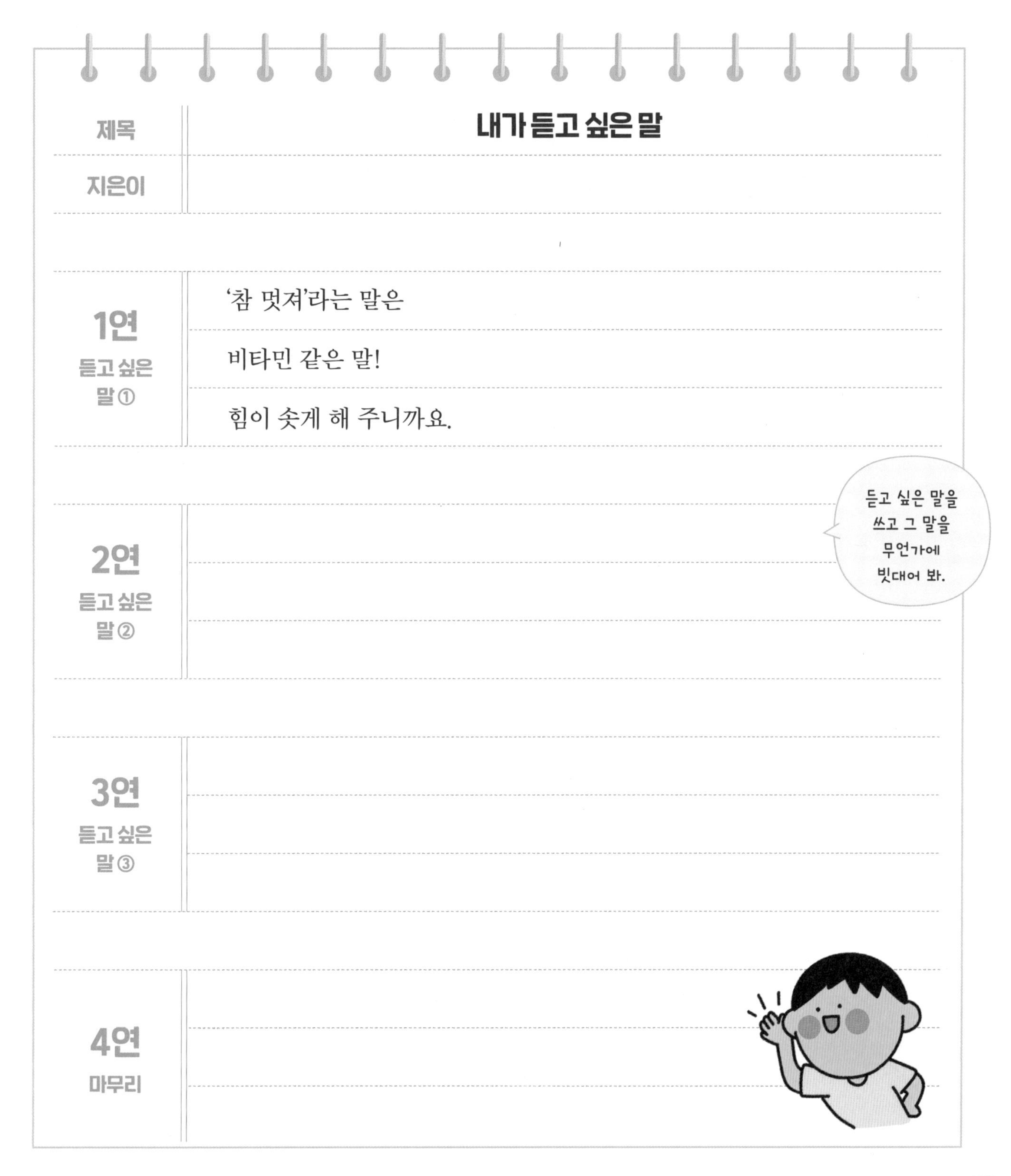

제목	내가 듣고 싶은 말
지은이	
1연 듣고 싶은 말 ①	'참 멋져'라는 말은 비타민 같은 말! 힘이 솟게 해 주니까요.
2연 듣고 싶은 말 ②	
3연 듣고 싶은 말 ③	
4연 마무리	

DAY 19

주장하는 글

책 읽기의 매력

배경지식 책에 관한 명언을 읽고 마음에 드는 문장에 밑줄을 그어요.

- 좋은 책을 읽는 것은
수많은 고상한 사람과
대화를 나누는 것과 같다.
-괴테

- 독서는 완성된 사람을 만들고,
담론은 재치 있는 사람을 만들고,
필기는 정확한 사람을 만든다.
-베이컨

- 책 속에서 자신을 발견할 수 있고,
지혜를 얻을 수 있고,
필요한 모든 것을 찾을 수 있다.
-헤르만 헤세

- 책 없는 방은 영혼 없는 육체와도 같다.
-키케로

- 생활 속에 책이 없다는 것은
햇빛이 없는 것과 같으며
지혜 속에 책이 없다는 것은
새에 날개가 없는 것과 같다.
-윌리엄 셰익스피어

- 독서는 정신적으로
충실한 사람을 만든다.
-벤자민 프랭클린

생각 열기 책에 대한 생각을 읽고 찬성측과 반대측이 되어 주장을 써요.

책은 우리의 삶에 꼭 필요하다!	✔ 찬성측	책을 통해 다양하고 중요한 지식을 배울 수 있으므로, 책은 우리 삶에 꼭 필요합니다.
	✖ 반대측	
책도 시간을 조절하며 읽어야 한다!	✔ 찬성측	
	✖ 반대측	책은 우리 삶에 유익하기 때문에 많이 읽을수록 좋습니다.

책이 늘 이롭기만 한지 생각해 봐.

시간을 조절하지 않고 독서를 하면 어떻게 될까?

생각 글쓰기 '책을 읽자'라는 주제로 주장하는 글을 써요.

주장하는 글

인용하여 쓰기

속담, 고사성어, 옛이야기 등 남의 말이나 글을 자신의 글 속에 끌어들이는 것

독서에 관한 명언을 활용하여 '책을 읽자'는 생각을 주장하는 글을 써요.

2 너

제목	책을 읽읍시다
1 상황	요즘 책을 읽지 않는 친구들이 많습니다.
2 독서의 중요성 + 명언 ①	독서를 하면 많은 지식을 쌓을 수 있습니다.
3 독서의 중요성 + 명언 ②	독서를 하면 바른 생각을 가진 사람이 될 수 있습니다.
4 마무리	

DAY 20

독후감상글

아낌없이 주는 나무

배경지식 '아낌없이 주는 나무' 이야기를 읽어요.

매일 나무를 찾아오는 소년이 있었다. 심심했던 소년은 나뭇가지에 그네를 매달아 타고 사과도 따서 먹으며 나무와 함께 놀았다.

세월이 흐르고 소년이 찾아오는 일이 줄자 나무는 쓸쓸해졌다. 그러던 어느 날, 성장한 소년이 찾아와 '이제는 놀 시간이 없어. 돈을 벌기 위해 일을 해야 해.'라고 말했다. 나무는 자신의 사과를 가져가라고 했고, 소년은 사과를 팔아 돈을 얻었다. 더 자라 청년이 된 소년은 나무를 찾아와 '이제 결혼을 하려면 집이 필요해.'라고 말했다. 나무는 자신의 가지를 베어 가라고 했고, 소년은 나뭇가지를 가져가 집을 지었다.

중년의 아저씨가 된 소년이 나무를 찾아와 '너무 슬퍼. 어디론가 멀리 가고 싶어.'라고 말했다. 나무는 자신의 몸통을 베어 배를 만들라고 했다. 소년은 나무를 베어 배를 만들어 떠났다.

한참 후 노인이 되어 돌아온 소년은 나무에게 '피곤해서 쉴 곳이 필요해.'라고 말했다. 나무는 이제 나에게 남은 건 밑둥밖에 없으니 와서 그루터기에 앉으라고 말했다. 노인은 그루터기에 앉았다. 나무는 처음부터 끝까지 행복했다.

생각 열기 소년과 나무의 말과 행동을 시기별로 정리해요.

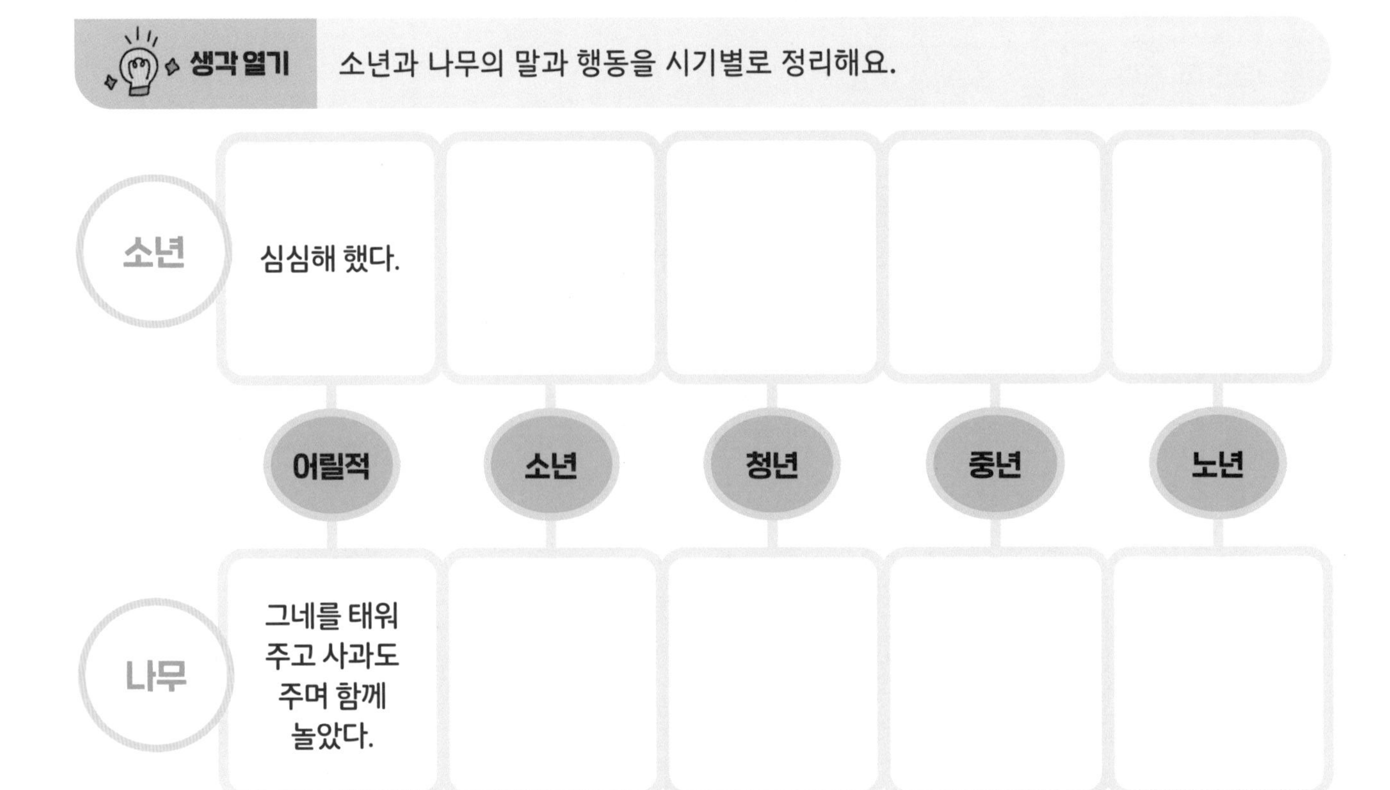

생각 글쓰기 '아낌없이 주는 나무' 이야기를 읽고 독후감상글을 써요.

독후 감상글

시간 흐름에 따라 쓰기

사건의 배경부터 사건 종료 후까지, 시간의 흐름에 따라 있었던 일을 죽 쓰는 방법

시간의 흐름에 따라 이야기 속 인물이 성장하며 했던 행동을 정리하고 느낀 점과 감상을 써요.

제목	
1 읽은 첫 느낌	'아낌없이 주는 나무' 이야기를 읽었다.
2 줄거리 요약	이 책에는 주인공 소년과 나무가 나온다.
3 내용에 대한 생각	
4 마무리	

시간의 흐름에 따라 줄거리를 요약해 봐.

아낌 없이 주는 나무와 소년의 행동에 대해 어떻게 생각하니?

읽은 소감을 정리해 봐.

'우리'

'우리'는 '나', '너'보다 훨씬 더 힘이 강하죠.
여러분의 글쓰기도 한층 성장했어요.
이제 함께하는 행복을 느낄 차례예요.

DAY 21

상상글

미래의 우리 집은?

배경지식 현대의 집에는 어떤 종류가 있는지 살펴봐요.

주택	일반적으로 한 가족이 사용하는 단독주택. 독립적인 건물로 구성되어 있다. 한옥과 같은 전통적인 단독주택도 있다.
빌라	4층 이하의 소형 공동주택. 최근에는 타운하우스라는 이름으로 빌라촌 형태가 많이 생기고 있다.
아파트	5층 이상의 건물을 층마다 여러 집으로 일정하게 나누어 각각의 독립된 가구가 거주할 수 있도록 만든 주거 형태.
오피스텔	오피스(사무실)와 호텔을 합친 형태의 건축물. 일을 하면서 거주도 할 수 있게 만든 집의 일종이다.
전원주택	도시가 아닌 시골이나 교외에 위치한 단독주택. 조용하고 자연환경이 아름다운 곳에서 살고 싶은 사람들이 선호한다.

● 미래에 어떤 집에서 살고 싶나요? 그 이유는 무엇인가요?

생각 열기 지금 내가 살고 있는 집에 대한 생각을 3가지 내용으로 분석해요.

● 지금 살고 있는 집의 종류 ●

좋은 점	안 좋은 점	흥미로운 점

생각 글쓰기 '미래의 우리 집'을 주제로 상상글을 써요.

상상글

+

묘사하여 쓰기
어떤 대상이나 사물, 현상을
그림을 그리듯
서술하는 방법

미래에 살고 싶은 집의 모습을 상상해, 그 집을 구체적으로 묘사해 봐요.

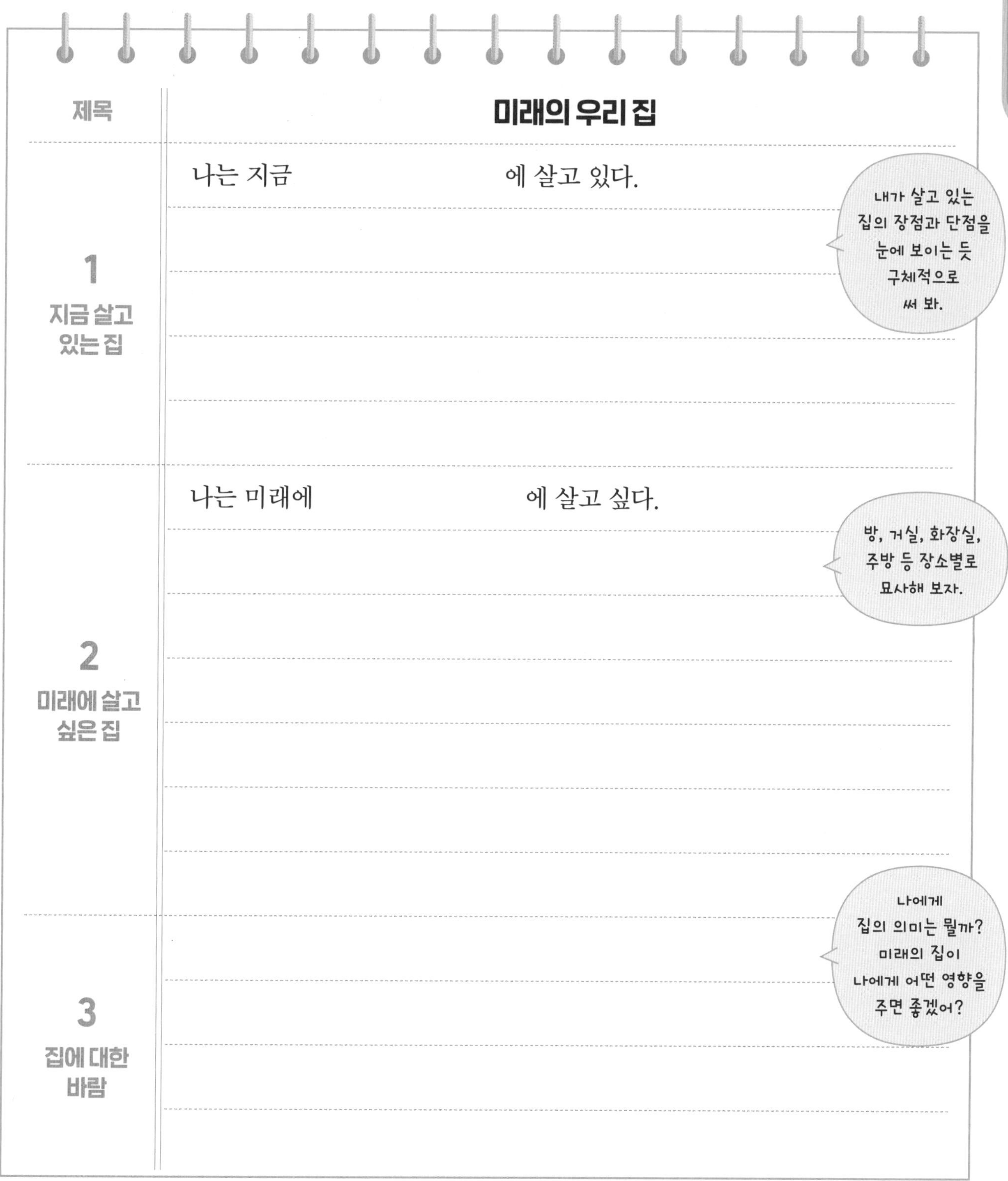

제목	**미래의 우리 집**
1 지금 살고 있는 집	나는 지금 　　　　　　　　에 살고 있다.
2 미래에 살고 싶은 집	나는 미래에 　　　　　　　　에 살고 싶다.
3 집에 대한 바람	

DAY 22

설명글

내가 다니는 학교

배경지식 '학교'와 관련한 한자어를 보고 그 뜻을 생각해 봐요.

학교

學 배울 학 / 校 가르칠 교

일정한 목적, 교과과정, 법규에 따라 학생에게 교육을 실시하는 기관

학생

學 배울 학 / 生 날 생

학교에 다니면서 공부하는 사람

선생

先 먼저 선 / 生 날 생

학생을 가르치는 사람

교실

教 가르칠 교 / 室 집 실

유치원, 초등학교, 중·고등학교에서 학습 활동이 이루어지는 방

생각 열기 내가 다니는 학교에 대해 조사하여 연꽃 모양 표에 정리해요.

인터넷에서 우리 학교 이름을 검색해 봐.

우리 학교

- 언제 설립되었니?
- 총 학생 수와 학급 수는?
- 학교 상징은 무엇이니? (교목, 교화)
- 우리 학교의 특징(좋은 점)은?

생각 글쓰기 내가 다니는 학교에 대해 설명하는 글을 써요.

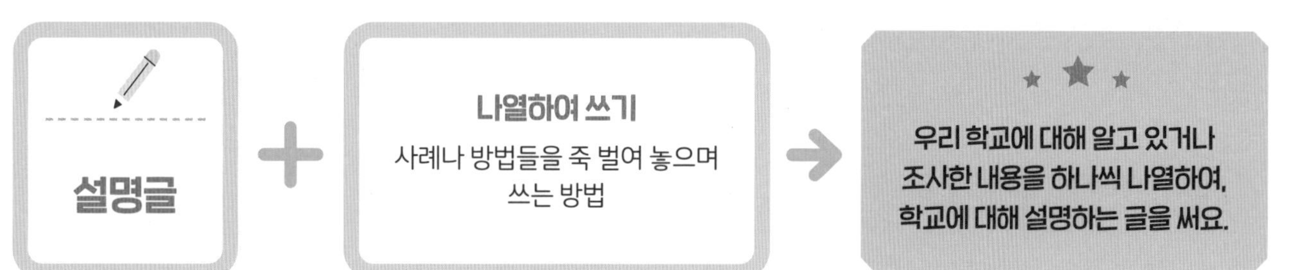

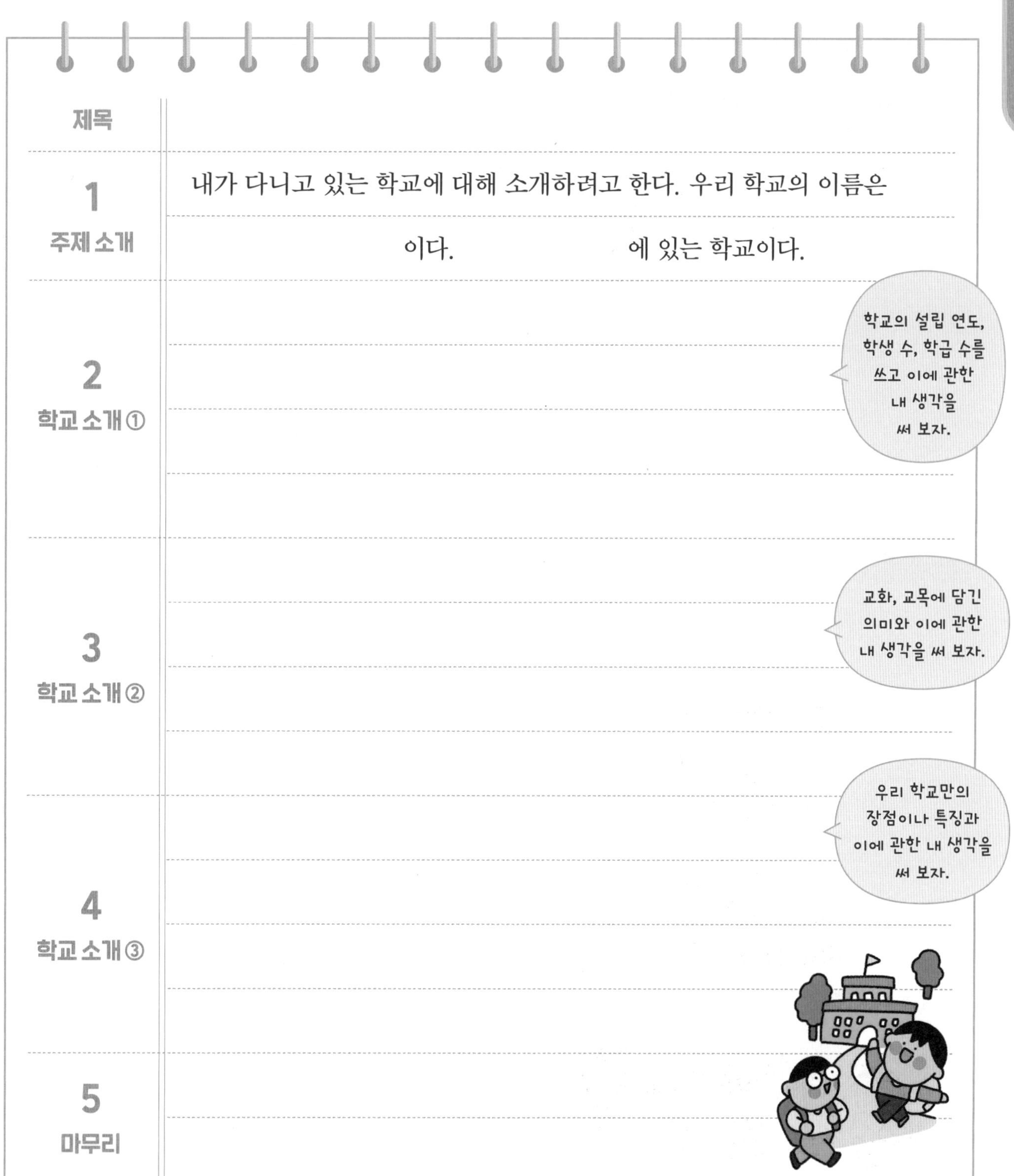

DAY 23

주장하는 글

우리 학교 급식 시간

배경지식 아래 공익광고를 보고, 그 뜻을 생각해 봐요.

돈이라면
남길 수 있어?

남아서 버리는 음식물 쓰레기가
한 해에 8조 원…….
음식물 쓰레기를 줄이는 일,
나 한 사람의 실천에서
시작됩니다.

음식도 결국 돈입니다!

● 포스터 속에 드러난 문제는 무엇일까요?

● 이 문제를 해결하려면 어떻게 해야 할까요?

생각 열기 그림 속 상황과 급식 시간에 지켜야 할 규칙을 표로 정리해요.

상황		지켜야 할 규칙
	급식 시간에 식사를 하며 떠들고 있다.	
		먹을 만큼만 배식받고 음식을 남기지 않는다.

생각 글쓰기 '급식 시간, 이렇게 합시다'라는 주제로 주장하는 글을 써요.

주장하는 글

사례 들어 쓰기

실제로 있었던 일을
구체적인 근거로 제시하면서
쓰는 방법

급식 시간에 경험한 문제를 예로 들어 급식 시간 규칙에 대해 주장하는 글을 써요.

제목	
1 도입	학교에서 밥을 먹는 시간은 언제나 기다려진다. 매달 말에 나오는 급식 메뉴표를 사회 개념보다 잘 외우기도 한다. 이렇게 소중한 급식 시간을 즐겁게 보내기 위해, 우리는 어떻게 해야 할까?
2 문제 +규칙 ①	급식 먹을 때 경험했던 문제를 쓰고, 그에 필요한 규칙도 적어 봐.
3 문제 +규칙 ②	또다른 문제 상황과 필요한 규칙을 써 봐.
4 문제 +규칙 ③	그 규칙이 지켜지지 않았을 때 생기는 어려움도 적어 볼래?
5 마무리	급식 시간은 나처럼 다른 누군가에게도 기다려지는 선물 같은 시간이다. 그런 시간을 방해하지 않는 것이 우리가 지켜야 할 매너라고 생각한다.

DAY 24

편지글

나의 소중한 가족에게

배경지식 가족의 소중함을 생각하며, 관련된 한자성어를 알아봐요.

반포지효
(反哺之孝)

까마귀는 새끼가 깨면 60일 동안 먹이를 물어다가 먹이는데, 그 까마귀가 자라 역시 60일 동안 어미에게 먹이를 물어다 주어, 길러 준 은혜에 보답한다고 해요. 즉 자식이 자라 부모를 봉양하는 것을 뜻해요.

가화만사성
(家和萬事成)

명심보감에 있는 '자식이 효도하면 어버이가 즐겁고, 집안이 화목하면 만사가 이루어지느니라' 라는 구절에 포함된 말이에요. 가족이 화목하면 모든 일이 잘된다는 뜻이지요.

생각 열기 나는 내 가족을 어떻게 대하고 있나요? 각각 생각해서 써요.

 **생각 글쓰기** 마음을 전하고 싶은 가족에게 편지를 써요.

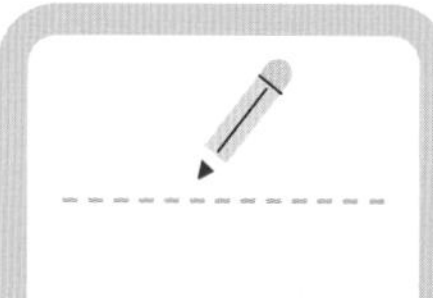

편지글

\+

인용하여 쓰기

속담, 고사성어, 옛이야기 등 남의 말이나 글을 끌어들여서 쓰는 방법

★ ★ ★

가족에 관한 한자성어를 인용하여, 가족에게 사랑의 마음을 전하는 편지글을 써요.

3 ★ 우리

DAY 25
광고글

다른 거지, 틀린 게 아니야

배경지식 다문화 사회에 대한 생각을 읽고 마음에 드는 문장에 밑줄을 그어요.

다문화 사회 서로 다른 인종, 민족, 종교, 성 등 다양한 문화가 공존하는 사회

- 우리도 누군가에겐 외국인!
- 생긴 건 달라도 마음은 똑같아요.
- 다문화도 다, 문화입니다.
- 인종이 인성을 만드나요?
- 틀린 것이 아니라 다른 것입니다.
- 미움보단 이해, 이해보단 관심
- 피부색은 다르지만 마음만은 같은 사람
- 너도 나처럼 소중해.

● 우리나라가 다문화 사회가 되면서 생겨난 문제점은 무엇일까요?

생각 열기 다양성에 대한 생각을 읽고 찬성측과 반대측이 되어 주장을 써요.

주제	입장	주장
같은 문화를 가진 사람들끼리 더 잘 통한다!	 찬성측	문화는 한 사회에서 전해 내려온 생활 방식을 의미하기 때문에 같은 문화를 가진 사람들은 서로 더 잘 이해할 수 있습니다.
	반대측	
다문화 친구들만 다니는 특별한 학교를 만들어야 한다!	 찬성측	다문화 친구들이 새로운 문화에 더 쉽고 빨리 적응할 수 있도록 특별 프로그램을 운영하는 학교에 다니는 것이 좋습니다.
	 반대측	

생각 글쓰기 '다양성을 존중하자'는 주제로 공익광고를 만들어요.

광고글 + **비교·대조하여 쓰기** 두 가지 이상의 대상에서 공통점을 찾아 설명하면 '비교', 차이점을 찾아 설명하면 '대조' →  한국인과 다문화인의 공통점과 차이점을 비교, 대조하며 '다양성 이해'를 권하는 광고 카피를 써요.

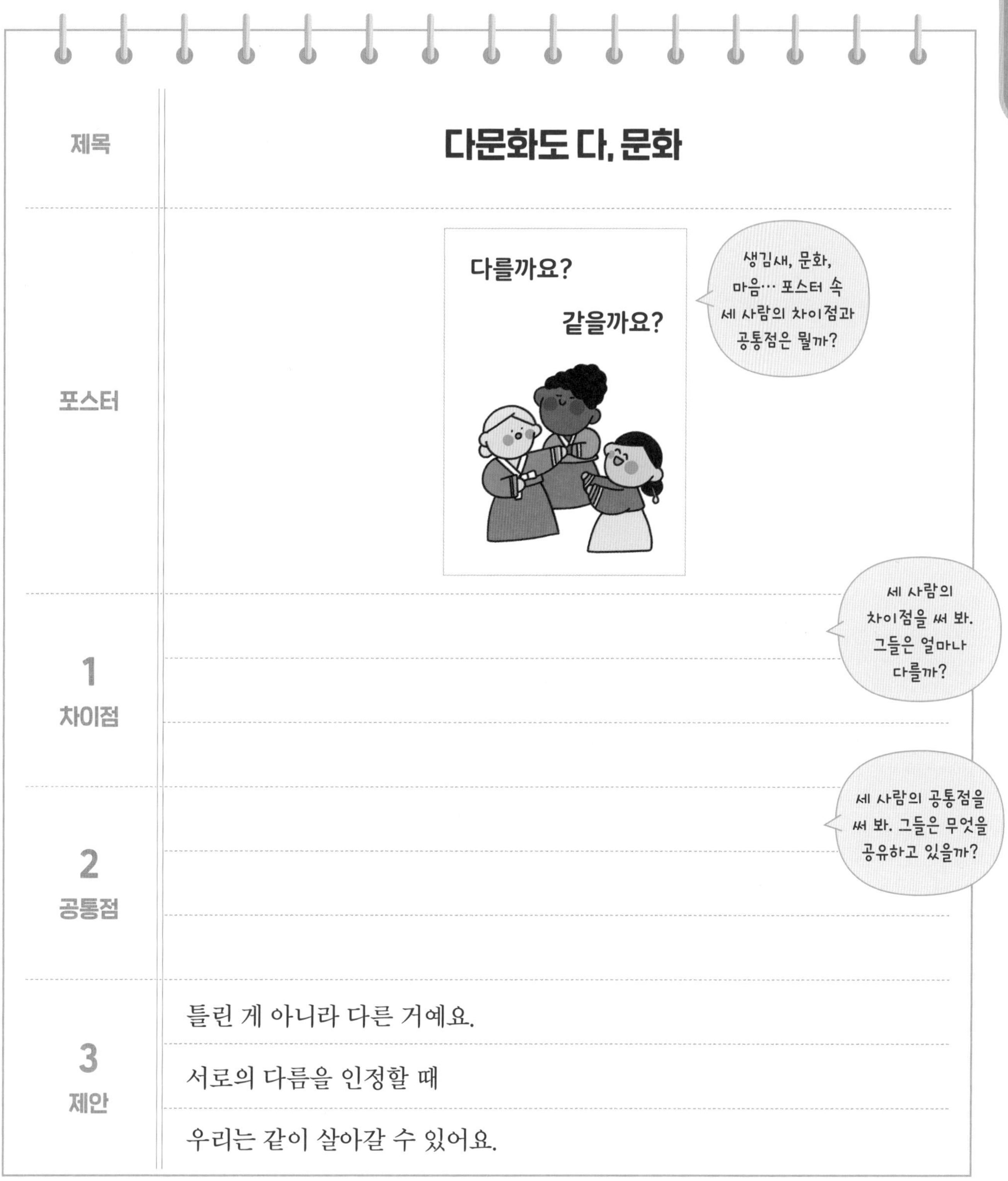

DAY 26

기행글

특별한 기억, 여행

배경지식 여행에 관한 명언이나 속담을 알아봐요.

- 세계는 한 권의 책이다. 여행하지 않는 자는 그 책의 단지 한 페이지만을 읽는 것이다.
  -성 아우구스티누스

- 진정한 여행은 새로운 풍경을 보는 것이 아니라 새로운 시각을 가지는 것이다.
  -마르셀 프루스트

- 여행을 하는 것은 도착하기 위해서가 아니다. 여행하기 위해서이다.
  -요한 볼프강 폰 괴테

- 널리 여행하면 현명해진다.
  -영국 속담

- 사랑하는 자식에게는 여행을 시켜라.
  -일본 속담

- 자식에게 만 권의 책을 사주는 것보다 만 리의 여행을 시키는 것이 더 유익하다.
  -중국 속담

- 여행을 하면 좋은 점은 무엇일까요?

생각 열기 기억에 남는 여행을 떠올려 항목별로 써요.

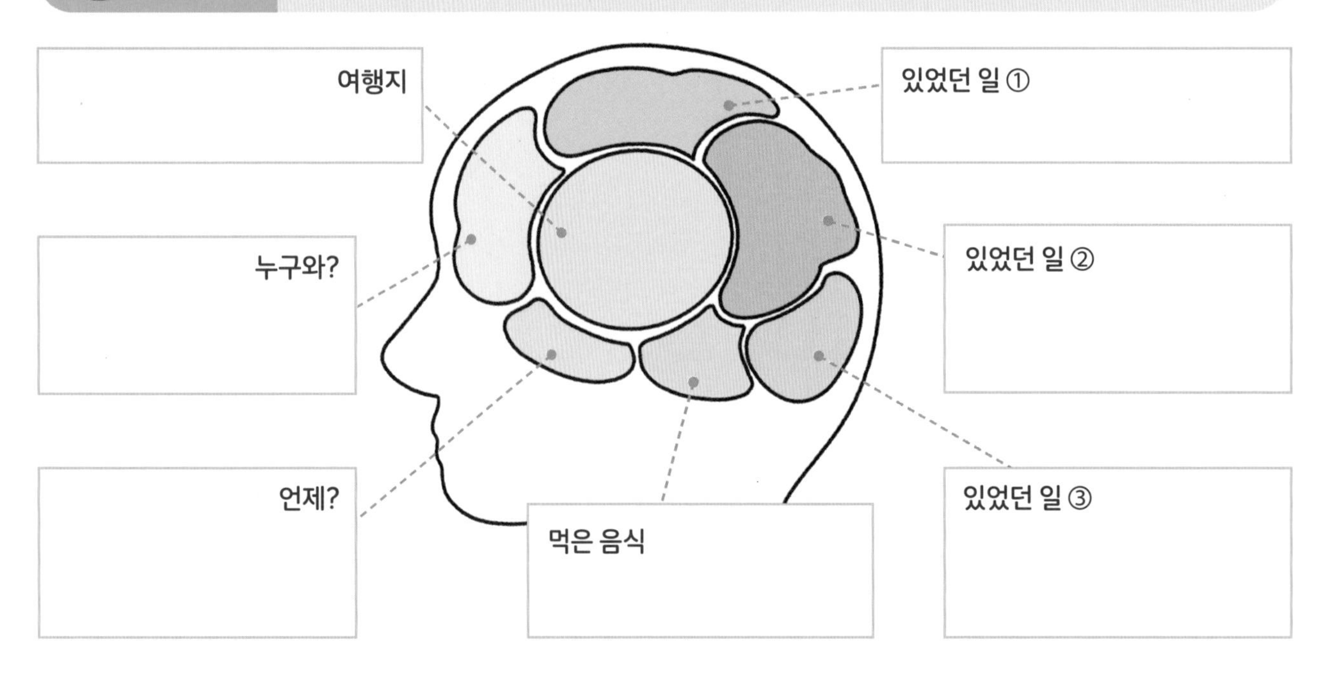

생각 글쓰기 '기억에 남는 여행'이라는 주제로 기행글을 써요.

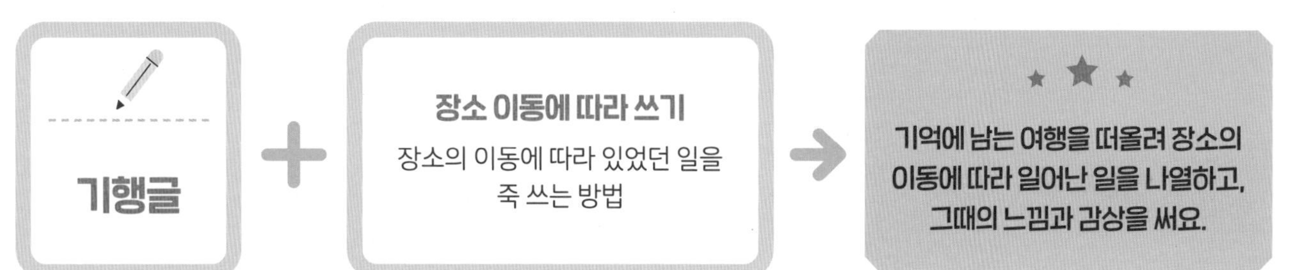

DAY 27 시나리오

교실에서 생긴 일

배경지식 이야기를 읽으며 시간적 배경을 나타내는 말에 ○표 해요.

수상한 전학생

월요일 아침, 우리 반에 수상한 녀석이 전학 왔어요. 이름은 '이고동'. 앞머리를 길게 늘어뜨려 눈의 절반은 보이지 않았죠. 조회 시간에 담임 선생님께서 인사를 하라고 말씀하셨는데도 대꾸조차 없었어요. 우리 반 아이들 모두 그 친구의 눈치를 보고 있었죠.

점심 시간, 우리 반 남자아이들은 옆 반과 축구 시합을 했어요. 내가 친구 경우에게 패스를 했을 때였어요. 힘껏 찬 공이 마침 계단 쪽에 서 있는 전학생 앞에 멈췄어요.

"야, 공 좀 이쪽으로 차 줄래?"

축구공은 고동이의 발에 닿자마자 말도 안 되게 빠른 속도로 날아갔어요. 그리고 학교 밖으로 넘어가 버렸어요. 모두 입이 쩍 벌어졌지만 종이 울려 서둘러 들어가는 바람에 이 사건은 금방 잊혀졌지요.

6교시 체육 시간에는 짝을 이뤄 배드민턴을 쳤어요. 이고동은 하필 내가 좋아하는 고운이와 짝이 되었어요. 다들 열심히 치고 있는데, "꺄악!" 고운이의 비명 소리가 들렸어요. 모두 깜짝 놀라 달려갔더니, 고동이가 들고 있던 배드민턴 채가 완전히 꺾여 기역 자 모양이 되어 있는 거예요.

"선생님, 제가 셔틀콕을 벽 쪽으로 쳤는데요. 고동이가 그걸 치니까 채가 바로 저렇게……."

선생님도 아이들도 모두 놀랐어요. 우리 반 전학생 '이고동', 괴력이 넘치는 정말 수상한 아이예요. 우리 반에 앞으로 어떤 일들이 벌어질지 궁금해요.

생각 열기 그림을 보고 우리 반에서 있었던 일 하나를 떠올려 그 일에 대해 써요.

● 교실에서 있었던 일

생각 글쓰기 '수상한 전학생' 이야기로 연극 시나리오를 써요.

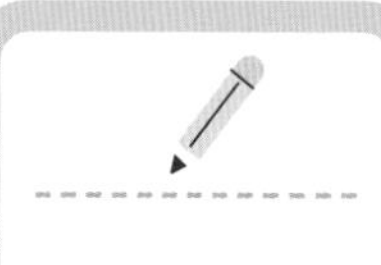

시나리오

+

시간 흐름에 따라 쓰기

사건의 배경부터 사건 종료 후까지, 시간의 흐름에 따라 있었던 일을 죽 쓰는 방법

이야기 속에서 일어난 일들을 시간의 흐름대로 지문과 대사로 재구성해서 연극 대본을 써요.

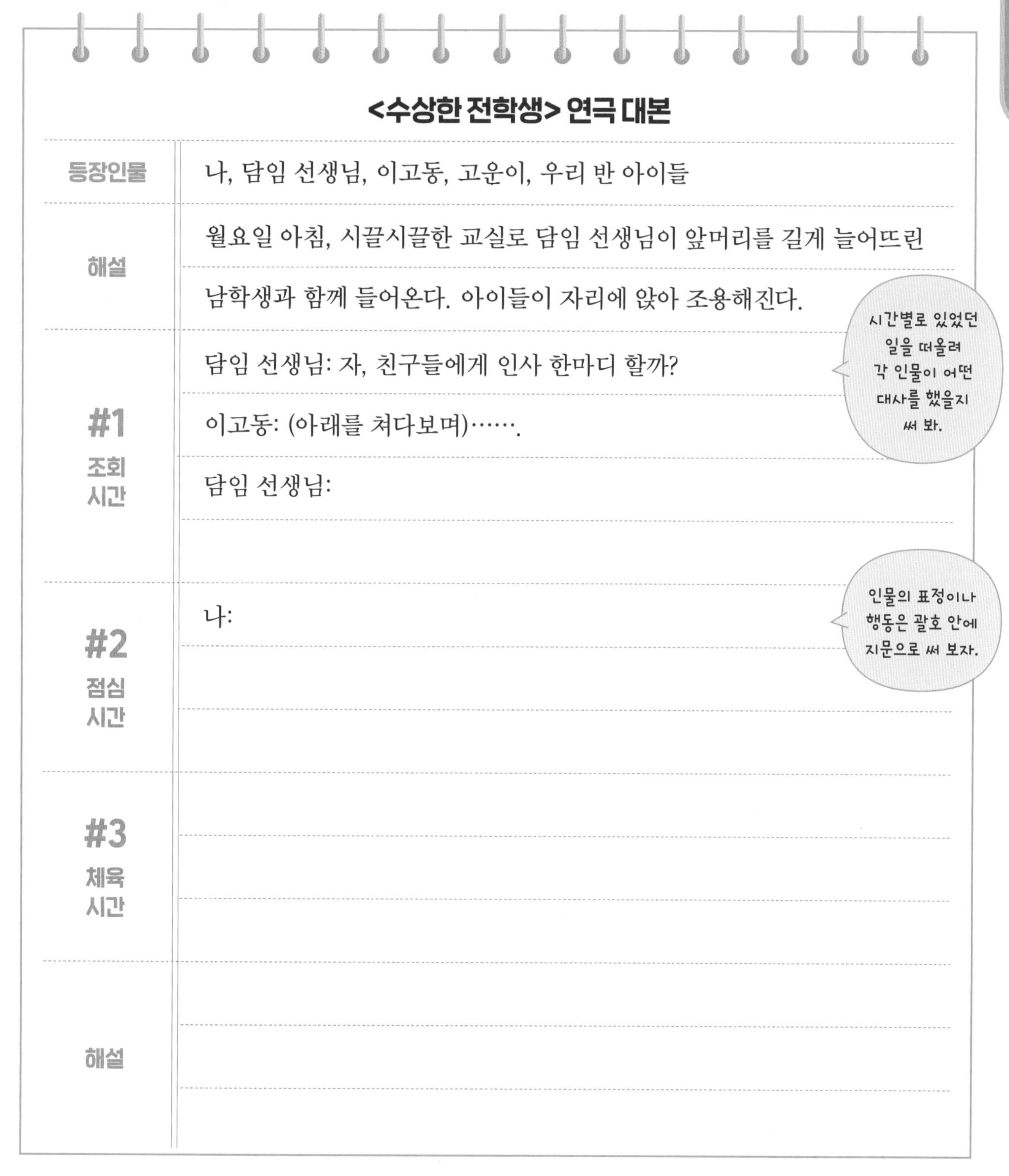

<수상한 전학생> 연극 대본

등장인물	나, 담임 선생님, 이고동, 고운이, 우리 반 아이들
해설	월요일 아침, 시끌시끌한 교실로 담임 선생님이 앞머리를 길게 늘어뜨린 남학생과 함께 들어온다. 아이들이 자리에 앉아 조용해진다.
#1 조회 시간	담임 선생님: 자, 친구들에게 인사 한마디 할까? 이고동: (아래를 쳐다보며)……. 담임 선생님:
#2 점심 시간	나:
#3 체육 시간	
해설	

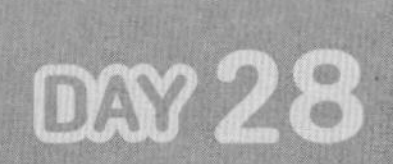

시

대한민국, 자랑스러운 우리나라

배경지식 다음의 '대한민국 보고서'를 읽어 봐요.

● 대한민국 보고서 ●

세계 속 대한민국의 모습

과학기술 분야 스마트폰, 인공위성 발사 등 과학기술 분야에서 성과를 거두고 있어요.

문화 예술 분야 드라마, 영화, K-POP 등 세계적인 한류 열풍을 불러 일으키고 있어요.

세계 평화 노력 해외 봉사, 국제연합 활동 등 세계 곳곳에서 나눔과 봉사를 실천해요.

한류 열풍 세계로!

우리나라 문화는 교통과 통신의 발달에 따라 1990년대 후반부터 급속도로 발전하였습니다. 현재는 세계 문화와의 교류를 통해 더욱 다양한 모습으로 성장하는 중이며, 그 과정에서 한국의 위상은 나날이 높아지고 있습니다. 한국의 음악, 드라마, 영화뿐만 아니라 음식이나 역사까지, 세계가 관심을 갖고 주목하는 문화가 되었습니다. 한류가 일시적인 유행이 아니라 세계 문화를 주도하는 흐름으로 자리 잡기 위해서는 전통문화를 계승하며, 다른 문화의 좋은 점을 편견 없이 받아들여 우리의 것으로 발전시키려는 적극적인 노력이 필요합니다.

우리나라에 대해 4가지 내용으로 분석해요.

다른 나라보다 뛰어난 점	우리나라라서 가능한 점
성장에 방해되는 점	다른 나라에 비해 부족한 점

대한민국

생각 글쓰기 '우리나라의 좋은 점'을 주제로 시를 써요.

시

+

빗대어 쓰기
어떤 것을 직접적으로 쓰지 않고, 비슷한 다른 것으로 대신 말하는 방법

우리나라의 장점을 떠올려 보고 우리나라를 다른 것에 빗대어 4연 12행의 시를 써요.

DAY 29

독후감상글

세종 대왕의 업적

배경지식 세종 대왕 이야기를 읽어 봐요.

세종 대왕

세종은 조선 건국 5년이 지난 1397년에 태어났어요. 위에 형이 둘이나 있었지만 인성과 능력 면에서 훨씬 우월했던 세종은 16살에 충녕대군으로 봉해졌고, 6년 후 왕위에 올라요.

조선의 4번째 임금이 된 세종은 집현전에서 학문을 연구하고 뛰어난 인재를 키우는 데 힘썼어요. '학문을 연구하기 위해서는 훌륭한 책이 많아야 한다'는 생각으로, 농사에 관한 〈농사직설〉, 팔도의 풍수와 지리를 기록한 〈팔도지리지〉 등의 책을 편찬했지요.

세종은 음악과 과학에도 관심이 많았어요. 수많은 악곡과 악보를 정리하고, 장영실을 궁궐로 불러 조선의 대표 발명품인 '앙부일구'라는 해시계와 '자격루'라는 물시계도 만들었지요.

하지만 세종에게는 걱정이 있었어요. 한자는 어려워서 백성들이 배우기 힘들다는 것이었어요. 세종은 학자들과 함께 누구나 쉽게 익힐 수 있는 글자를 만들었어요. 마침내 1443년, '백성을 가르치는 바른 소리'라는 뜻의 '훈민정음'이 만들어졌고, 3년 후 널리 반포되었죠.

이렇듯 세종 대왕은 학문과 과학, 음악, 농업 등 여러 분야에서 수많은 업적을 남겼어요. 젊은 시절부터 학문과 국정에만 전념한 탓에 몸을 돌보지 못한 세종은 나이가 들며 건강이 악화되었고, 결국 1450년 52세의 나이로 세상을 떠났어요.

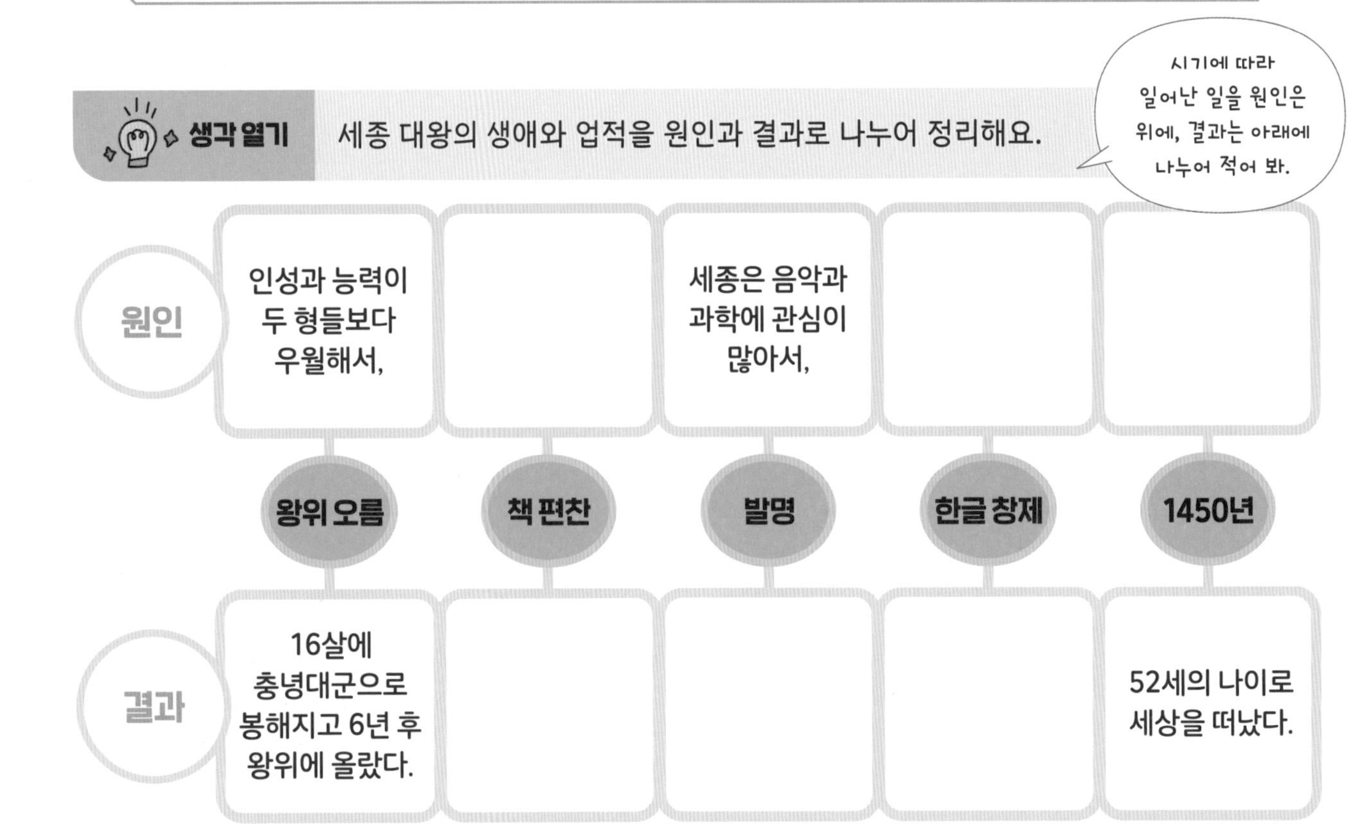

생각 글쓰기 세종 대왕 이야기를 읽고 줄거리를 요약한 후 느낀 점을 써요.

독후 감상글

원인·결과 쓰기

어떤 일이 일어난 까닭은 '원인',
원인 때문에 벌어진 일은 '결과'

세종 대왕의 생애와 업적을 원인과 결과로 정리하고 느낀 점과 생각을 써요.

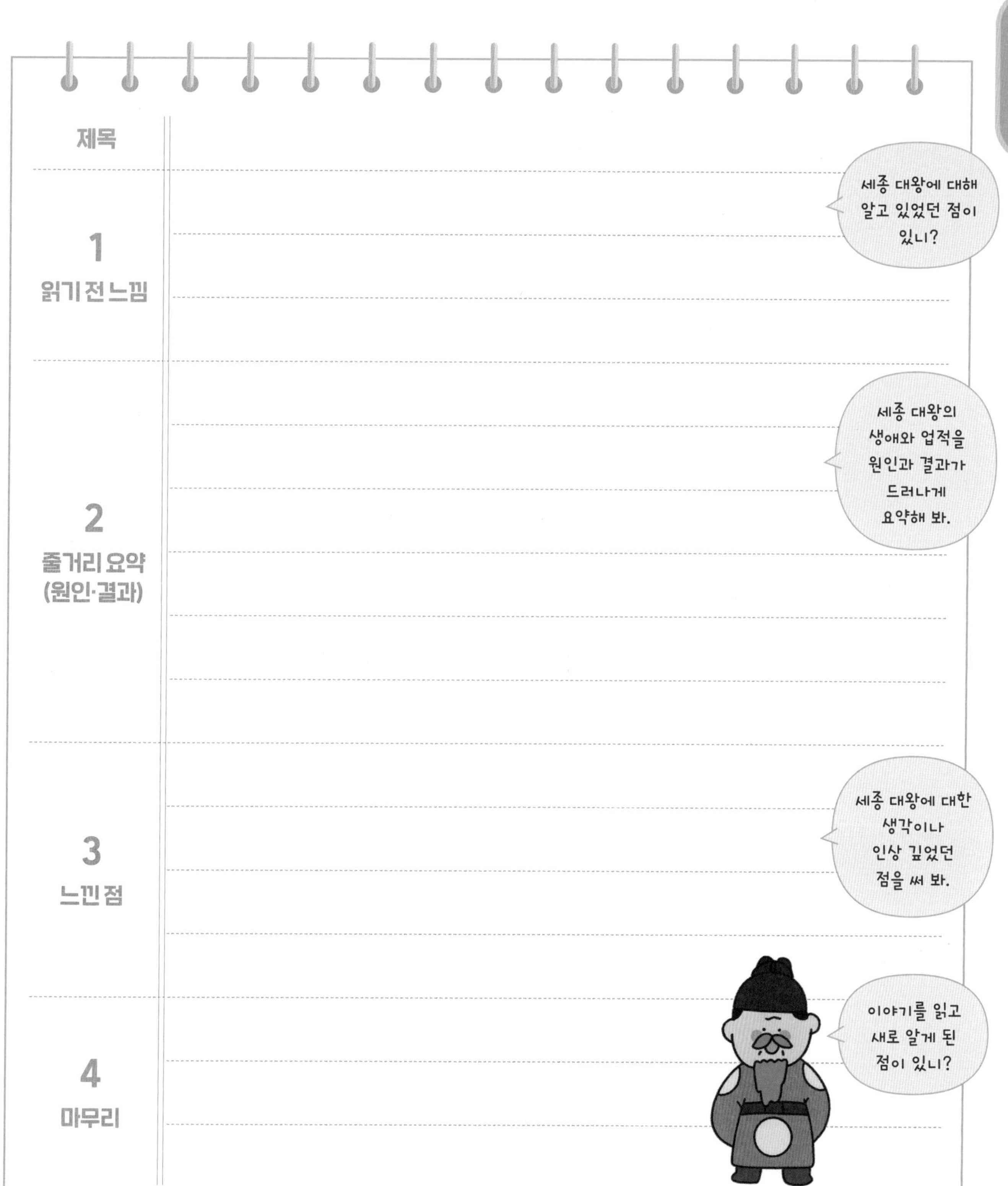

3 ★ 우리

DAY 30

생활글

내가 만드는 우리 동네

배경지식 시를 읽고, 시 속의 동네를 머릿속에 떠올려 봐요.

우리 동네

우리 동네는
살기 좋아요

경찰서도 있고
병원도 있고
우체국도 있는

우리 동네에
놀러 오세요

우리 동네는
살기 좋아요

나무도 있고
꽃도 피고
놀이터도 있는

우리 동네에
놀러 오세요

나의 동네

이 길을 건너서 저 길로
이 골목 지나서 저 골목으로

어제도 가고 오늘도 갈
나의 동네

개나리 피고 까치 날고
사람들 이야기가 들리고
아이들 웃음을 머금은

우리 집 건너서 너희 집
우리 학교 지나서 너희 학교

어제도 가고 오늘도 갈
나의 동네

벚꽃 피고 참새 날고
어린 시절 추억이 들리고
내 꿈을 머금은

생각 열기 내가 살고 있는 동네를 떠올리며 질문에 답해요.

- 우리 동네에 필요하지만 현재 없는 것은 ______ (이)다.
- 우리 동네에 어떤 공간이나 건물을 만들 수 있다면 ______ (을)를 만들고 싶다.
- 왜 그렇게 생각하나요?

생각 글쓰기 '우리 동네에 ~가 있다면?'을 가정하여 글을 써요.

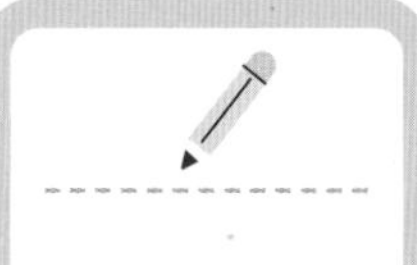

생활글

\+

가정하여 쓰기
사실이 아니거나 사실인지 아닌지
분명치 않은 것을
임시로 상상하는 방법

→

동네에 내가 좋아하는 공간이나 건물을 만들 수 있다고 가정한 후, 내 생각을 자유롭게 써요.

제목	우리 동네에 　　　　　　　　이(가) 있다면
1 상황	
2 내 생각	
3 가정	
4 마무리	

우리 동네에 무엇이 있고, 무엇이 없는지 떠올려 봐.

우리 동네에 어떤 공간이나 건물을 만들 수 있다면 뭘 만들래?

그 공간이나 건물이 존재한다면 어떨 것 같은지 구체적으로 예를 들어 써 봐.

4

'세상'

우리가 살고 있는 이 사회,
나아가 드넓은 온 세상!
이제 생각을 더 크게 키워 보자구요.

DAY 31

상상글

세상에 마법이 있다면

배경지식 '마법'의 '마(魔, 마귀 마)' 한자가 들어간 낱말을 알아봐요.

마법

魔 마귀 마 / 法 법 법

마력으로 불가사의한 일을 행하는 술법

악마

惡 악할 악 / 魔 마귀 마

남을 못살게 구는 아주 악독한 사람을 비유적으로 이르는 말

마귀

魔 마귀 마 / 鬼 귀신 귀

요사스럽고 못된 잡귀를 통틀어 이르는 말

몽마

夢 꿈 몽 / 魔 마귀 마

자는 사람을 누른다고 하는 귀신

생각 열기 마법이 있다면 어떨지 상상하여 3가지 내용으로 정리해요.

좋은 점	안 좋은 점	흥미로운 점
		✔ 재미있는 일들만 골라서 할 수 있다.

생각 글쓰기 '내가 마법사가 된다면'이라는 주제로 상상글을 써요.

상상글 + **묘사하여 쓰기**
어떤 대상이나 사물, 현상을 그림을 그리듯 서술하는 방법

내가 마법사가 된 상황을 상상해서 어떤 일이 일어날지 구체적으로 묘사하여 써요.

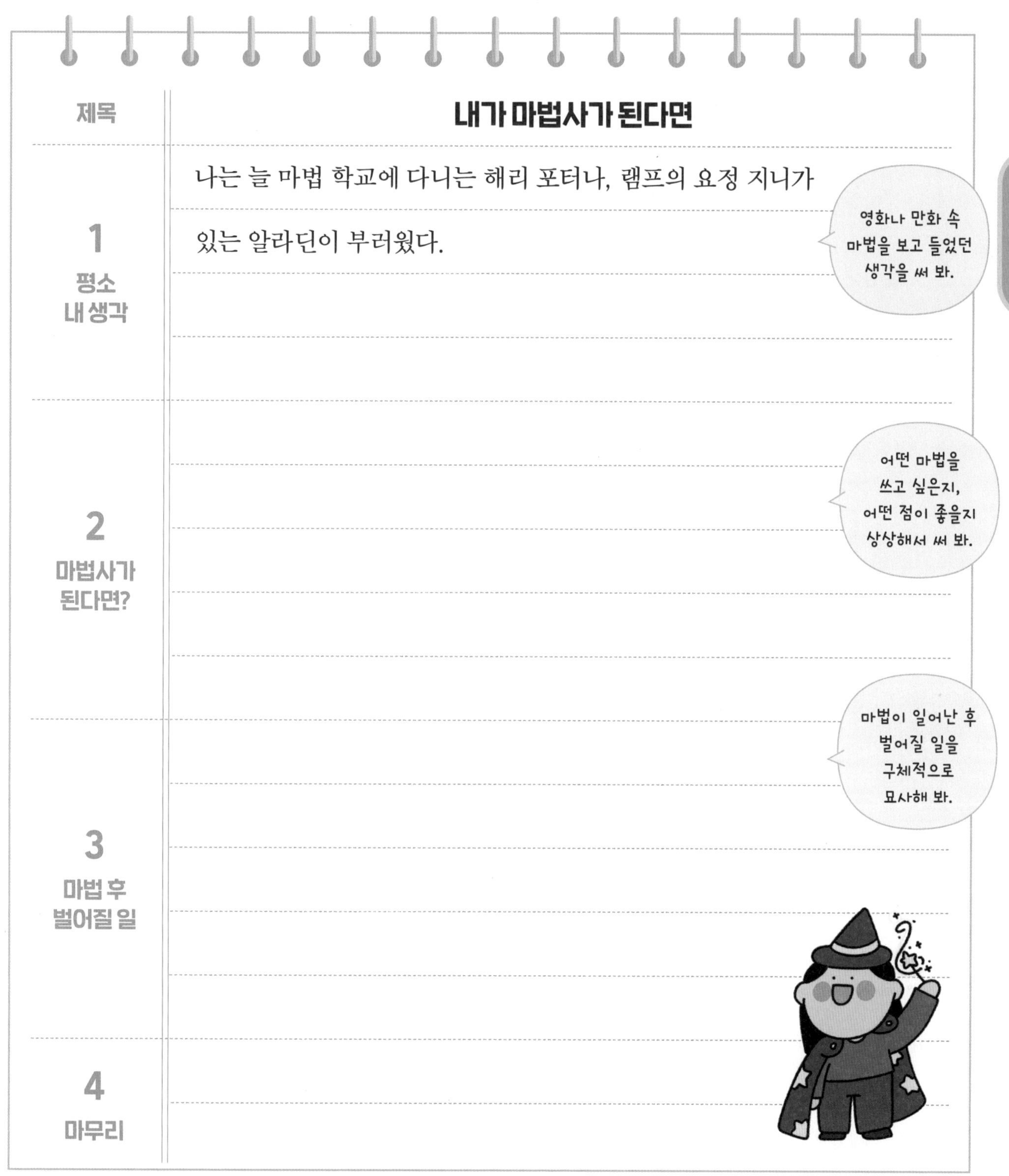

DAY 32

시

내가 그리는 꿈

배경지식 꿈과 관련된 명언을 읽고 마음에 드는 문장에 밑줄을 그어요.

- 당신의 마음과 직관을 따르는
용기를 가져라.
그것들은 이미 당신이 진정으로
무엇이 되고 싶은지 알고 있다.
-스티브 잡스

- 오랫동안 꿈을 그리는 사람은
마침내 그 꿈을 닮아간다.
-앙드레 말로

- 상상할 수 있는 모든 것은
현실이 될 수 있다.
-파블로 피카소

- 세상은 고통으로 가득하지만
그것을 극복하는
사람들로도 가득하다.
-헬렌 켈러

- 꿈을 밀고 나가는 힘은
이성이 아니라 희망이며
두뇌가 아니라 심장이다.
-도스토예프스키

- 희망과 꿈은 인생의 사탕이다.
꿈이 없다면 인생은 쓰다.
-바론 리튼

- 꿈을 가져야 하는 이유는 무엇일까요?

생각 열기 나의 꿈에 대한 생각을 연꽃 모양 표에 정리해요.

나의 꿈

- **어떤 일을 할 때 즐겁니?**
- **잘할 수 있는 게 뭐니?**
- **내가 좋아하는 일이 나와 사회에 도움이 되니?**
- **내가 잘하는 것과 관련된 직업은 무엇이니?**

생각 글쓰기 '나의 꿈'을 주제로 시를 써요.

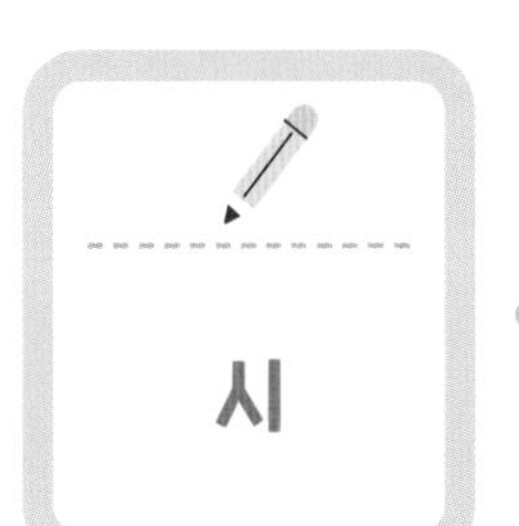

+

인용하여 쓰기
속담, 고사성어, 옛이야기 등 남의 말이나 글을 끌어들여서 쓰는 방법

꿈에 대한 명언을 인용하고, 내 생각을 곁들여 '나의 꿈'에 대해 시를 써요.

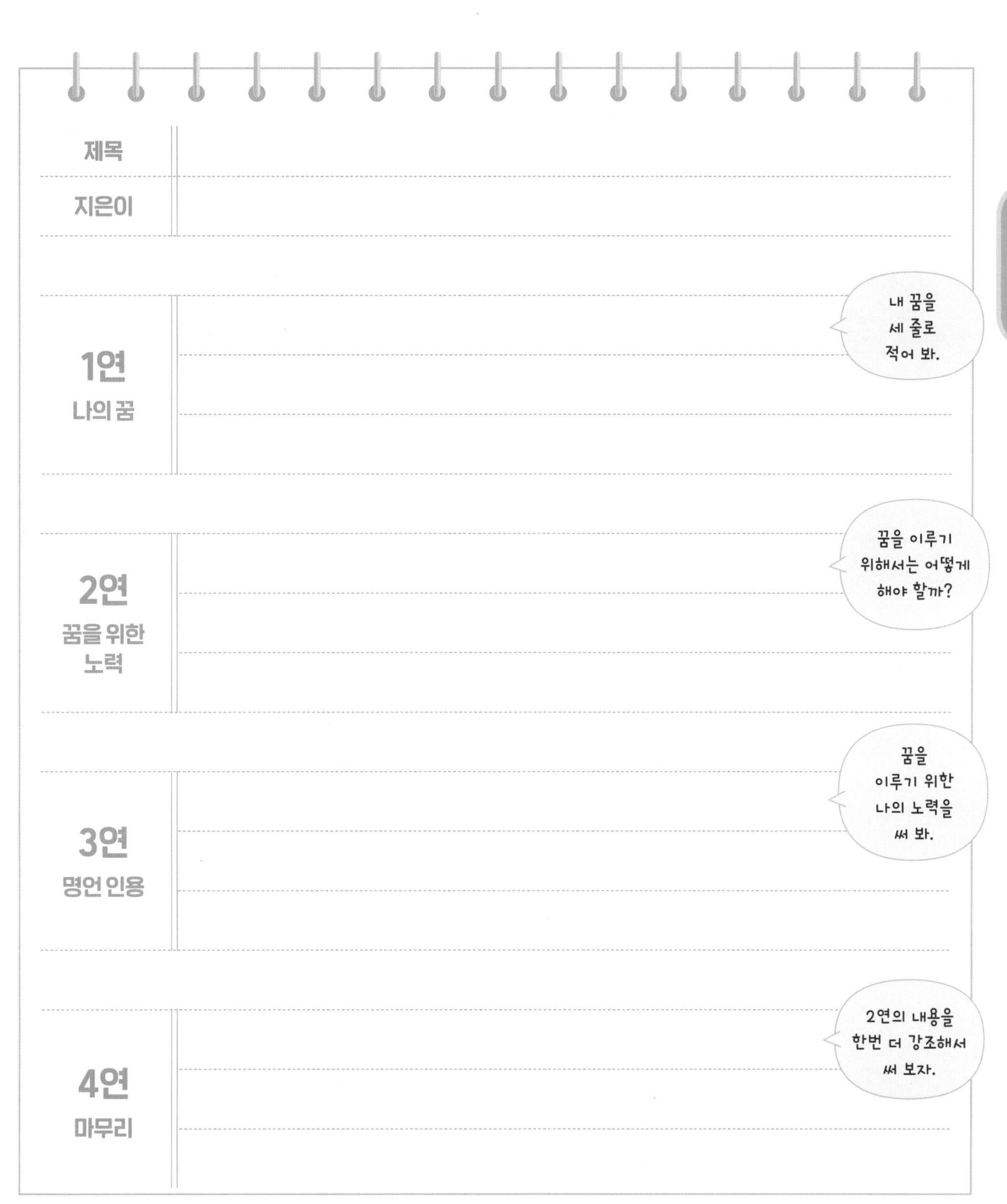

4 세상

DAY 33

주장하는 글

하늘이 정해 준 내 운명?

배경지식 60갑자에 대한 글을 읽고 빈칸을 채워요.

운명은 육십갑자 속에서

운명은 인간을 포함한 모든 것을 지배하는 초인간적인 힘을 의미한다. 이 힘에 의해 우리의 처지가 이미 정해져 있다는 것이다. 예로부터 동양에서는 운명을 점칠 때 육십갑자를 이용했다. 육십갑자란 천간 10개와 지지 12개를 조합해 만든 간지 60개를 뜻하는데, 사람들은 이것으로 사람의 성질, 만물의 길흉 등을 판단할 수 있다고 믿었다.

이중 십이지(12개의 지지)는 일상생활에서 쉽게 볼 수 있는 동물을 이용해 인간 세상의 시간을 나타낸 것으로, '띠'라고도 한다. 우리나라에서 사람들이 흔히 말하는 십이지별 성격은 다음과 같다. 이는 미신이지만, 아직도 몇몇 사람들은 이를 믿고 운세나 궁합을 보기도 한다.

자(쥐)	차분하며 책임감 있고 영리하다.	오(말)	독립심이 강한 반항아이다.
축(소)	뚝심과 신뢰의 아이콘이다.	미(양)	온순하고 사랑스러운 애교쟁이다.
인(호랑이)	인간미 넘치는 리더이다.	신(원숭이)	연예인 기질을 타고난 재간둥이다.
묘(토끼)	소심하고 예민하며 섬세하다.	유(닭)	예리한 완벽주의자이다.
진(용)	변화를 즐기는 활동파다.	술(개)	고집이 세며, 의리 있다.
사(뱀)	똑똑하고 지혜롭지만 외톨이다.	해(돼지)	낙천적이며 인내심이 강하다.

● 내가 태어난 해는 (　　　　) 년이고, 나는 (　　　　) 띠다.

생각 열기 윗글에 제시된 십이지별 성격과 내 성격을 비교해요.

같은 점 또는 다른 점을 생각해서 써 보자.

생각 글쓰기 '띠로 보는 성격'을 주제로 주장하는 글을 써요.

주장하는 글

+

사례 들어 쓰기

실제로 있었던 일을
구체적인 근거로 제시하면서
쓰는 방법

나와 주변의 사례를 들어
띠와 성격이 관계가 있는지에 대한
내 의견을 주장하는 글을 써요.

제목	
1 상황	내 띠는 무엇인지, 내 성격은 어떤지 구체적으로 써 봐.
2 생각+사례①	띠와 성격은 서로 관련이 있을까? 그 이유는 뭘까?
3 생각+사례②	위에서 쓴 내용의 근거를 들어 봐. 가족이나 친구의 사례를 예로 들어 보자.
4 마무리	한 번 더 생각을 정리해 봐.

DAY 34

편지글

응답하라, 우주 생명체!

배경지식 뉴스 기사를 읽고 내 생각을 써요.

25년 후면 외계 생명체를 만날 수 있다?

인류는 지금까지 외계 행성에 다른 생명체가 존재할 가능성에 대해 꾸준히 탐색해 왔다. 최근 스위스 취리히 공과대학의 천체물리학자인 사샤 칸츠는 '앞으로 25년 안에 태양계 밖의 외계 행성에서 생명체의 증거를 발견할 것'이라고 선언했다. 천문학자들은 우리 은하에 있는 1천억 개 이상의 별 각각에 적어도 하나의 동반 행성이 있다고 믿는다. 그렇다면 아직 무수한 외계 행성들이 우리의 발견을 기다리고 있으며, 머지않은 미래에 우리는 엄청난 수의 외계 행성 목록을 갖는 셈이 된다. 칸츠는 그중 많은 수의 외계 행성이, 지구와 같이 생명체 서식 조건을 충족하며 물이 존재하는 곳일 거라고 주장한다.

칸츠는 또 '외계 행성의 대기를 조사하고, 행성 사진을 찍을 수 있는 관측 방식이 필요하다'고 덧붙였다. 작은 행성을 관측할 수 있을 만큼 강력한 장비가 필요하다는 것이다. 이에 따라 취리히 공과대학에서는 세계 최대의 광학 망원경을 제작하고 있다. 과연 칸츠의 시도가 성공하여, 우리는 25년 후 태양계 밖의 생명체와 만나게 될 것인가?

- 나는 우주에 생명체가 [있다 / 없다] 고 생각한다. 그 이유는

생각 열기 우주에 살고 있는 생명체를 상상하여 그에 대해 적어 봐요.

생김새	성격	특징	능력
	1. 2.	1. 2.	잘하는 것: 못하는 것:

생각 글쓰기 우주에 살고 있는 외계인 친구에게 편지를 써요.

편지글 + **가정하여 쓰기** 사실이 아니거나 사실인지 아닌지 분명치 않은 것을 임시로 상상하는 방법 →  **우주에 외계인 친구가 존재한다고 상상한 후, 몇 가지 일을 가정하여 친구에게 편지를 써요.**

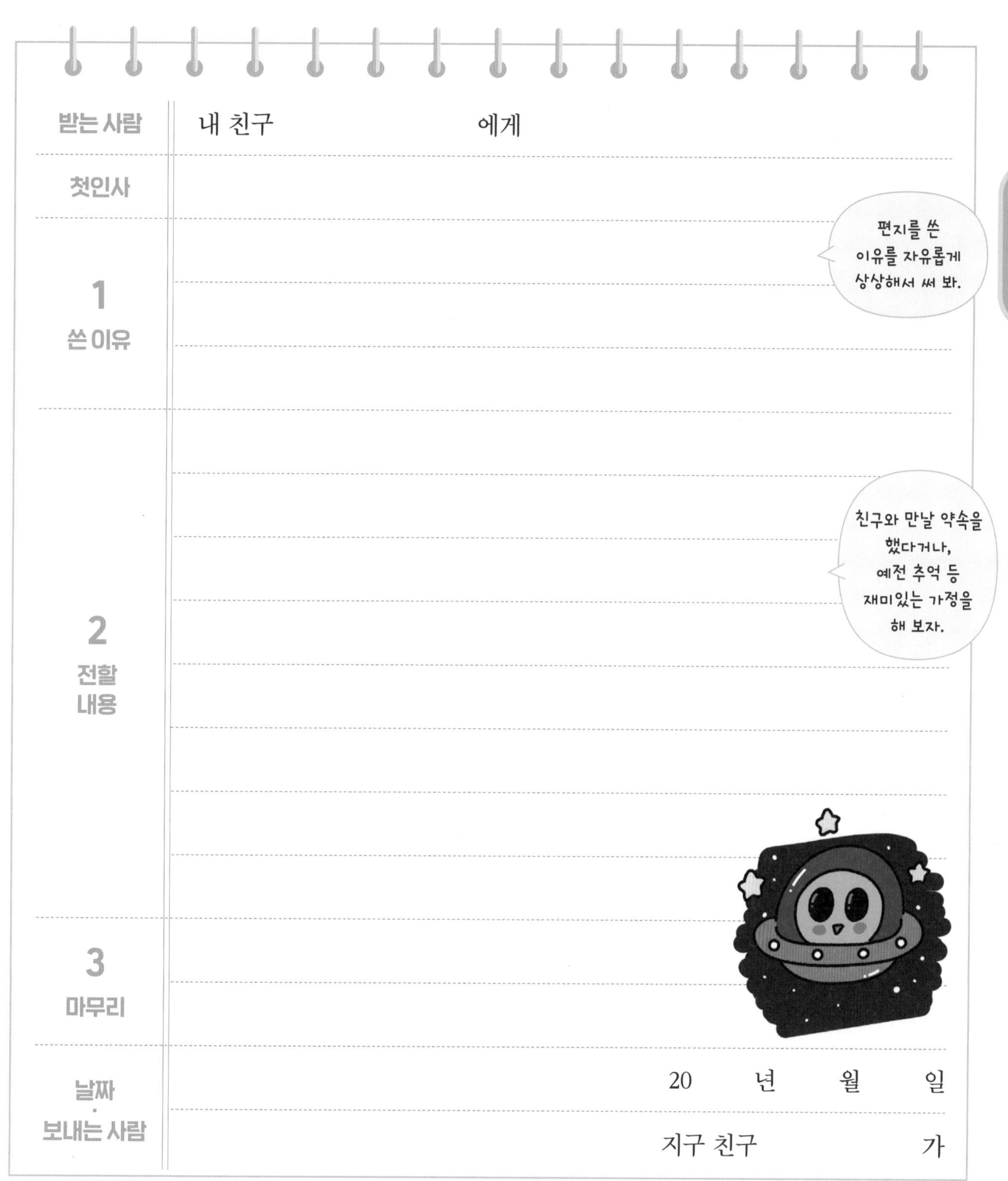

받는 사람	내 친구 에게
첫인사	
1 쓴 이유	
2 전할 내용	
3 마무리	
날짜 · 보내는 사람	20 년 월 일
	지구 친구 가

4 세상

DAY 35

광고글

스마트폰 속 가상 세계

배경지식 공익광고를 보고, 어떤 내용을 담고 있는지 생각해 봐요.

● 포스터에서 드러난 문제는 무엇일까요?

● 포스터를 보고 어떤 생각이 드나요?

생각 열기 '스마트폰 속 가상 세계'에 대한 생각에 찬성측과 반대측이 되어 주장을 써요.

주제	입장	주장
가상 세계에서 소통을 잘하면 현실에서도 소통을 잘한다!	 찬성측	가상 세계에서 소통을 잘한다는 것은 소통 능력을 타고난 것이기에 현실에서도 다른 사람보다 소통을 잘할 수 있을 것입니다.
	✕ 반대측	
가상 세계에서 한 경험은 현실 세계를 사는 데 도움이 된다!	 찬성측	
	✕ 반대측	현실 세계에서 본인만 노력한다면 충분히 즐겁게 살 수 있기 때문에 가상 세계의 경험은 그리 중요하지 않습니다.

생각 글쓰기 '가상 세계를 대하는 바람직한 태도'에 대한 공익광고를 만들어요.

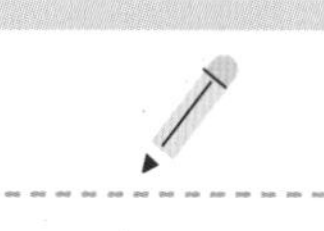

광고글

비교·대조하여 쓰기
두 가지 이상의 대상에서
공통점을 찾아 설명하면 '비교',
차이점을 찾아 설명하면 '대조'

가상 세계와 현실 세계를 비교, 대조하며 가상 세계를 대하는 바른 태도를 위한 광고 카피를 써요.

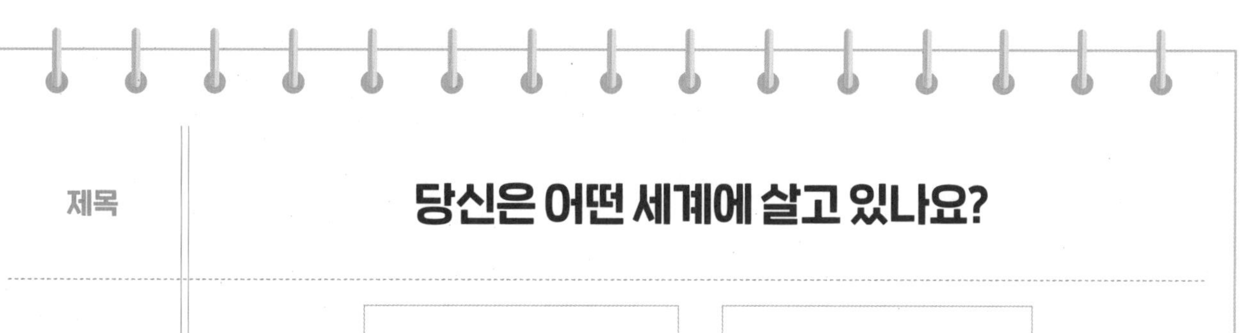

제목	**당신은 어떤 세계에 살고 있나요?**
포스터	 게임 속 대화 VS 현실 속 대화, 무엇이 더 많나요?  스마트폰 화면 VS 가족의 얼굴 눈 맞추는 시간이 긴 것은?
1 공통점 비교	스마트폰 속 세계와 현실 세계, 둘 다
2 차이점 대조	
제안	폰보다는 내 곁의 사람을 보며 웃어 보세요. 현실에 소홀하지 않게, 외롭지 않게. 딱, 그만큼만 가상 세계를 즐기는 거예요.

가상 세계와 현실 세계의 공통점이 있다면?

가상 세계가 현실 세계와 다른 점은? 가상 세계를 경계해야 하는 이유가 뭘까?

DAY 36

기행글

지옥과 천국은 어떤 곳일까?

배경지식 지옥과 천국에 관한 사자성어를 알아봐요.

아비규환
(阿鼻叫喚)

'차마 눈 뜨고 보지 못할 참상'이라는 뜻으로, 하루에 수천 번씩 죽었다 되살아나는 고통을 받는 아비지옥과 펄펄 끓는 가마솥, 뜨거운 불 속에 던져져 고통스럽게 울부짖는 규환지옥을 합친 말이에요.

극락정토
(極樂淨土)

'더없이 안락하고 편안하며 아무 걱정이 없는 곳'을 뜻해요. 살아서 덕을 쌓고 바르게 산 사람들이 죽어서 가게 된다는 곳으로, 줄여서 극락이라고 하지요. 우리가 알고 있는 천국과 같은 의미예요.

● 지옥과 천국은 실제로 존재할까요? 내 생각을 써요.

....

....

생각 열기 지옥과 천국의 모습을 떠올려 보고, 그곳에 어떤 것이 있을지 상상해서 써요.

풍경, 사람, 사물 등 자유롭게 상상해 봐.

가시밭길		
	지옥	

맛있는 음식		
	천국	

생각 글쓰기 '꿈속 지옥과 천국 여행'을 주제로 기행글을 써요.

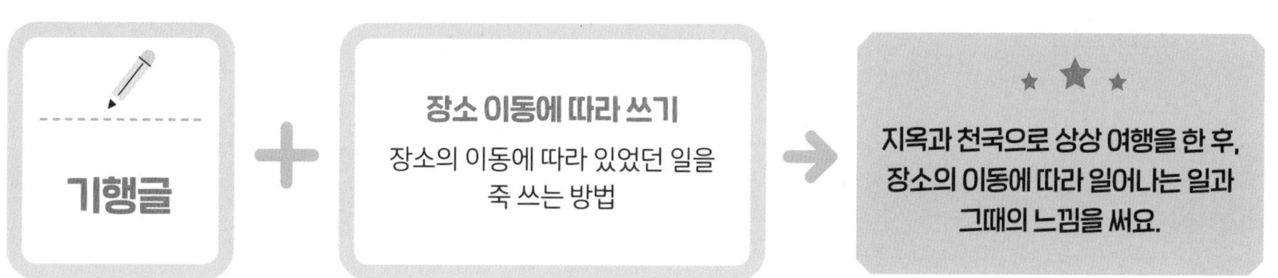

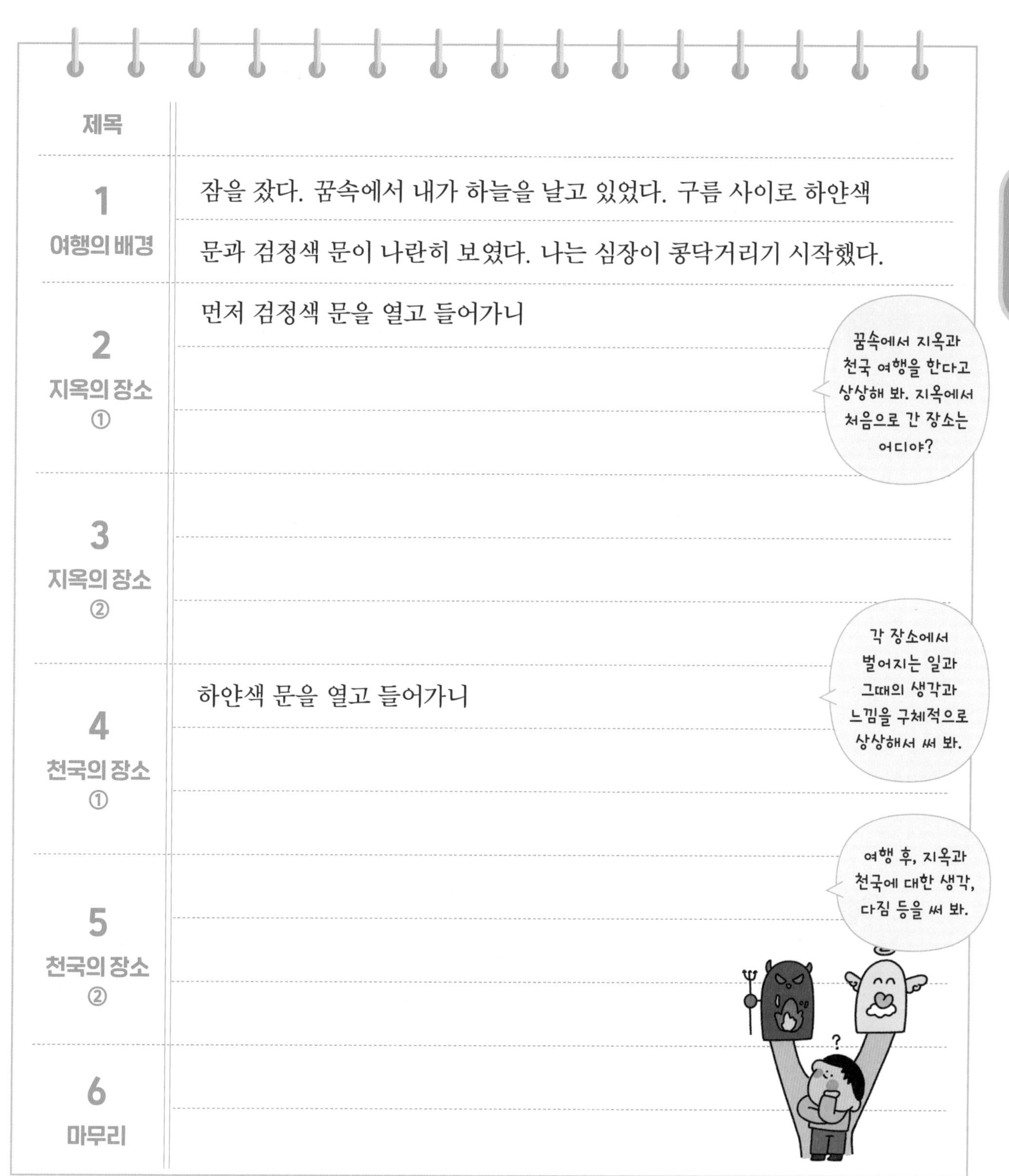

DAY 37

시나리오

구토 설화 속으로

배경지식 소설 <별주부전>의 유래가 된 구토 설화를 읽어 봐요.

*구토 설화: 토끼와 거북 설화

구토 설화

바닷속 용왕이 큰 병에 걸려 몸져 누웠다. 약이란 약은 다 써 보았지만 아무 소용이 없었다. 용왕은 마지막으로 간절히 하늘에 빌었다. 그러자 오색 구름이 내려와 용궁을 뒤덮더니, 도포 차림에 흰 수염을 드리운 신선이 나타나 '육지에 사는 토끼의 간을 구해 따뜻할 때 먹으면 병이 나을 것'이라 말했다.

용왕은 신하들에게 토끼를 잡아 오라 명했지만 아무도 나서는 자가 없었다. 그러자 그동안 멸시를 받던 별주부(자라)가 토끼 그림을 들고 육지로 나갔다. 산속에서 말로만 듣던 토끼를 만난 별주부는, 자신은 용왕을 보필할 지혜로운 신하를 찾아 온 세상을 돌아다니는 중이라고 말하며 출세에 눈이 먼 토끼를 꾀어 용궁으로 데려갔다.

용궁에 도착한 토끼는 별주부에게 속았다는 것을 알았다. 용왕이 토끼에게 빨리 간을 내놓으라고 하자, 토끼는 꾀를 내었다. 지금은 뭍에다 간을 꺼내 놓고 와서 몸 안에 간이 없으며, 자신을 뭍으로 보내 주면 자기 간뿐만 아니라 늙은 소나무에 매달린 다른 토끼의 간까지 가져다 주겠다고 한 것이다.

그 말에 넘어간 용왕은 토끼에게 큰 잔치를 베풀어 주고, 토끼를 뭍으로 보냈다. 바닷속 구경을 실컷 하고 뭍에 도착한 토끼는 별주부에게 어떤 동물이 간을 빼놓고 다닐 수 있냐고, 몸에 좋은 토끼 똥이라도 들고 가라고 말하며 한바탕 혼을 냈다. 용왕은 별주부가 들고 온 토끼 똥을 먹고 다시 건강해져서 삼천 살을 넘게 살았다고 한다.

내가 생각하는 구토 설화 속 등장 인물의 성격을 정리해요.

토끼

별주부

용왕

생각 글쓰기 용왕, 토끼, 자라가 재회하는 이야기를 시나리오로 써요.

시나리오

\+

빗대어 쓰기

어떤 것을 직접적으로 쓰지 않고,
비슷한 다른 것으로
대신 말하는 방법

→

훗날 용왕과 토끼, 자라가 우연히 만나게 되었다고 상상하고 인물을 빗대어 표현하는 대사를 넣어 시나리오를 써요.

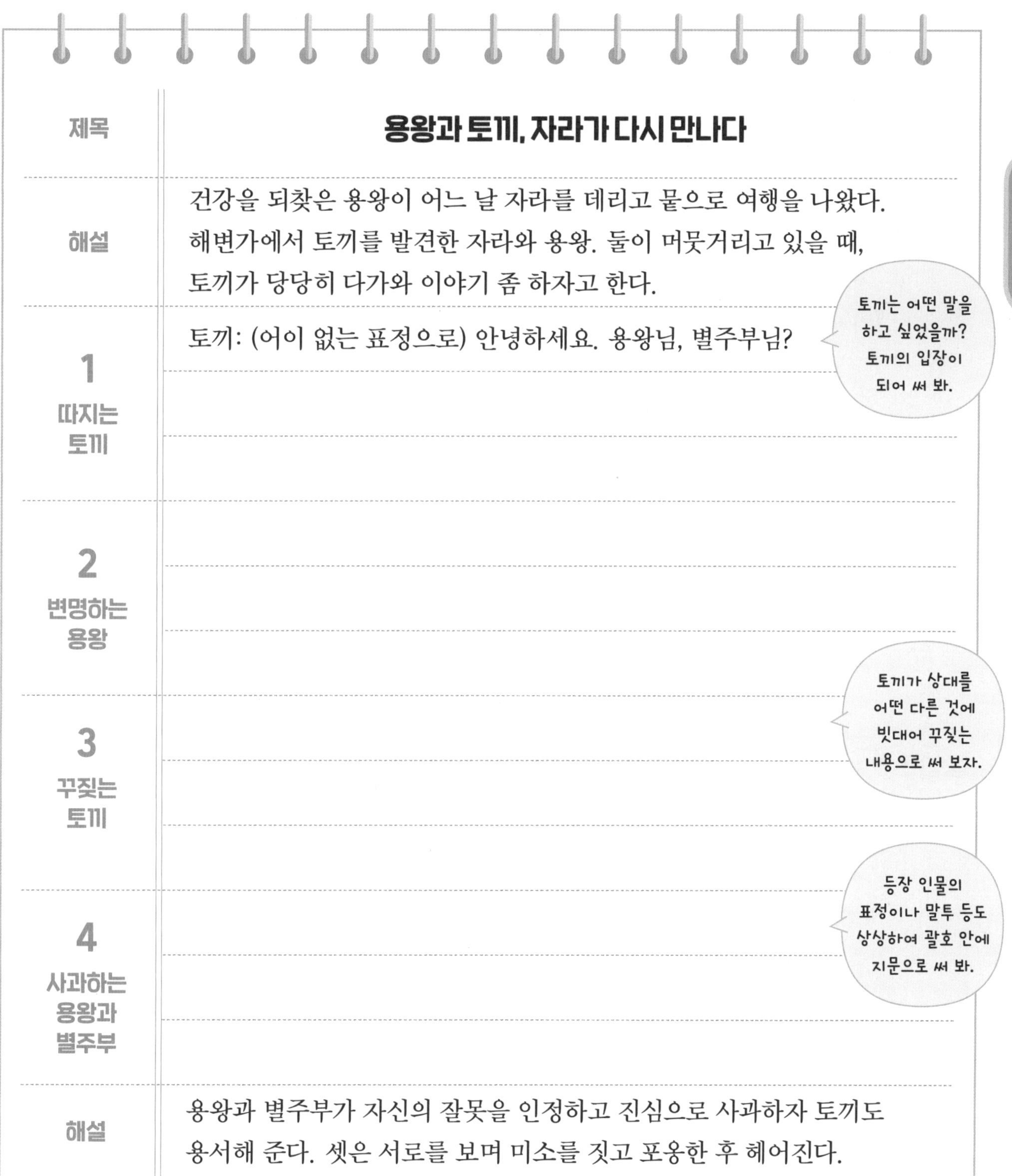

제목	**용왕과 토끼, 자라가 다시 만나다**
해설	건강을 되찾은 용왕이 어느 날 자라를 데리고 뭍으로 여행을 나왔다. 해변가에서 토끼를 발견한 자라와 용왕. 둘이 머뭇거리고 있을 때, 토끼가 당당히 다가와 이야기 좀 하자고 한다.
1 따지는 토끼	토끼: (어이 없는 표정으로) 안녕하세요. 용왕님, 별주부님?
2 변명하는 용왕	
3 꾸짖는 토끼	
4 사과하는 용왕과 별주부	
해설	용왕과 별주부가 자신의 잘못을 인정하고 진심으로 사과하자 토끼도 용서해 준다. 셋은 서로를 보며 미소를 짓고 포옹한 후 헤어진다.

DAY 38

설명글

올림포스 신을 만나 볼까?

배경지식 그리스 로마 신화 속 올림포스 신 이야기를 읽어 봐요.

12명의 올림포스 신 이야기

올림포스는 고대 그리스 신화에서 신들의 궁전이라고 불리는 산이야. 이곳에는 고대인들이 상상해서 만든 6명의 남신, 6명의 여신이 살고 있지. 올림포스 십이신은 최고의 신 '제우스'를 중심으로 혈연관계로 엮여 있어. 제우스는 하늘과 기후, 법과 질서를 다스리지. '헤라'는 제우스의 누나이자 아내, 신들의 여왕인데 일과 양육, 결혼을 맡고 있으며 질투의 신이라고도 불려. '포세이돈'은 제우스와 형제지간으로 주로 삼지창을 든 모습으로 묘사돼. 바다와 강, 폭풍, 지진 등을 다스리지. '데메테르'는 제우스의 누나로, 땅의 풍요와 농업을 관장하는 대지의 여신이고.

나머지 신들은 모두 제우스의 자녀야. '아테나'는 제우스의 머리에서 태어난 맏딸로, 아테네를 수호하는 지혜의 여신이야. '아레스'는 전쟁터에서의 용기와 담력을 상징하는 전쟁의 신이지. 예언과 음악, 시의 신인 '아폴론'과 사냥, 순결, 달의 여신인 '아르테미스'는 둘 다 뛰어난 궁수이고, 쌍둥이 남매야. 미와 사랑의 여신 '아프로디테', 길과 여행, 전령의 신 '헤르메스', 망치를 든 대장장이로 묘사되는 불의 신 '헤파이스토스', 지팡이와 술잔을 들고 있는 술과 연회의 신 '디오니소스'……. 모두 제우스와는 부모 자식 관계야.

고대인들은 올림포스의 신들이 전쟁, 왕위 계승, 나라의 흥망과 같은 세상의 중요한 일들을 결정할 뿐 아니라 결혼, 농사, 연회 등 인간 삶의 세세한 부분까지 관여한다고 믿었어. 그리스 로마 신화를 찾아 읽고, 올림포스 신들의 이야기를 더 알아보지 않을래?

생각 열기 위 글을 읽고, 각 신이 무엇을 상징하거나 관장하는지 정리해요.

제우스	하늘, 기후, 법, 질서	아폴론	
헤라		아르테미스	
포세이돈		아프로디테	
데메테르		헤르메스	
아테나		헤파이스토스	
아레스		디오니소스	

생각 글쓰기 '올림포스 신'에 대해 더 알아보고, 설명하는 글을 써요.

설명글 + **나열하여 쓰기** 사례나 방법들을 죽 벌여 놓으며 쓰는 방법

각 신의 특징(이름, 역할 등)을 하나씩 나열하여, 올림포스 신을 설명하는 글을 써요.

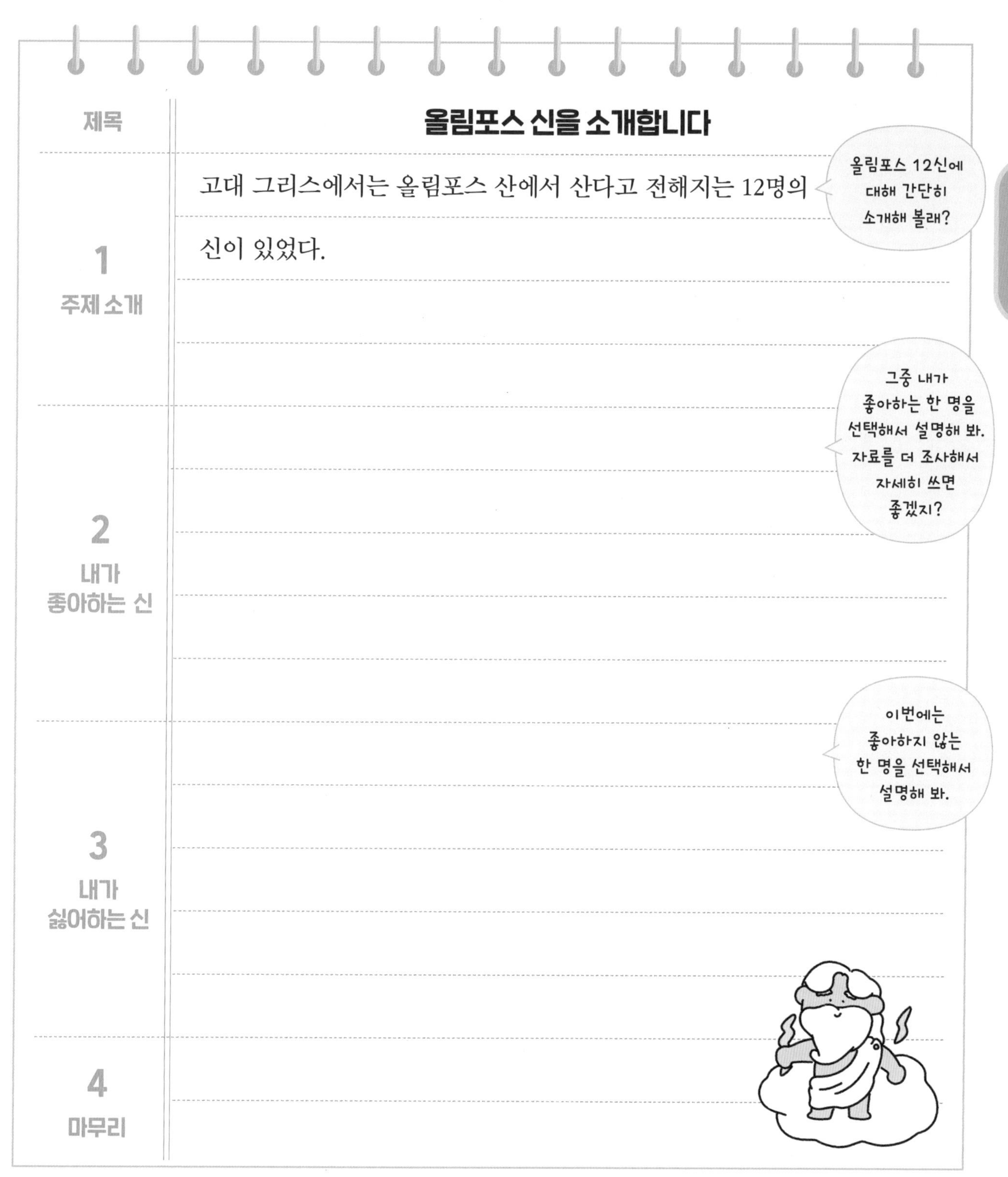

제목	올림포스 신을 소개합니다
1 주제 소개	고대 그리스에서는 올림포스 산에서 산다고 전해지는 12명의 신이 있었다.
2 내가 좋아하는 신	
3 내가 싫어하는 신	
4 마무리	

4 세상

DAY 39

독후감상글

조선 시대 히어로, 홍길동!

배경지식 허균의 소설 〈홍길동전〉의 줄거리를 읽어 봐요.

홍길동전

조선 세종 15년, 홍길동이 태어난다. 길동은 어릴 적부터 비범함이 남달랐으나 양반인 아버지 홍 판서와 노비 출신 어머니 사이에서 태어났기에 벼슬길에 오를 수 없었다. 그뿐 아니라, 아버지를 아버지라 부르지 못하고 형을 형이라 부를 수도 없었다.

길동 모자를 시기한 홍 판서의 첩은 자객을 사서 11살의 길동을 죽이려 한다. 길동은 자객을 잡아 자초지종을 알고 그길로 집을 떠난다. 산속에서 도적 떼의 소굴을 발견한 길동은 그곳의 우두머리가 된다. 길동은 무리 이름을 '가난한 백성을 돕는다'는 뜻의 '활빈당'이라 짓고, 못된 벼슬아치들의 재물을 훔쳐 굶주리는 백성들에게 돌려준다.

길동은 7개의 허수아비로 자신의 분신을 만들어 전국에 보내 의적 활동을 한다. 조정에서는 길동을 잡으려 애쓰지만, 길동은 그때마다 도술을 부려 위기에서 벗어난다. 임금은 어쩔 수 없이 길동을 궁궐에 불러들이기 위해 병조 판서 벼슬을 준다. 하지만 길동은 벼슬을 받자마자 절을 올린 후 하늘로 사라져 버린다.

조선을 떠난 길동은 부하들과 함께 성도라는 섬에 정착해, 근처에 있던 율도국을 정벌하여 그곳의 왕이 된다. 72세가 되던 해 길동은 산으로 들어가 자취를 감춘다.

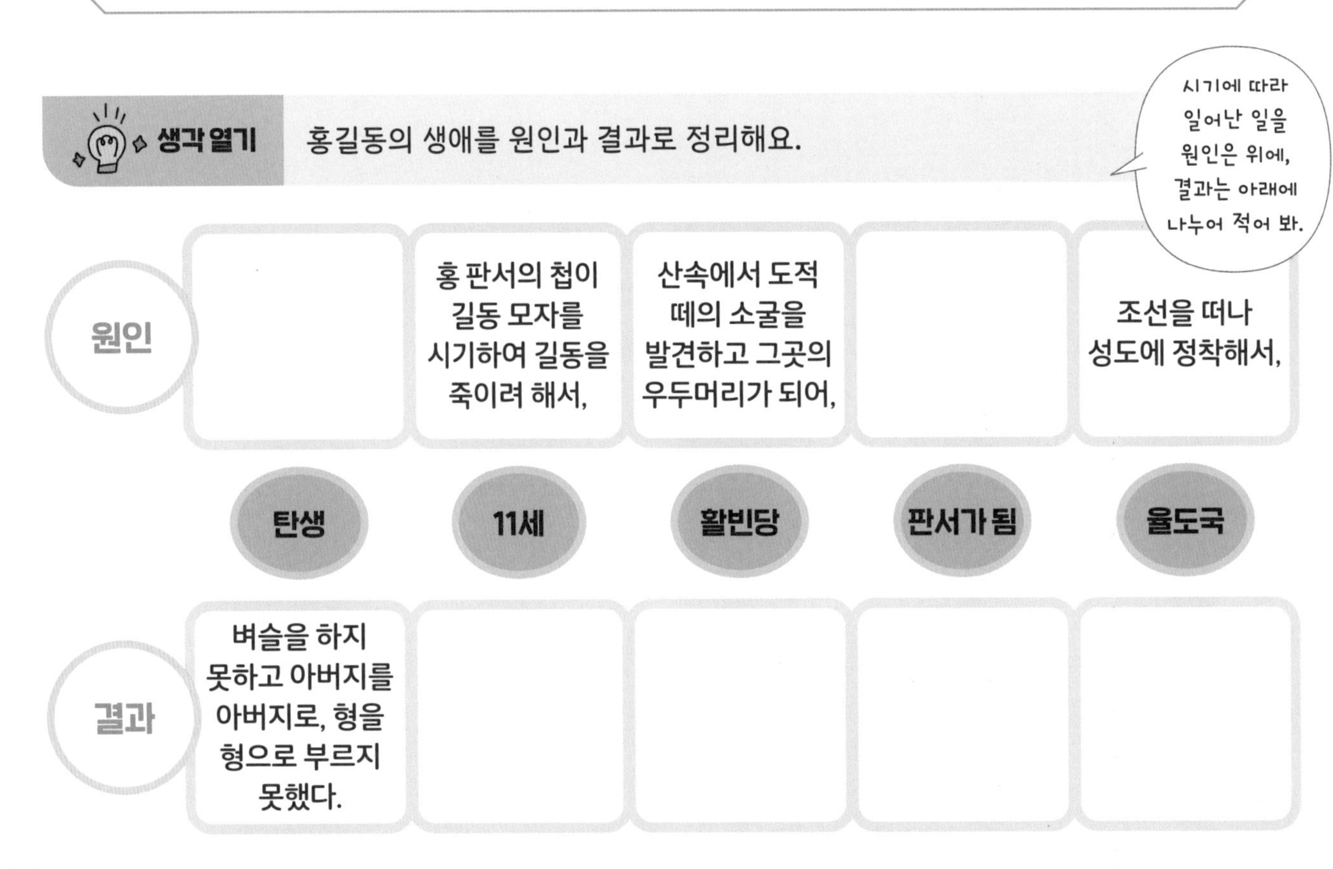

생각 열기 홍길동의 생애를 원인과 결과로 정리해요.

	탄생	11세	활빈당	판서가 됨	율도국
원인		홍 판서의 첩이 길동 모자를 시기하여 길동을 죽이려 해서,	산속에서 도적 떼의 소굴을 발견하고 그곳의 우두머리가 되어,		조선을 떠나 성도에 정착해서,
결과	벼슬을 하지 못하고 아버지를 아버지로, 형을 형으로 부르지 못했다.				

생각 글쓰기 '홍길동전' 이야기를 읽고 줄거리와 느낀 점을 써요.

독후 감상글

원인·결과 쓰기

어떤 일이 일어난 까닭은 '원인',
원인 때문에 벌어진 일은 '결과'

홍길동의 생애를 원인과 결과로 정리하고 내 생각을 더해 독후감을 써요.

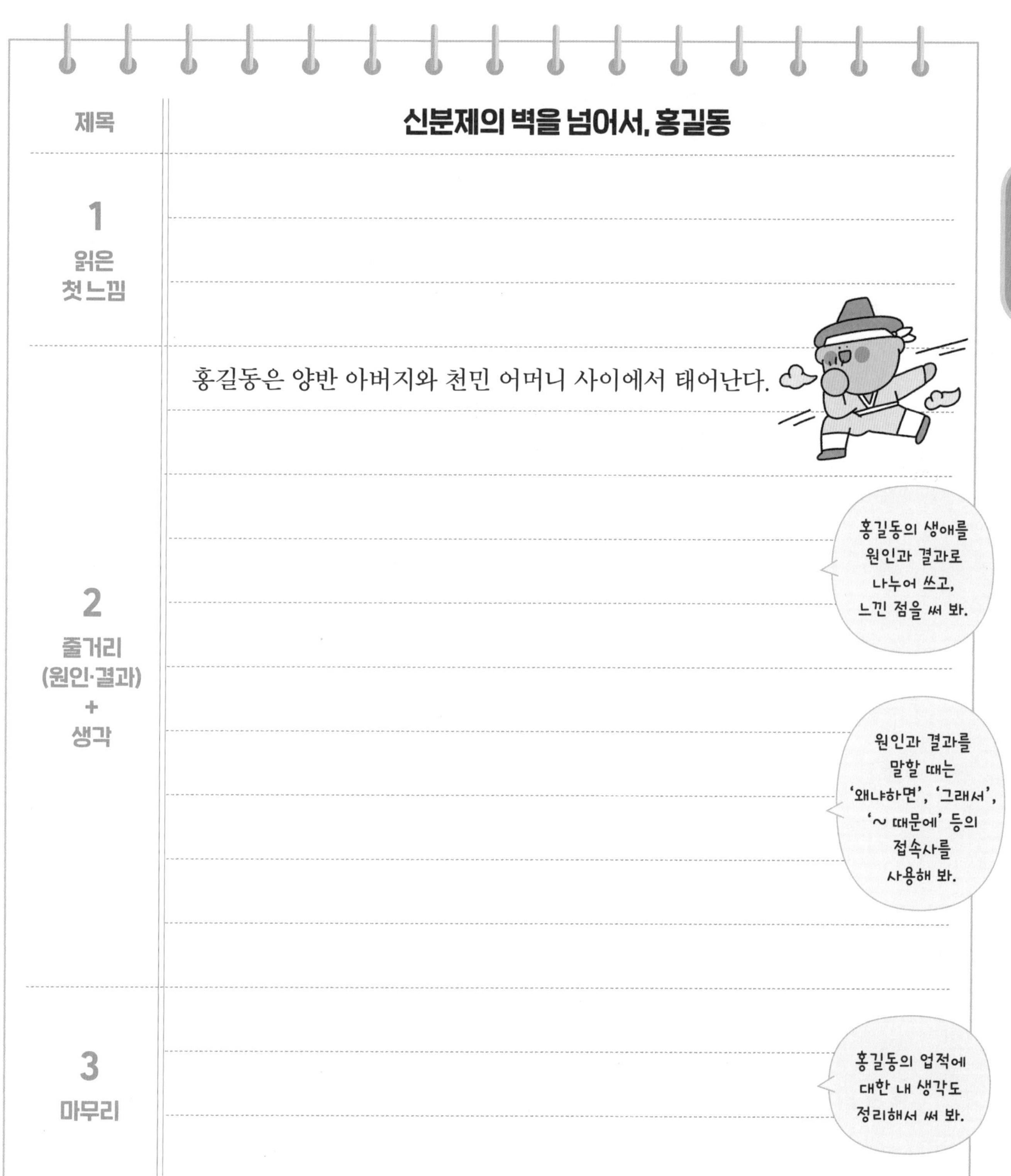

제목	**신분제의 벽을 넘어서, 홍길동**
1 읽은 첫 느낌	
2 줄거리 (원인·결과) + 생각	홍길동은 양반 아버지와 천민 어머니 사이에서 태어난다.
3 마무리	

4 세상

DAY 40
뉴스 기사

우리는 아직도 전쟁 중

배경지식 6·25 전쟁에 대해 알아봐요.

6·25 전쟁

원인	시작
● 해방 후 이념의 대립이 생김 ● 38도선을 경계로 두 개의 정부가 세워짐	● 1950년 6월 25일 새벽 북한이 기습적으로 남한을 공격 ● 북한군이 사흘 만에 서울 점령
전개	**결과**
● 이승만 대통령이 미국에 도움을 요청 ● UN군 참전, 낙동강 지역을 지켜냄 ● 미군이 인천 상륙 작전에 성공, 서울을 되찾음 ● 1953년 7월 27일 휴전 협정을 맺음	● 남한 사상자 150만 명 ● 1천만 명 이상의 이산가족 발생 ● 국토 황폐화, 도로와 철도 파괴 ● 식량 부족 ● 한민족의 분열

생각 열기 분단 국가에 대한 두 시를 읽어 봐요.

함께라면

권소양

함께라면 좋다
즐거울 일을
함께하니까

함께라면 좋다
힘든 일이 있어도
함께하니까

화해를 했으면 좋겠다
화해를 하면
늘 함께할 수 있으니까

크레파스

차기쁨

크레파스는
각자 다른 색, 같은 물건

북한과 남한은
서로 다른 나라, 같은 민족

크레파스들은 통 안에
나란히 모여 있다.

우리 남한과 북한도
나란히 함께 있었으면

● 우리나라는 아직 휴전 중이에요. 가슴 아픈 역사에 대한 내 생각을 써요.

생각 글쓰기 '6·25 전쟁의 진행 과정'이라는 주제로 뉴스 기사를 써요.

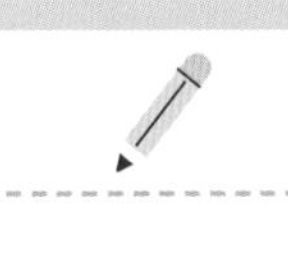

뉴스 기사

시간 흐름에 따라 쓰기
사건의 배경부터 사건 종료 후까지, 시간의 흐름에 따라 있었던 일을 죽 쓰는 방법

기자가 되어 6.25 전쟁에 대한 역사적 사실을 시간의 흐름에 따라 뉴스 기사로 정리해요.

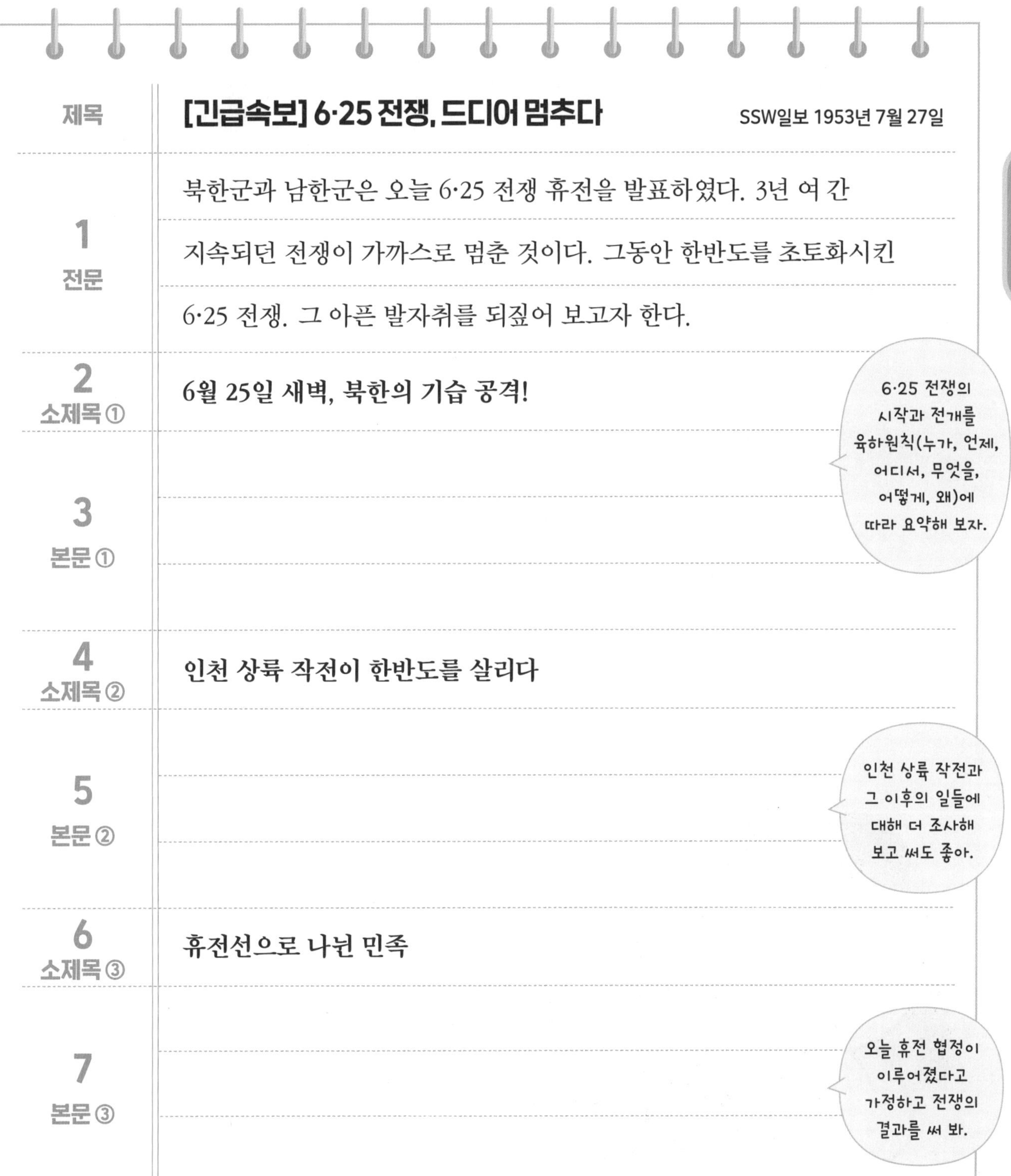

제목	**[긴급속보] 6·25 전쟁, 드디어 멈추다** SSW일보 1953년 7월 27일
1 전문	북한군과 남한군은 오늘 6·25 전쟁 휴전을 발표하였다. 3년 여 간 지속되던 전쟁이 가까스로 멈춘 것이다. 그동안 한반도를 초토화시킨 6·25 전쟁. 그 아픈 발자취를 되짚어 보고자 한다.
2 소제목 ①	**6월 25일 새벽, 북한의 기습 공격!**
3 본문 ①	
4 소제목 ②	**인천 상륙 작전이 한반도를 살리다**
5 본문 ②	
6 소제목 ③	**휴전선으로 나뉜 민족**
7 본문 ③	

41 어른이 좋아 vs 아이가 좋아

42 공부 1등 vs 외모 1등

43 100년 전 과거 vs 100년 후 미래

44 시간을 멈추는 vs 되돌리는 초능력

45 100% 만원 vs 50% 오만원 복권

46 산으로 갈래 vs 바다로 갈래

47 1년 내내 여름 vs 겨울

48 다시 태어난다면 남자 vs 여자

49 여행을 간다면 호텔 vs 풀빌라

50 착한 아싸 vs 이기적인 인싸 친구

5

'밸런스 글쓰기'

내 마음을 잘 알고 있나요?
이제 둘 중 하나를 선택하며
생각의 균형을 잡는 연습을 해 봐요.

DAY 41

주장하는 글

어른이 좋아 vs 아이가 좋아

배경지식 어른과 아이의 의미를 읽어요.

	어른	아이
의미	● 다 자란 사람 ● 자기 일에 책임을 질 수 있는 사람	● 나이가 어린 사람 ● 어른이 되기 전, 즉 중·고등학생까지
다르게 부르는 말	● 성인(成人) ● 대인(大人)	● 어린이(4,5살부터 초등학생까지) ● 애('아이'의 줄임말) ● 미성년자(만 19세에 달하지 않는 사람)
특징	● 아이에 비해 더 많은 권리를 가지지만, 그만큼 더 큰 의무도 실천해야 함	● 아직 판단 능력이 불완전하다고 보기 때문에 행위에 제한을 받지만, 그만큼 의무에서도 많은 부분 제외됨

생각 열기 각각의 좋은 점과 안 좋은 점을 구분하여 써요.

좋은 점

어른	아이
✔ 핸드폰을 자유롭게 볼 수 있다.	✔ 돈을 안 벌어도 된다.

안 좋은 점

생각 글쓰기 어른과 아이 중 하나를 골라 무엇이 더 좋은지 주장하는 글을 써요.

한 줄 생각 정리

내가 선택한 것	
근거①	
근거②	

제목	
1 상황 + 주장	아직 아이인 내 입장에서 보았을 때,
2 근거①	
3 근거②	
4 마무리	

아이의 입장에서 보는 어른과 아이는 어때? 그리고 둘 중 무엇이 더 좋다고 생각해?

내 경험이나 본 사례를 내 주장을 뒷받침할 수 있는 근거로 써 보자.

다시 한 번 내 주장을 강조해 봐.

DAY 42

생활글

공부 1등 vs 외모 1등

배경지식 공부와 외모에 관한 명언과 속담을 알아봐요.

공부

- 배움을 소홀히 하는 것은 인생의 마지막까지 한 발을 절며 걷는 것과 같다.
  -플라톤
- 무지개를 보고 싶다면 비를 견뎌야 한다.
  -돌리 파톤
- 천재는 1%의 영감과 99%의 땀으로 이루어진다.
  -토마스 에디슨

외모

- 아름다운 것은 영원한 기쁨이다.
  -존 키츠
- 같은 값이면 다홍 치마
  -한국 속담
- 보기 좋은 떡이 먹기도 좋다.
  -한국 속담

생각 열기 각각의 좋은 점과 안 좋은 점을 구분해서 써요.

	공부는 잘하는데, 외모는 별로다	외모는 뛰어난데, 공부는 잘 못한다
좋은 점	✔ 원하는 직업을 갖기 쉽다.	✔ 아이돌을 할 수 있다.
안 좋은 점		

생각 글쓰기 공부 1등과 외모 1등 중 하나를 골라 글을 써요.

한 줄 생각 정리

내가 선택한 것	
선택한 이유	
인용할 명언이나 속담	

5 ★ 밸런스 글쓰기

DAY 43

설명글

100년 전 과거 vs 100년 후 미래

배경지식 지금으로부터 100년 전과 100년 후의 세상을 상상하며 읽어요.

100년 전

지금으로부터 100년 전은 일제에게 나라를 빼앗긴 1910년부터 광복을 맞는 1945년까지의 기간, 즉 일제강점기였어요. 당시 일본은 우리의 국권을 강탈해 조선 총독부를 설치한 뒤 행정, 입법, 사법, 군대까지 손에 쥐고 우리 민족을 탄압했어요. 우리 민족은 수난을 겪으면서도 일제에 맞서 독립 운동을 벌이며 나라를 되찾기 위해 피나는 노력을 했지요.

100년 후

기술 발전 인공 지능, 로봇, 의료 기술 등 다양한 기술이 발전하여 생활이 더욱 편리해져요.

인구 문제 출산율 저하로 인구가 감소하고, 인간 복제 등 생명 윤리와 관련된 문제가 생겨요.

환경 문제 자원과 에너지 고갈, 환경 오염 심화, 지구온난화, 생태계 파괴와 같은 문제가 심각해져요.

생각 열기 각각의 좋은 점과 안 좋은 점을 구분하여 써요.

좋은 점

	100년 전으로 간다면	100년 후로 간다면
좋은 점	✔ 독립 운동을 도울 수 있다.	
안 좋은 점		✔ 환경 오염이 심해져 있을 것이다.

안 좋은 점

생각 글쓰기 100년 전과 100년 후 세상 중 하나를 골라 설명하는 글을 써요.

한 줄 생각 정리

내가 선택한 세상	
선택한 세상 설명 ①	
선택한 세상 설명 ②	

제목	
1 설명 대상 소개	100년 전과 100년 후 세상을 각각 간단히 설명해 봐.
2 설명 ①	둘 중 하나를 선택해서 그 세상의 모습을 설명해 봐.
3 설명 ②	그때 어떤 일들이 벌어질지 상상하여 나열해 보자.
4 마무리	내 느낌이나 생각으로 마무리해 보자.

DAY 44
시나리오

시간을 멈추는 vs 되돌리는 초능력

배경지식 '초능력'의 '초(超, 뛰어넘을 초)' 한자가 들어간 낱말을 알아봐요.

초-능력(超-能力)

현대 과학으로는 합리적으로 설명할 수 없는 초자연적인 능력. 염력, 예지, 텔레파시, 투시 따위를 통틀어 이르는 말이에요.

'초(超)'라는 한자를 본 낱말 앞에 붙이면 '~을 뛰어넘다' 라는 의미를 갖게 돼요. 즉, 초능력은 보통의 능력을 뛰어넘는다는 뜻이지요.

초인 (超人)	초고속 (超高速)	초현실적 (超現實的)	초비상 (超非常)
보통 사람보다 훨씬 뛰어난 능력을 가진 사람	고속보다 더 빠른, 극도로 빠른 속도	현실을 넘어서는, 또는 그런 것	매우 긴급하고 긴박한 비상 상태

생각 열기 각 초능력의 좋은 점과 안 좋은 점을 구분하여 써요.

	시간을 멈추는 초능력	시간을 돌리는 초능력
좋은 점		
안 좋은 점	✔ 다른 사람들은 모두 멈춰 있는데 나만 활동하면 심심할 것이다.	✔ 과거로 잘못 돌아가면 전쟁 같은 위험한 상황에 놓일 수도 있다.

생각 글쓰기 시간을 멈추거나 되돌리는 초능력 중 하나를 골라 시나리오를 써요.

한 줄 생각 정리

내가 선택한 초능력	
일어나는 사건 ①	
일어나는 사건 ②	

제목	유미의 신비한 하루
1 해설	평범한 소녀 유미. 어느 날, 하루 동안 시간을 　　　　 수 있는 초능력이 생겼다. 이 사실을 알게 된 유미는 곧바로
2 사건①	
3 사건②	
4 해설	이렇게 소중한 생명을 살려낸 유미는 다시 평범한 생활로 돌아온다. 언젠가 다시 이 초능력이 생기길 꿈꾸며…….

유미는 어디로 가서 누구를 만났을까? 상황을 이어서 써 봐.

선택한 초능력이 생겼다고 가정하고, 벌어질 일을 상상해서 대사와 지문으로 써 봐.

DAY 45

상상글

100% 만 원 vs 50% 오만 원 복권

배경지식 복권을 주제로 한 뉴스 기사를 읽어요.

복권, 인생을 바꿔 줄 행운일까?

우리가 복권을 사는 이유

2002년 12월 처음 발행된 온라인 복권 로또. 지난 2022년 로또 연간 판매액은 6조 원을 돌파해 역대 최고치를 기록했다. 최근 조사 결과에 따르면 로또를 사는 이유는 '기대나 희망을 가질 수 있어서'(40.5%), '좋은 일이나 공익 사업에 사용되어서'(32.7%) 등이다. 반면, 부정적인 시각으로는 '사행성을 조장해서'(21.3%), '당첨 확률이 낮아서'(20.2%) 등이 꼽혔다.

*사행성: 우연한 이익을 얻고자 요행을 바라거나 노리는 성질

당첨되면 과연 행복할까

복권 당첨은 큰 행운이지만, 당첨 이후 소비 욕구가 강해져 당첨금을 탕진하고 빚까지 지는 경우도 드물지 않다. 연구 결과에 따르면 당첨 당시에는 행복감이 급격히 상승하지만, 몇 개월 후에는 이전 수준으로 되돌아간다고 한다. 결국 허황된 꿈보다는 자기 본연의 행복을 좇는 편이 진정 행복해질 수 있는 길 아닐까.

생각 열기 각 복권의 좋은 점과 안 좋은 점을 구분하여 써요.

좋은 점

당첨 확률 100% 당첨금 만 원	당첨 확률 50% 당첨금 오만 원
✔ 어차피 당첨이 될 거니까 복권을 사기 전부터 기분이 좋다.	✔ 만약 당첨이 된다면 선택을 잘했다는 사실이 뿌듯할 것이다.

안 좋은 점

생각 글쓰기 '어떤 복권을 고를까?'라는 주제로 상상글을 써요.

한 줄 생각 정리

내가 선택한 복권	
선택한 이유	
예상되는 결과	

제목	
1 사건의 배경	
2 갈등의 상황	복권 판매점에는 두 종류의 복권이 있었다. 첫 번째는 꽝이 없는 당첨 확률 100%의 복권으로, 당첨금은 만 원이었다. 두 번째는 당첨 확률이 50%로 반반인 복권이었는데, 당첨금은 오만 원이었다. 둘 다 오천 원이었고, 둘 중 한 장만 살 수 있다고 했다.
3 내가 선택한 복권	결국 나는
4 결과	

왜 복권을 사러 갔을까? 갑자기 돈이 필요하거나 좋은 꿈을 꾼 상황 등을 상상해서 써 봐.

둘 중 뭘 선택했고, 선택한 이유는 뭐야?

그 복권을 선택함으로써 생긴 결과는? 그때 내 기분은 어떨까?

DAY 46

기행글

산으로 갈래 vs 바다로 갈래

배경지식 우리나라 대표 산과 바다의 특징을 알아봐요.

산

백두산
해발 2,744m의 한반도에서 가장 높은 산으로, 정상에 '천지'라는 호수가 있다.

한라산
제주도 중앙에 있는 휴화산. 해발 1,950m로 남한에서 가장 높다. 정상에 백록담이 있다.

지리산
해발 1,915m의 경상도와 전라도에 걸쳐 있는 산. 반달가슴곰이 살고 있다.

바다

*해안: 바다와 맞닿은 육지 부분

서해안(황해안)
- 해안선이 복잡하고 물이 깊지 않다.
- 갯벌이 발달하여 간척 사업이 이루어진다.

동해안
- 해안선이 단조롭고 물이 깊다.
- 물이 맑고 깨끗해서 해수욕장이 많다.

남해안
- 해안선이 복잡하고 물이 깊지 않다.
- 섬이 많아 '다도해'라 불린다.

생각 열기 각각의 장소로 여행 갔을 때 할 수 있는 일과 할 수 없는 일을 구분하여 써요.

	산으로 여행	바다로 여행
할 수 있는 일	✔ 풀과 나무 냄새를 맡을 수 있다.	
할 수 없는 일	✔ 바다 냄새를 맡을 수 없다.	

산과 바다 중 한 곳을 골라 여행했다고 상상하여 기행글을 써요.

한 줄 생각 정리

내가 선택한 장소	
선택한 이유	
가서 하고 싶은 것	

제목

1
여행의 배경

여행지, 여행지 선택의 이유, 같이 간 사람 등을 상상해서 써 봐.

2
장소 ①

숙소 등 여행지에서 장소 이동에 따른 구체적인 일정을 상상해서 써 봐.

3
장소 ②

4
장소 ③

5
여행 후 소감

여행 후, 어떤 기분일지 써 봐.

DAY 47

시

1년 내내 여름 vs 겨울

배경지식 여름과 겨울에 관한 속담을 알아봐요.

여름	겨울
오뉴월 손님은 호랑이보다 무섭다. 더운 날씨에 방문하는 손님을 대접하기가 매우 힘들다.	**겨울을 지내 보아야 봄 그리운 줄 안다.** 매섭게 추운 겨울처럼 시련과 고통을 겪어 보아야 삶의 보람을 알게 된다.
삼복지간에는 입술에 붙은 밥알도 무겁다. 초복, 중복, 말복 때에는 더위 때문에 쉬운 일도 어려워진다.	**농군이 여름에 하루 놀면 겨울에 열흘 굶는다.** 여름에 게으름을 피우면 추운 겨울에 곤란을 겪게 된다.
가뭄 끝은 있어도 장마 끝은 없다. 가뭄은 아무리 심해도 농사 실패에 그치지만, 홍수가 나면 전부 쓸려가 피해가 매우 크다.	**겨울 화롯불은 어머니보다 낫다.** 추운 겨울에는 따뜻한 것이 제일 좋다.

생각 열기 각각의 좋은 점과 안 좋은 점을 구분하여 써요.

좋은 점

1년 내내 여름	1년 내내 겨울
✔ 맛있는 과일이 많다.	✔ 눈이 자주 내린다.

안 좋은 점

생각 글쓰기 '1년 내내'라는 제목으로 시를 써요.

한 줄 생각 정리

제목	1년 내내
지은이	

1연 1년 내내 여름	1년 내내 여름 붕어빵은 없지만 맛있는 팥빙수가 있잖아
2연 1년 내내 겨울	1년 내내 겨울
3연 가정·선택	만약 둘 중 하나를 선택해야 한다면?

DAY 48

독후감상글

다시 태어난다면 남자 vs 여자

배경지식 두 전래 동화 속 등장인물이 성별에 따라 어떤 모습인지 알아봐요.

	여자	남자
나무꾼과 선녀	**선녀** ● 날개옷을 도둑맞아 집에 가지 못하고 나무꾼과 결혼해야 하는 억울한 인물	**나무꾼** ● 맡은 일을 성실히 하는 인물 ● 선녀와 결혼하려고 옷을 훔치고 선녀를 속이는 이기적인 인물 
효녀 심청	**심청** ● 아버지를 위해 자신의 목숨까지 내던지는 효심이 깊고 희생적인 인물 	**심봉사** ● 어린 딸에게 생계를 맡기는 무책임하고 무능력한 인물 ● 딸을 사랑하는 아버지

생각 열기 각각의 좋은 점과 안 좋은 점을 구분하여 써요.

	여자	남자
좋은 점		✔ 화장실 줄이 짧다.
안 좋은 점	✔ 아기를 낳을 때 힘들다.	

생각 글쓰기 다시 태어나고 싶은 성별에 대해 생각하며 독후감상글을 써요.

한 줄 생각 정리

내가 선택한 성별	
동화 속 여자 인물에 대한 생각	
동화 속 남자 인물에 대한 생각	

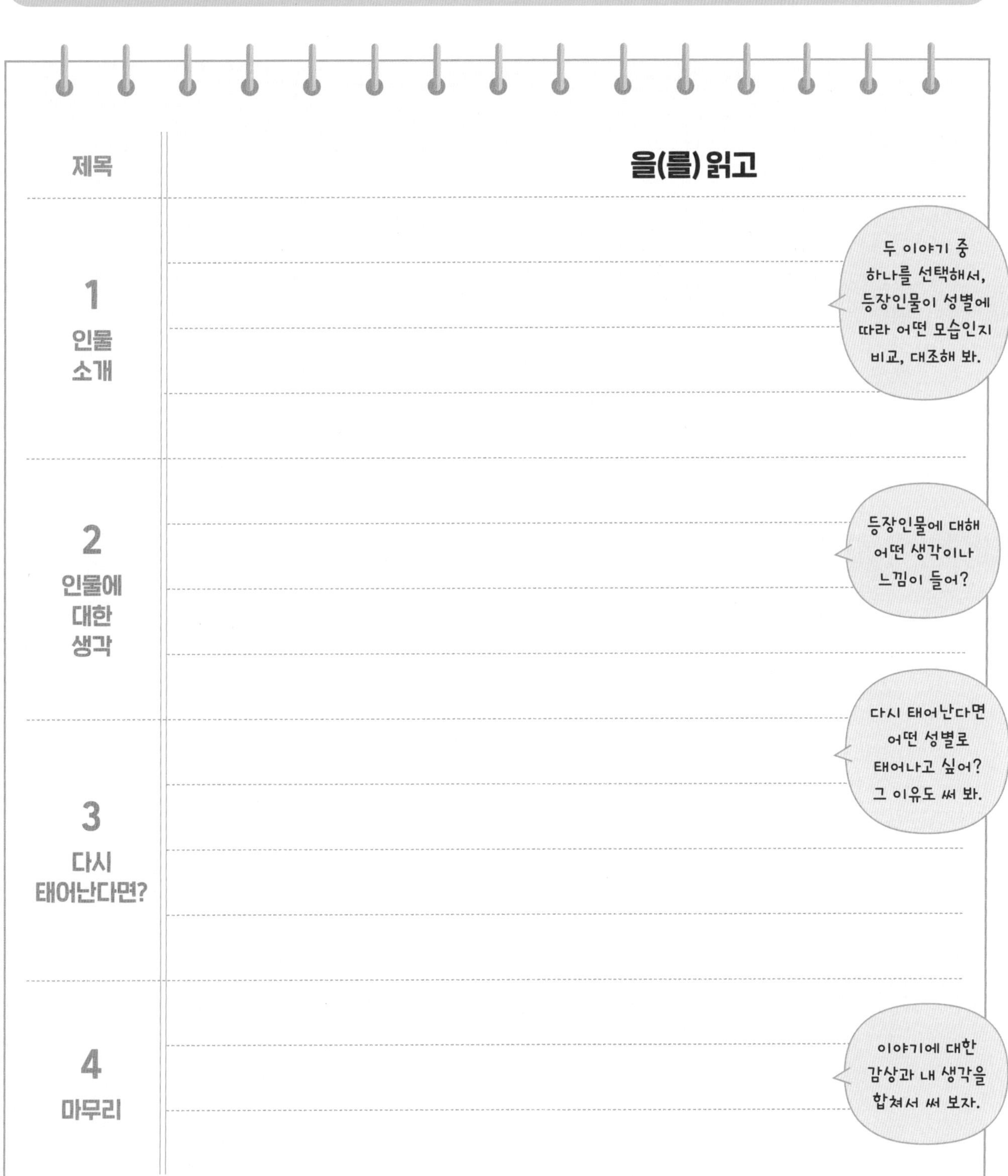

DAY 49

광고글

여행을 간다면 호텔 vs 풀빌라

배경지식 다양한 숙박 시설에 대한 설명을 읽어요.

여인숙	규모가 작고 가격이 저렴한 숙박 시설. 공용 화장실이 외부에 있고 시설이 낙후한 편임.
여관	대개 객실의 크기가 작고 가격이 저렴한 숙박 시설.
민박	집주인이 직접 운영하는 숙박 시설로, 집 전체 또는 일부를 빌려줌.
모텔	여관에 비해 주차 공간 등 편의성을 높여 자동차 여행자가 숙박하기에 편하도록 만든 숙박 시설.
호텔	건물 내부에 레스토랑이나 카페 같은 부대 시설이 있는 숙박 시설. 외국인 대상 서비스, 룸서비스 등 다양한 편의를 제공함.
콘도	스포츠, 놀이 등 각종 레저 시설을 부대 시설로 갖추고 있는 리조트 안의 숙박 시설.
펜션	민박의 가정적 분위기와 호텔의 편의성을 갖춘 소규모 고급 숙박 시설.
풀빌라	개인 수영장이 갖춰진 단독 주택을 통째로 대여하는 형태의 숙박 시설.

각 숙소의 좋은 점과 안 좋은 점을 구분하여 써요.

좋은 점

	호텔	풀빌라
좋은 점		✔ 수영장이 집 안에 있다.
안 좋은 점	✔ 다른 방의 소리가 들릴 수도 있다.	

안 좋은 점

호텔과 풀빌라 중 하나를 골라 홍보하는 광고글을 써요.

한 줄 생각 정리

내가 선택한 숙박 시설	
장점 ①	
장점 ②	

제목	(으)로 오세요!
소개	즐거운 여행에는 편안한 숙소가 필수! 당신의 휴가를 완벽하게 만들어 줄 최고의 숙소를 소개합니다. 최상의 편안함과 럭셔리한 휴식을 원한다면, (으)로 오세요!
1 소제목 ①	눈이 즐거운 인테리어
2 장점 ①	
3 소제목 ②	고객 만족도 1위! 다양한 서비스
4 장점 ②	
5 마무리	

호텔과 풀빌라 중 하나를 선택해서, 숙박 시설의 이름도 지어 보자.

숙소의 내부 모습을 구체적으로 묘사해 봐.

숙소에서 제공하는 여러 서비스를 구체적으로 설명해 봐.

마무리 홍보 멘트를 써 봐.

DAY 50

편지글

착한 아싸 vs 이기적인 인싸 친구

배경지식 '인싸'와 '아싸'의 뜻을 알아봐요.

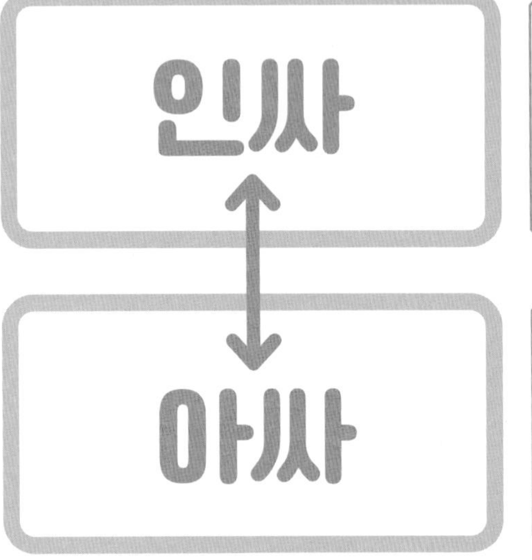

인사이더(in-sider)의 약자. 자신이 소속된 무리에 적극적으로 참여하며 사람들과 잘 어울려 지내는 사람을 일컫는 콩글리시 표현이에요. 주로 외향적이고 사회성이 뛰어난 사람을 가리키는 말로 쓰여요.

*콩글리시: 한국에만 존재하는 영어 표현

아웃사이더(out-sider)의 약자. 혼자 노는 사람, 무리에 어울리지 못하고 혼자 지내는 사람을 뜻해요. 원래 대학생 사이에서 사용하던 용어였지만 유튜브 등의 SNS로 퍼지면서 두루 쓰이는 말이 되었어요.

● 인싸와 아싸, 둘 중 고른다면 나는 어디에 더 가깝나요? 그 이유는 무엇인가요?

생각 열기 각각의 좋은 점과 안 좋은 점을 구분하여 써요.

	이기적인 인싸 친구	착한 아싸 친구
좋은 점	✔ 같이 다니면 재미있는 일이 많을 것 같다.	
안 좋은 점	✔ 스트레스 받을 일이 많을 것 같다.	

두 친구 중 하나를 선택한다면? 그 친구에게 편지를 써요.

한 줄 생각 정리

내가 선택한 친구	
선택한 이유	
그 친구를 무언가에 비유한다면?	예) 살가운 강아지, 가시가 있는 장미

받는 사람	에게
1 쓴 이유	안녕, (아)야? 반가워. 난 야. 나는 착한 아싸 친구와 이기적인 인싸 친구 중에, 친구인 너와 친해지고 싶어서 편지를 쓰게 됐어.
2 전할 말 ①	너는 마치
3 전할 말 ②	
4 마무리	
날짜 · 보내는 사람	20 년 월 일 가

둘 중 하나를 선택해 쓰고, 친구 이름도 지어 봐.

친구를 닮은 다른 것에 빗댄 후, 그렇게 생각한 이유를 써 봐.

친해지고 싶은 마음을 전해 보자.

5 ★ 밸런스 글쓰기

꾸준함으로 커다란 실력을 완성하는 서사원주니어

〈완주〉 시리즈

4세 이상

한글 말놀이 완주 따라 쓰기
자음/모음/쌍자음·복잡한 모음 편

링고애니 언어연구소 지음 | 144쪽/124쪽/124쪽 | 12,000원

QR코드 말놀이 동영상 수록!
쓰고 듣고 놀면서 익히는 한글과 기초 단어

4세 이상

영어 말놀이 완주 따라 쓰기
알파벳 A~L/M~Z 편

링고애니 언어연구소 지음 | 156쪽/176쪽 | 15,800원

QR코드 말놀이 동영상 수록!
쓰고 듣고 놀면서 익히는 알파벳과 영단어

7세 이상

초등 맞춤법 50일 완주 따라쓰기
기초/심화 편

권귀헌 지음 | 152쪽/168쪽 | 12,800원

교과서 속 1,000단어 따라쓰기로
탄탄한 맞춤법 기초 완성!

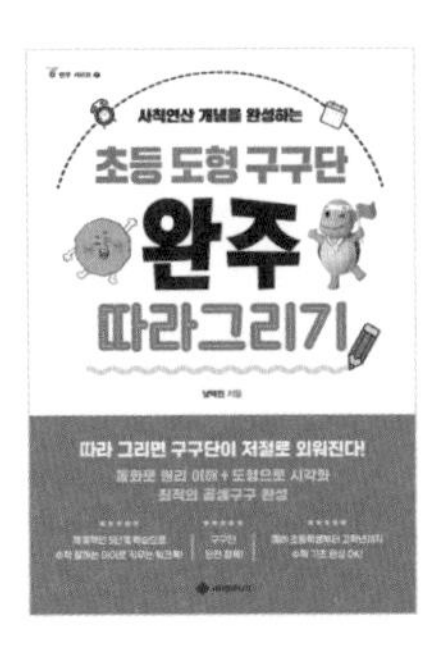

초등 1학년 이상

초등 도형 구구단 완주 따라 그리기

남택진 지음 | 192쪽 | 15,800원

도형을 따라그리면 곱셈이 저절로?
암기 없이 재미있게 배우는 첫 구구단

초등 3학년 이상

초등 짧은 글+긴 글 3단계 완주 독후감 쓰기

오현선 지음 | 208쪽 | 15,800원

3단계 추천 도서와 쓰기법으로
스스로 읽고 쓰는 자기 주도 독후감

완주

50일 하루 한장 글쓰기

글쓰기 가이드북

서사원주니어

완주

50일 하루 한장 글쓰기

글쓰기 가이드북

DAY 01

편지글

반짝반짝 빛나는 나

배경지식 내가 태어난 달의 탄생석을 찾아 그 의미를 살펴봐요.

1월	2월	3월	4월
가넷 (진실, 우정)	자수정 (성실, 평화)	아쿠아마린 (젊음, 행복)	다이아몬드 (불멸, 사랑)
5월	6월	7월	8월
에메랄드 (행복, 행운)	진주 (깨끗함, 부귀)	루비 (사랑, 평화)	페리도트 (가족 행복, 친구 화합)
9월	10월	11월	12월
사파이어 (성실, 진실)	오팔 (희망, 깨끗함)	토파즈 (건강, 희망)	터키석 (성공, 승리)

- 내 탄생석은 진주 (이)다.
- 내 탄생석의 의미는 깨끗함, 부귀 (이)다.
- 다른 탄생석의 의미도 살펴보고, 마음에 드는 것과 그 이유를 써요.

토파즈(건강, 희망). 건강해야 하고 싶은 것도 하고 행복하게 살 수 있기 때문이다.
그리고 힘든 일이 있어도 희망이 있으면 다시 일어날 수 있을 것이다.

생각열기 내 탄생석의 의미와 지금 나의 모습을 비교해서 써요.

탄생석의 의미와 어울리는 내 모습이나 성격	탄생석의 의미와 어울리지 않는 내 모습이나 성격
- 부귀와 돈을 좋아한다. - 나중에 돈을 많이 벌고 싶고, 사고 싶은 것이 많다.	- 깨끗하게 정리정돈을 잘 못한다. - 방을 항상 더럽게 사용해서 부모님께 꾸중을 듣는다.

생각글쓰기 나의 탄생석에게 편지를 써요.

편지글 + 빗대어 쓰기: 어떤 것을 직접적으로 쓰지 않고, 비슷한 다른 것으로 대신 말하는 방법 → 현재 나의 모습을 내 탄생석의 의미에 빗대어 보고, 내 탄생석에게 편지를 써요.

받는 사람: 내 탄생석, 진주 에게

첫인사: 안녕? 나는 미소 야. 만나서 정말 반가워.

1 쓴 이유: 너의 의미가 깨끗함, 부귀 (이)라고 들었어. 정말 너랑 잘 어울려. 그런데, 사실 나는 네가 가진 의미대로 살지 못하고 있는 것 같아. 그래서 약간 미안한 마음으로 이렇게 내 모습을 돌아볼 겸 너에게 편지를 쓰고 있어.

2 전할 내용: 난 꼭 진주 같아. 너와 내가 닮은 부분은 나도 부자가 되어서 나중에 부귀를 손에 넣고 싶다는 거야. 내 탄생석이 너라서 그런지 나도 돈을 정말 좋아하거든. 사고 싶은 것도 정말 많아.
물론 너와 다른 부분도 있어. 난 청결과 거리가 먼 사람이라는 거야. 내가 좀 게으르거든. 그래서 내 방도 항상 지저분하게 써. 매일 엄마께 혼나는데도 고쳐지지가 않아. 너무하지? 진주야, 미안해.

3 마무리: 나는 앞으로 탄생석인 너의 의미에 가까워질 수 있게 노력해야 할 것 같아. 다음 편지에는 이런 반성하는 내용이 아닌 자랑하는 내용을 적을 수 있으면 좋겠다. 그럼 그때까지 잘 지내. 안녕!

날짜: 20 XX 년 X 월 X 일

보내는 사람: 미소 가

DAY 02

독후감상글

소원을 말해 봐

배경지식 '알라딘의 요술 램프' 이야기를 읽고 인물의 행동에 대한 생각을 써 보세요.

'알라딘'이라는 가난한 소년이 있었어. 어느 날, '자파'라는 마법사가 알라딘을 찾아와, 동굴 속 낡은 램프를 가져오라고 했어. 위험에 처했을 때 쓸 수 있는 신기한 반지를 주면서 말이야.
알라딘은 동굴에 들어가 램프를 찾았지. 무너지는 동굴 밖으로 나가기 위해 마법사에게 도움을 청했지만, 램프를 먼저 내놓으라는 마법사와 실랑이한 끝에 동굴 속에 갇히고 말았어.
다행히 알라딘은 반지의 도움으로 무사히 집에 돌아갈 수 있었어. 알라딘의 어머니는 지저분한 램프를 수건으로 깨끗이 닦고 있었어. 그러자, 거인 요정 '지니'가 나타나지 뭐야? 소원을 들어주는 지니 덕분에 알라딘은 부자가 되어 공주와 결혼하고, 멋진 성과 보석도 얻게 되지.
이를 알게 된 마법사는 공주를 속여 요술 램프를 가짜 램프로 바꿔 놓고, 지니에게 소원을 빌어 공주와 함께 멀리 떠나 버려. 하지만 알라딘은 마법사에게 받은 반지를 이용해 그를 찾아 물리쳤어. 그리고 공주와 함께 행복하게 살았대.

- 다음 인물의 행동에 대한 생각을 써 보세요.

알라딘	모험심과 용기가 멋지다. 나라면 무서워서 동굴에 들어가지 못했을 것 같다.
마법사	남을 속이고 이용해서 욕심을 채우는 모습이 괘씸하고 비열하다.

생각열기 내 소원 4가지를 쓰고, 그중 가장 이루고 싶은 것을 선택해요.

생각글쓰기 '알라딘의 요술 램프' 이야기를 읽고 독후감상글을 써요.

독후감상글 + 가정하여 쓰기: 사실이 아니거나 사실인지 아닌지 분명치 않은 것을 임시로 상상하는 방법 → '요술 램프가 생겼다'는 가정을 하고 내 소원을 생각하며 이야기를 읽은 감상을 써요.

제목: 상상만 해도 좋은 요술 램프!

1 줄거리 요약: 줄거리를 간단히 요약하면, 요술 램프를 갖게 된 알라딘이 램프 요정 지니에게 소원을 빌어 부자가 되고 공주와 결혼도 하게 된다는 이야기다. 나쁜 마법사 자파에게 속아 모든 것을 잃을 뻔하지만, 결국 자파를 물리친 알라딘은 공주와 함께 행복하게 살게 된다.

2 내용에 대한 생각: 나는 마법사가 참 치사하다는 생각을 했다. 우리 주변에는 마법사처럼 욕심이 많고, 힘든 일을 남에게 미루는 사람들이 있다. 그런 사람들은 참 이기적이다. 가난하지만 용기를 갖고 열심히 살아가는 알라딘이 행복해져서 참 다행이라는 생각이 들었다.

3 요술 램프를 갖게 된다면?: 만약 내게 요술 램프가 있다면, 나는 순간 당황할 것 같다. 소원이 너무 많기 때문이다. 돈도 많았으면 좋겠고, 똑똑한 머리도 가지고 싶다. 건강도 중요한 것 같고 잘생긴 외모로 인기도 많았으면 좋겠다. 하지만 꼭 하나를 골라야 한다면 똑똑한 머리를 부탁하겠다. 똑똑해져서 돈을 많이 벌어 외모도 가꾸고, 건강도 잘 관리하면 되지 않을까?

4 마무리: 하지만 이건 모두 꿈일 뿐이다. 실제로 알라딘처럼 요술 램프를 가질 수는 없으니 말이다. 슬프지만 즐거운 상상은 이만 끝내고, 알라딘의 요술 램프는 좀 잊고 살아야겠다.

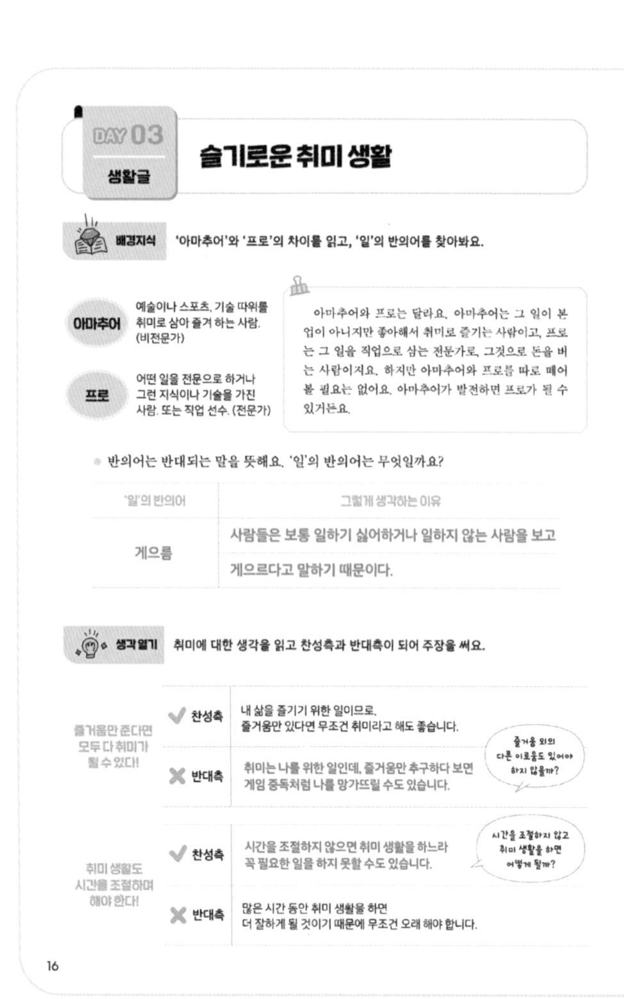

DAY 03
생활글

슬기로운 취미 생활

배경지식 '아마추어'와 '프로'의 차이를 읽고, '일'의 반의어를 찾아봐요.

아마추어 예술이나 스포츠, 기술 따위를 취미로 삼아 즐겨 하는 사람. (비전문가)

프로 어떤 일을 전문으로 하거나 그런 지식이나 기술을 가진 사람. 또는 직업 선수. (전문가)

아마추어와 프로는 달라요. 아마추어는 그 일이 본업이 아니지만 좋아해서 취미로 즐기는 사람이고, 프로는 그 일을 직업으로 삼는 전문가로, 그것으로 돈을 버는 사람이지요. 하지만 아마추어와 프로를 따로 떼어볼 필요는 없어요. 아마추어가 발전하면 프로가 될 수 있거든요.

● 반의어는 반대되는 말을 뜻해요. '일'의 반의어는 무엇일까요?

'일'의 반의어	그렇게 생각하는 이유
게으름	사람들은 보통 일하기 싫어하거나 일하지 않는 사람을 보고 게으르다고 말하기 때문이다.

생각열기 취미에 대한 생각을 읽고 찬성측과 반대측이 되어 주장을 써요.

주장		
즐거움만 준다면 모두 다 취미가 될 수 있다!	✔ 찬성측	내 삶을 즐기기 위한 일이므로, 즐거움만 있다면 무조건 취미라고 해도 좋습니다.
	✖ 반대측	취미는 나를 위한 일인데, 즐거움만 추구하다 보면 게임 중독처럼 나를 망가뜨릴 수도 있습니다.
취미 생활도 시간을 조절하며 해야 한다!	✔ 찬성측	시간을 조절하지 않으면 취미 생활을 하느라 꼭 필요한 일을 하지 못할 수도 있습니다.
	✖ 반대측	많은 시간 동안 취미 생활을 하면 더 잘하게 될 것이기 때문에 무조건 오래 해야 합니다.

16

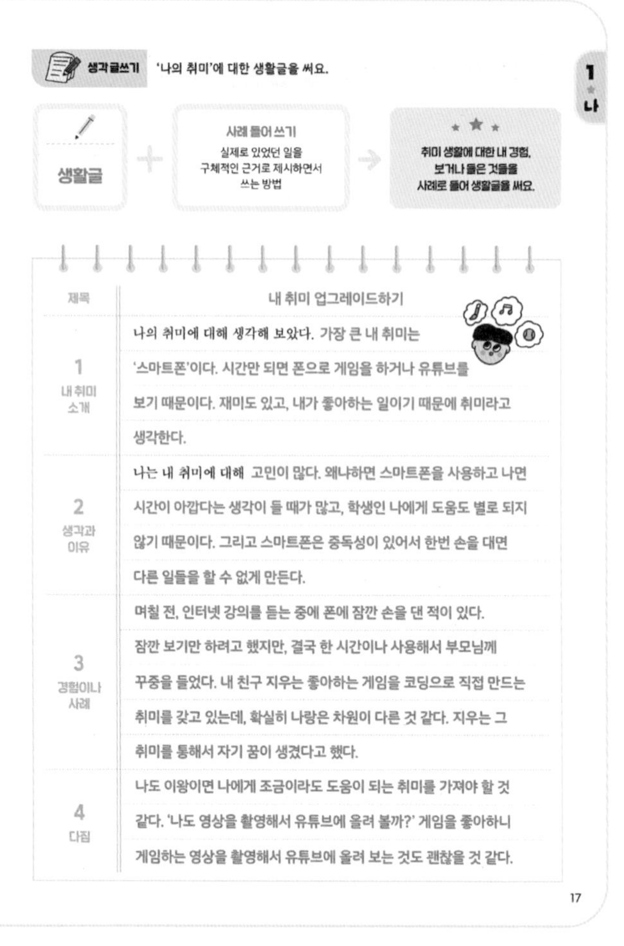

생각글쓰기 '나의 취미'에 대한 생활글을 써요.

생활글 + 사례 들어 쓰기: 실제로 있었던 일을 구체적인 근거로 제시하면서 쓰는 방법 → 취미 생활에 대한 내 경험, 보거나 들은 것들을 사례로 들어 생활글을 써요.

제목	내 취미 업그레이드하기
1 내 취미 소개	나의 취미에 대해 생각해 보았다. 가장 큰 내 취미는 '스마트폰'이다. 시간만 되면 폰으로 게임을 하거나 유튜브를 보기 때문이다. 재미도 있고, 내가 좋아하는 일이기 때문에 취미라고 생각한다.
2 생각과 이유	나는 내 취미에 대해 고민이 많다. 왜냐하면 스마트폰을 사용하고 나면 시간이 아깝다는 생각이 들 때가 많고, 학생인 나에게 도움도 별로 되지 않기 때문이다. 그리고 스마트폰은 중독성이 있어서 한번 손을 대면 다른 일들을 할 수 없게 만든다.
3 경험이나 사례	며칠 전, 인터넷 강의를 듣는 중에 폰에 잠깐 손을 댄 적이 있다. 잠깐 보기만 하려고 했지만, 결국 한 시간이나 사용해서 부모님께 꾸중을 들었다. 내 친구 지우는 좋아하는 게임을 코딩으로 직접 만드는 취미를 갖고 있는데, 확실히 나랑은 차원이 다른 것 같다. 지우는 그 취미를 통해서 자기 꿈이 생겼다고 했다.
4 다짐	나도 이왕이면 나에게 조금이라도 도움이 되는 취미를 가져야 할 것 같다. '나도 영상을 촬영해서 유튜브에 올려 볼까?' 게임을 좋아하니 게임하는 영상을 촬영해서 유튜브에 올려 보는 것도 괜찮을 것 같다.

17

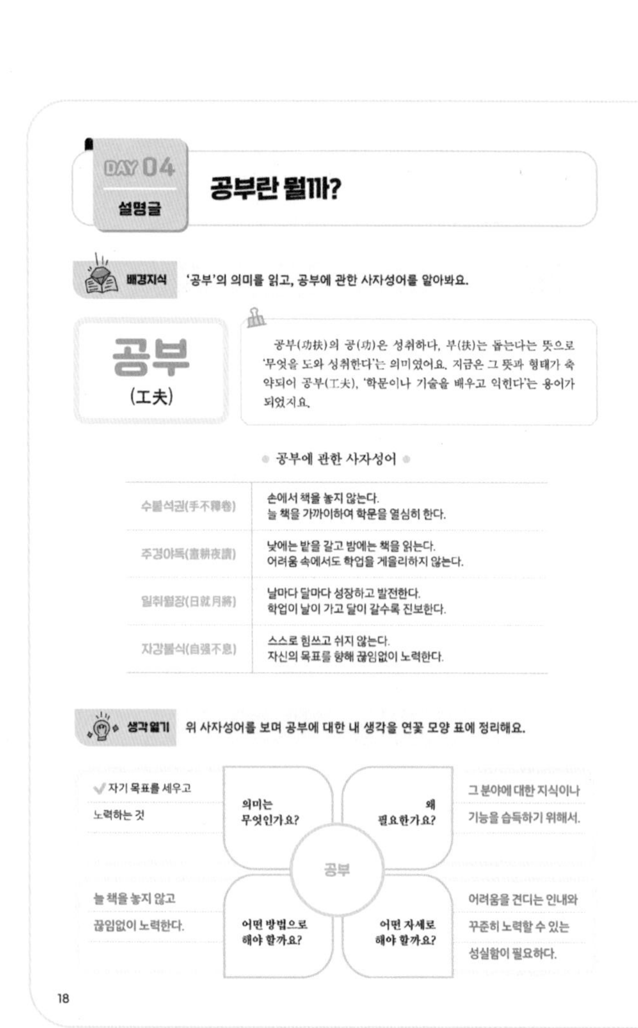

DAY 04
설명글

공부란 뭘까?

배경지식 '공부'의 의미를 읽고, 공부에 관한 사자성어를 알아봐요.

공부 (工夫)

공부(功扶)의 공(功)은 성취하다, 부(扶)는 돕는다는 뜻으로 '무엇을 도와 성취한다'는 의미였어요. 지금은 그 뜻과 형태가 축약되어 공부(工夫), '학문이나 기술을 배우고 익힌다'는 용어가 되었지요.

● 공부에 관한 사자성어 ●

수불석권(手不釋卷)	손에서 책을 놓지 않는다. 늘 책을 가까이하여 학문을 열심히 한다.
주경야독(晝耕夜讀)	낮에는 밭을 갈고 밤에는 책을 읽는다. 어려운 속에서도 학업을 게을리하지 않는다.
일취월장(日就月將)	날마다 달마다 성장하고 발전한다. 학업이 날이 가고 달이 갈수록 진보한다.
자강불식(自强不息)	스스로 힘쓰고 쉬지 않는다. 자신의 목표를 향해 끊임없이 노력한다.

생각열기 위 사자성어를 보며 공부에 대한 내 생각을 연꽃 모양 표에 정리해요.

18

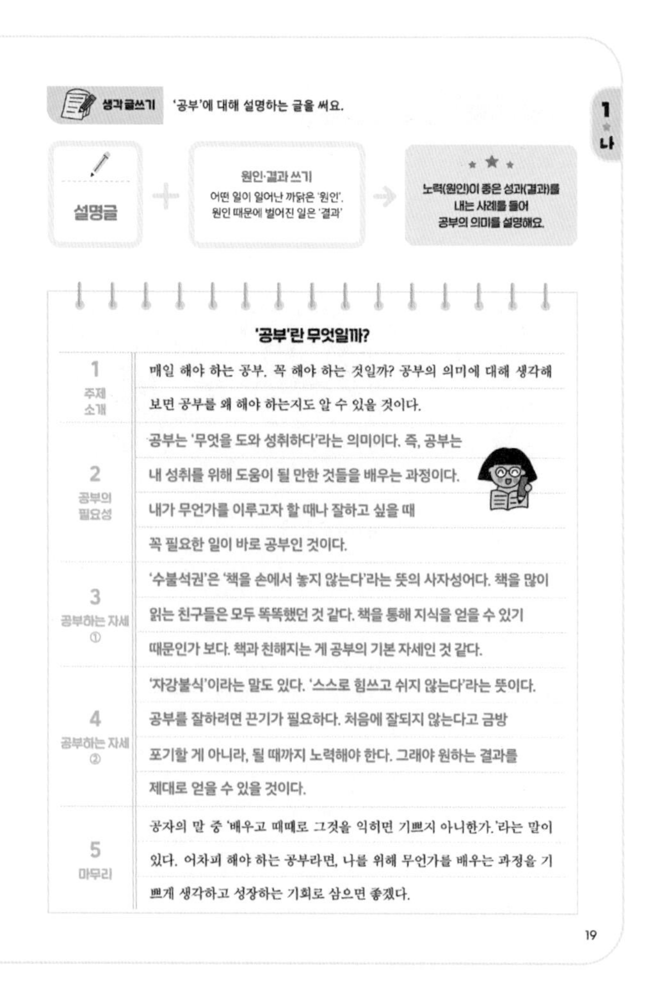

생각글쓰기 '공부'에 대해 설명하는 글을 써요.

설명글 + 원인·결과 쓰기: 어떤 일이 일어난 까닭은 '원인', 원인 때문에 벌어진 일은 '결과' → 노력(원인)이 좋은 성과(결과)를 내는 사례를 들어 공부의 의미를 설명해요.

'공부'란 무엇일까?

1 주제 소개	매일 해야 하는 공부, 꼭 해야 하는 것일까? 공부의 의미에 대해 생각해 보면 공부를 왜 해야 하는지도 알 수 있을 것이다.
2 공부의 필요성	공부는 '무엇을 도와 성취하다'라는 의미이다. 즉, 공부는 내 성취를 위해 도움이 될 만한 것들을 배우는 과정이다. 내가 무언가를 이루고자 할 때나 잘하고 싶을 때 꼭 필요한 일이 바로 공부인 것이다.
3 공부하는 자세 ①	'수불석권'은 '책을 손에서 놓지 않는다'라는 뜻의 사자성어다. 책을 많이 읽는 친구들은 모두 똑똑했던 것 같다. 책을 통해 지식을 얻을 수 있기 때문인가 보다. 책과 친해지는 게 공부의 기본 자세인 것 같다.
4 공부하는 자세 ②	'자강불식'이라는 말도 있다. '스스로 힘쓰고 쉬지 않는다'라는 뜻이다. 공부를 잘하려면 끈기가 필요하다. 처음에 잘되지 않는다고 금방 포기할 게 아니라, 될 때까지 노력해야 한다. 그래야 원하는 결과를 제대로 얻을 수 있을 것이다.
5 마무리	공자의 말 중 '배우고 때때로 그것을 익히면 기쁘지 아니한가.'라는 말이 있다. 어차피 해야 하는 공부라면, 나를 위해 무언가를 배우는 과정을 기쁘게 생각하고 성장하는 기회로 삼으면 좋겠다.

19

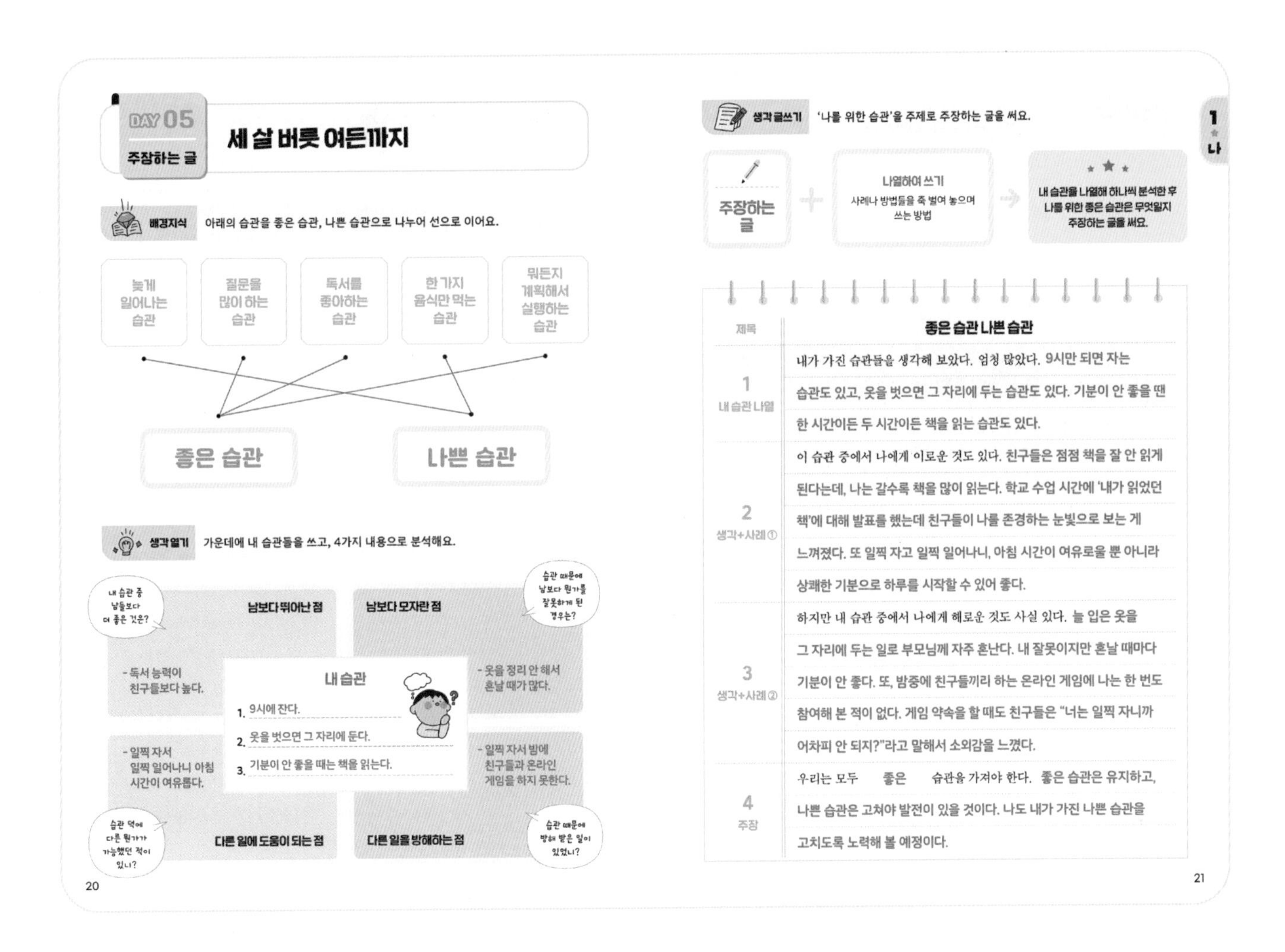

DAY 05
주장하는 글

세 살 버릇 여든까지

배경지식 아래의 습관을 좋은 습관, 나쁜 습관으로 나누어 선으로 이어요.

늦게 일어나는 습관 / 질문을 많이 하는 습관 / 독서를 좋아하는 습관 / 한 가지 음식만 먹는 습관 / 뭐든지 계획해서 실행하는 습관

좋은 습관 / 나쁜 습관

생각열기 가운데에 내 습관들을 쓰고, 4가지 내용으로 분석해요.

내 습관 중 남들보다 더 좋은 것은?

습관 때문에 남보다 뭔가를 잘못하게 된 경우는?

남보다 뛰어난 점
- 독서 능력이 친구들보다 높다.

남보다 모자란 점
- 옷을 정리 안 해서 혼날 때가 많다.

내 습관
1. 9시에 잔다.
2. 옷을 벗으면 그 자리에 둔다.
3. 기분이 안 좋을 때는 책을 읽는다.

다른 일에 도움이 되는 점
- 일찍 자서 일찍 일어나니 아침 시간이 여유롭다.

다른 일을 방해하는 점
- 일찍 자서 밤에 친구들과 온라인 게임을 하지 못한다.

습관 덕에 다른 뭔가가 가능했던 적이 있니?

습관 때문에 방해 받은 일이 있었니?

20

생각글쓰기 '나를 위한 습관'을 주제로 주장하는 글을 써요.

주장하는 글 + 나열하여 쓰기: 사례나 방법들을 죽 벌여 놓으며 쓰는 방법 → 내 습관을 나열해 하나씩 분석한 후 나를 위한 좋은 습관은 무엇일지 주장하는 글을 써요.

제목	좋은 습관 나쁜 습관
1 내 습관 나열	내가 가진 습관들을 생각해 보았다. 엄청 많았다. 9시만 되면 자는 습관도 있고, 옷을 벗으면 그 자리에 두는 습관도 있다. 기분이 안 좋을 땐 한 시간이든 두 시간이든 책을 읽는 습관도 있다.
2 생각+사례①	이 습관 중에서 나에게 이로운 것도 있다. 친구들은 점점 책을 잘 안 읽게 된다는데, 나는 갈수록 책을 많이 읽는다. 학교 수업 시간에 '내가 읽었던 책'에 대해 발표를 했는데 친구들이 나를 존경하는 눈빛으로 보는 게 느껴졌다. 또 일찍 자고 일찍 일어나니, 아침 시간이 여유로울 뿐 아니라 상쾌한 기분으로 하루를 시작할 수 있어 좋다.
3 생각+사례②	하지만 내 습관 중에서 나에게 해로운 것도 사실 있다. 늘 입은 옷을 그 자리에 두는 일로 부모님께 자주 혼난다. 내 잘못이지만 혼날 때마다 기분이 안 좋다. 또, 밤중에 친구들끼리 하는 온라인 게임에 나는 한 번도 참여해 본 적이 없다. 게임 약속을 할 때도 친구들은 "너는 일찍 자니까 어차피 안 되지?"라고 말해서 소외감을 느꼈다.
4 주장	우리는 모두 좋은 습관을 가져야 한다. 좋은 습관은 유지하고, 나쁜 습관은 고쳐야 발전이 있을 것이다. 나도 내가 가진 나쁜 습관을 고치도록 노력해 볼 예정이다.

21

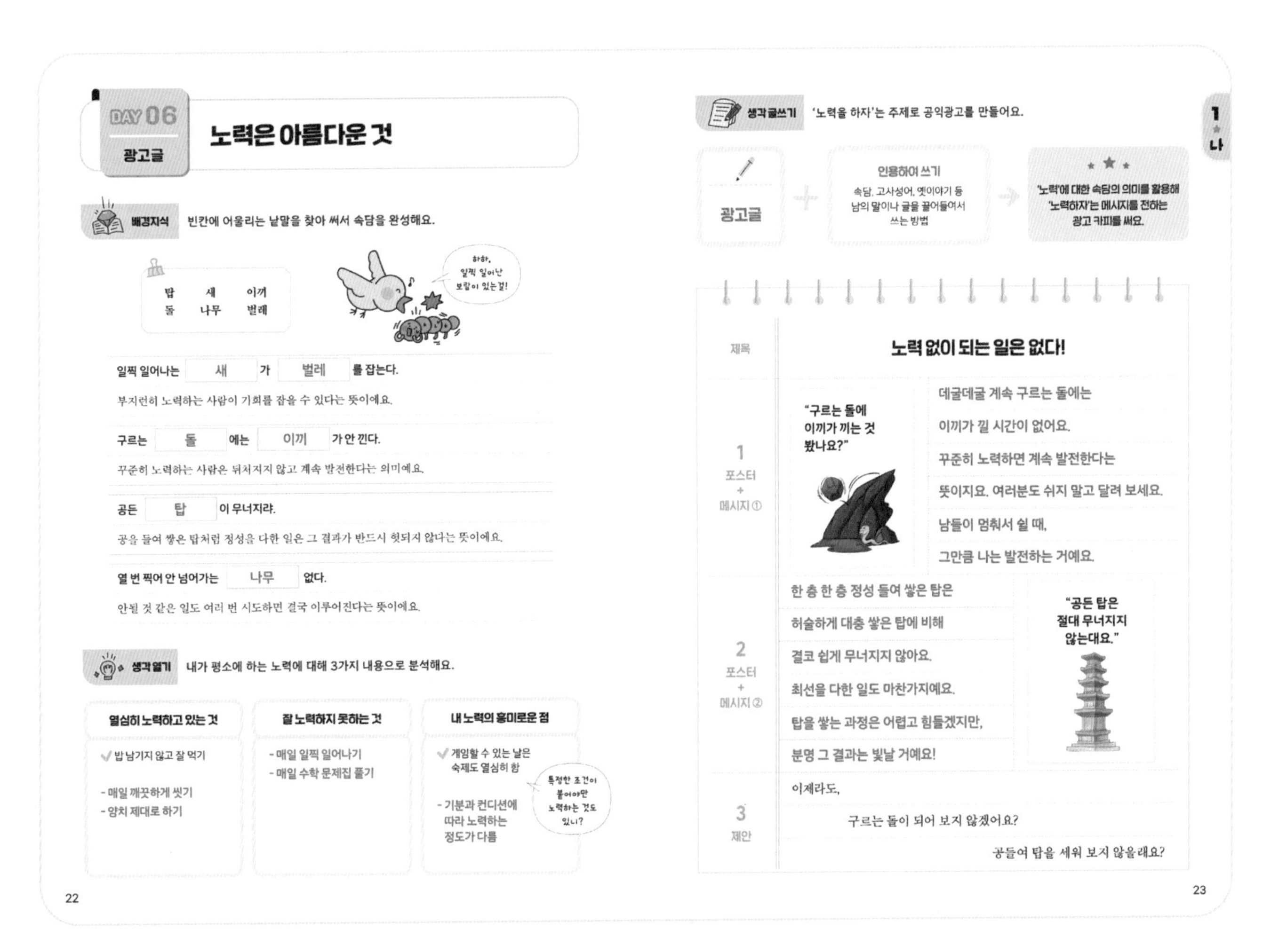

DAY 06
광고글

노력은 아름다운 것

배경지식 빈칸에 어울리는 낱말을 찾아 써서 속담을 완성해요.

탑 / 새 / 이끼 / 돌 / 나무 / 벌레

하하, 일찍 일어난 보람이 있는걸!

일찍 일어나는 (새)가 (벌레)를 잡는다.
부지런히 노력하는 사람이 기회를 잡을 수 있다는 뜻이에요.

구르는 (돌)에는 (이끼)가 안 낀다.
꾸준히 노력하는 사람은 뒤처지지 않고 계속 발전한다는 의미예요.

공든 (탑)이 무너지랴.
공을 들여 쌓은 탑처럼 정성을 다한 일은 그 결과가 반드시 헛되지 않다는 뜻이에요.

열 번 찍어 안 넘어가는 (나무) 없다.
안될 것 같은 일도 여러 번 시도하면 결국 이루어진다는 뜻이에요.

생각열기 내가 평소에 하는 노력에 대해 3가지 내용으로 분석해요.

열심히 노력하고 있는 것	잘 노력하지 못하는 것	내 노력의 흥미로운 점
✓밥 남기지 않고 잘 먹기 - 매일 깨끗하게 씻기 - 양치 제대로 하기	- 매일 일찍 일어나기 - 매일 수학 문제집 풀기	✓게임할 수 있는 날은 숙제도 열심히 함 - 기분과 컨디션에 따라 노력하는 정도가 다름

특정한 조건이 붙어야만 노력하는 것도 있니?

22

생각글쓰기 '노력을 하자'는 주제로 공익광고를 만들어요.

광고글 + 인용하여 쓰기: 속담, 고사성어, 옛이야기 등 남의 말이나 글을 끌어들여서 쓰는 방법 → '노력'에 대한 속담의 의미를 활용해 '노력하자'는 메시지를 전하는 광고 카피를 써요.

제목	노력 없이 되는 일은 없다!
1 포스터 + 메시지①	"구르는 돌에 이끼가 끼는 것 봤나요?" 데굴데굴 계속 구르는 돌에는 이끼가 낄 시간이 없어요. 꾸준히 노력하면 계속 발전한다는 뜻이지요. 여러분도 쉬지 말고 달려 보세요. 남들이 멈춰서 쉴 때, 그만큼 나는 발전하는 거예요.
2 포스터 + 메시지②	한 층 한 층 정성 들여 쌓은 탑은 허술하게 대충 쌓은 탑에 비해 결코 쉽게 무너지지 않아요. 최선을 다한 일도 마찬가지예요. 탑을 쌓는 과정은 어렵고 힘들겠지만, 분명 그 결과는 빛날 거예요! "공든 탑은 절대 무너지지 않는대요."
3 제안	이제라도, 구르는 돌이 되어 보지 않겠어요? 공들여 탑을 세워 보지 않을래요?

23

DAY 07 시나리오

나만의 보물을 찾아서

배경지식 이야기를 읽고 빈칸에 내 생각을 써요.

포도밭 보물

게으른 삼 형제를 둔 아버지가 포도밭에 보물을 숨겨 두었다는 유언을 남기고 세상을 떠났어요. 삼 형제는 밭을 열심히 팠지만 보물은 없었지요. 실망하려던 찰나, 밭을 일군 덕에 주렁주렁 열린 포도를 본 삼 형제는 이 포도가 보물이었다는 사실을 깨달았어요.

하지만 형제들은 곧 다시 게을러졌어요. 어느 날, 삼 형제는 냄비 속에서 아버지의 유언장을 발견했어요. '보물 지도를 포도나무 가지에 묶어 놓았다.' 삼 형제는 곧장 밭으로 달려갔지만 주렁주렁 매달린 포도에 가려 가지가 전혀 보이지 않았어요. 보물 지도를 찾는 방법은 오직 하나! 포도를 전부 따는 거였지요.

그렇게 삼 형제는 아침 일찍부터 저녁 늦게까지 포도를 땄어요. 너무나 힘들었지만, 포도를 모두 수확한 삼 형제는 뿌듯함을 느꼈답니다. 형제들은 본격적으로 보물 지도를 찾기 시작했어요. 그러나 모든 가지를 이 잡듯 뒤졌는데도 끝내 보물 지도는 나오지 않았지요. 어쩔 수 없이 삼 형제는 수확한 포도를 팔러 시장에 나갔어요.

그런데 웬일일까요? 너도나도 삼 형제의 포도를 사 가서 수많은 포도가 순식간에 바닥났어요. 알고 보니 삼 형제의 아버지는 소문난 농사꾼이었고, 삼 형제의 포도밭은 질 좋은 포도를 생산하기로 유명했던 거예요. 하루아침에 큰 부자가 된 형제들은 그제야 포도를 가꾸기 위해 들인 정성과 노력이야말로 보물을 얻게 해 주는 진정한 보물 지도라는 사실을 깨달았답니다.

- 아버지가 아들들에게 주려고 했던 '보물'은 부지런함과 노력 (이)다.

생각열기 그림을 보고 나의 보물 3개를 골라 ○표 해요.

가족

생각글쓰기 '보물의 의미'를 인터뷰하는 내용의 시나리오를 써요.

시나리오 + 비교·대조하여 쓰기: 두 가지 이상의 대상에서 공통점을 찾아 설명하면 '비교' 차이점을 찾아 설명하면 '대조' → 리포터가 되어 아버지와 아들이 생각하는 '보물의 의미'를 듣고, 공통점과 차이점을 찾아 비교·대조하는 인터뷰 대본을 써 봐요.

제목	**'보물의 의미'를 찾아서!**
해설	현장에 나간 리포터가 이야기의 주인공 '아들'과 '아버지'를 취재한다.
대사 + 지문	리포터 : (마이크를 들고) 안녕하십니까? 오늘은 '포도밭 보물'로 유명한 분들을 만나러 왔는데요. 바로 인터뷰를 하러 가 보겠습니다. 안녕하세요, 아버님? 저는 SSW 뉴스 ××× 리포터라고 합니다.
	아버지 : (리포터와 눈이 마주치며) 허허. 무엇이 궁금하신가?
	리포터 : 아드님들께 어떤 보물을 주려고 하셨습니까? 그 이유는요?
	아버지: (흐뭇한 표정으로) 아들들이 게을러서 노력을 해본 적이 없어요. 그래서 저는 부지런히 노력을 다했을 때 얻는 성취감을 느끼게 해 주고 싶었죠. 그 성취감이 또 다른 보물을 만들어내니까요.
	리포터 : 옆에 계신 아드님께서는 보물이 뭐라고 생각하세요?
	아들: (민망해하는 표정으로) 처음에는 눈에 보이는 물건이나 돈이 보물인 줄 알았어요. 금은보화나 좋은 집, 차 같은 것 말이에요.
	하지만 지금은 아니에요. 보물은, 뭔가를 이뤄낼 수 있는 능력이나 힘이에요. 아버지가 옳으셨어요. 이제는 노력하면 뭐든 해낼 수 있을 것 같아요.
	리포터 : 네, 잘 들었습니다. 제 생각에도 보물은 노력과 성취인 것 같습니다. 아버지의 지혜로 노력의 가치를 알게 된 아들들. 결국 큰 성취를 경험했습니다. 이 모든 것이 그들에게는 보물이었네요.

DAY 08 감상글

추억을 떠올려 봐

배경지식 날짜와 시간에 대한 순우리말을 알아봐요.

- 시간 표현

새벽	먼동이 트려 할 무렵
아침	날이 새면서 오전 반나절쯤까지의 동안
낮	아침이 지나고 저녁이 되기 전까지의 동안
저녁	해가 질 무렵부터 밤이 되기까지의 사이
밤	해가 져서 어두워진 때부터 다음 날 해가 떠서 밝아지기 전까지의 동안

- 날짜 표현

그끄저께	3일 전
그저께(그제)	2일 전
어제	1일 전
오늘	-
내일	1일 후
모레	2일 후
글피	3일 후
그글피	4일 후

날짜 세는 법

하루(1일), 이틀(2일), 사흘(3일), 나흘(4일), 닷새(5일), 엿새(6일), 이레(7일), 여드레(8일), 아흐레(9일), 열흘(10일), 열하루(11일), 열이틀(12일), 열사흘(13일), 열나흘(14일), 열닷새(보름·15일), 열엿새(16일), 열이레(17일), 열여드레(18일), 열아흐레(19일), 스무날(20일), 스무하루(21일), 스무이틀(22일), 스무사흘(23일), 스무나흘(24일), 스무닷새(25일), 스무엿새(26일), 스무이레(27일), 스무여드레(28일), 스무아흐레(29일), 그믐날(30일)

생각열기 그림을 보고 추억 하나를 골라 ○표 하고, 떠오르는 기억을 적어요.

자연 관찰 / 비 오는 날 / 핼러윈 데이

- 나의 추억

작년에 집에서 친구들과 생일 파티를 했던 것이 생각난다. 치킨과 피자도 시켜 먹고, 같이 여러 가지 놀이도 하며 정말 즐거웠다.

생각글쓰기 '나의 특별한 추억'이라는 주제로 감상글을 써요.

감상글 + 시간 흐름에 따라 쓰기: 사건의 배경부터 사건 종료 후까지, 시간의 흐름에 따라 있었던 일을 죽 쓰는 방법 → 기억에 남는 경험을 떠올려 시간의 흐름대로 나열하고, 그때의 느낌과 감상을 써요.

기억에 남는 경험	작년 생일 파티				
시간·사건	생일날 아침 청소, 파티 준비	→	생일 파티 친구들과 놀기	→	생일 파티 후 친구와 친해짐

제목	**생일 파티가 필요해!**
1 사건의 배경	내 생일은 3월 20일이다. 작년 내 생일 전에 나는 친구 세 명을 불러 생일 파티를 하기로 하고, 초대장을 만들어서 나눠 주었다.
2 사건①	생일날 아침이 되자 너무 설렜다. 엄마는 배달시킬 음식을 검색하고 계셨고, 나는 친구들과 함께 갖고 놀 슬라임, 비즈 등을 책상 위에 잔뜩 꺼내 놓았다. 사진을 많이 찍으려고 핸드폰 충전도 가득 해 두었다.
3 사건②	11시에 친구들이 도착했다. 피자랑 떡볶이를 먹고, 방에서 함께 비즈 만들기 놀이를 했다. 유튜브를 하는 친구가 있어서, 우리는 만드는 영상도 촬영하며 재밌게 놀았다. 처음으로 영상 편집하는 법도 배울 수 있었다.
4 사건③	저녁 시간이 다 되어서 친구들이 돌아갔다. 다음에 또 만나서 놀기로 약속을 했다. 몇 년 동안 알고 지낸 친구처럼 친근했다. 아쉬운 마음에 바깥까지 나가서 배웅해 주었다.
5 느낀 점	사실 새 학기에 새로 만난 친구들이라 어색할 줄 알았는데 전혀 그렇지 않고 빨리 친해질 수 있었다. 올해도 꼭 생일 파티를 할 것이다!

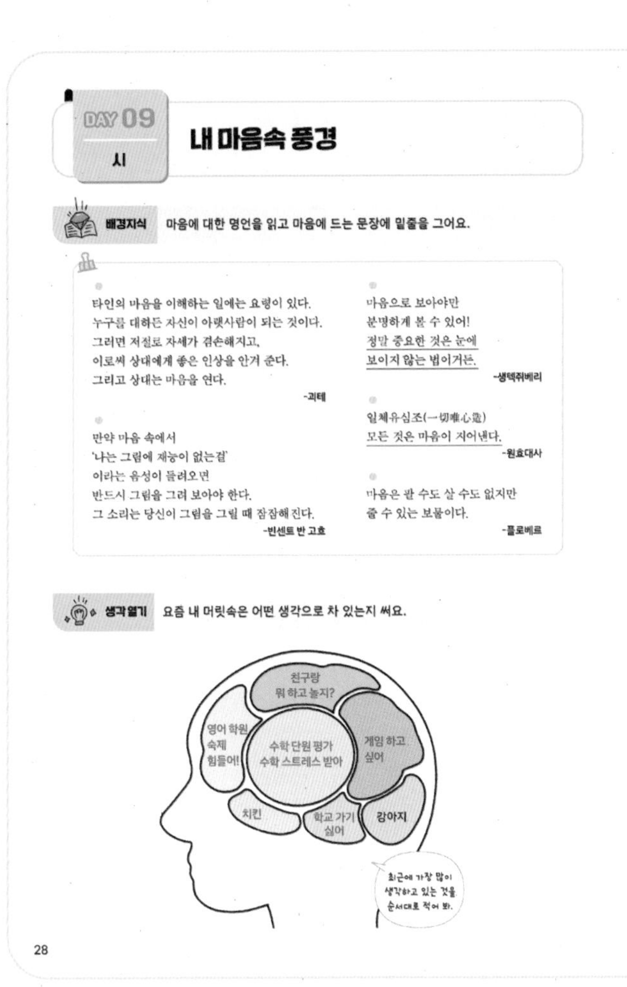

DAY 09 시

내 마음속 풍경

배경지식 마음에 대한 명언을 읽고 마음에 드는 문장에 밑줄을 그어요.

타인의 마음을 이해하는 일에는 요령이 있다.
누구를 대하든 자신이 아랫사람이 되는 것이다.
그러면 저절로 자세가 겸손해지고,
이로써 상대에게 좋은 인상을 안겨 준다.
그리고 상대는 마음을 연다.
-괴테

만약 마음 속에서
'나는 그림에 재능이 없는걸'
이라는 음성이 들려오면
반드시 그림을 그려 보아야 한다.
그 소리는 당신이 그림을 그릴 때 잠잠해진다.
-빈센트 반 고흐

마음으로 보아야만
분명하게 볼 수 있어!
정말 중요한 것은 눈에
보이지 않는 법이거든.
-생텍쥐베리

일체유심조(一切唯心造)
모든 것은 마음이 지어낸다.
-원효대사

마음은 팔 수도 살 수도 없지만
줄 수 있는 보물이다.
-플로베르

생각열기 요즘 내 머릿속은 어떤 생각으로 차 있는지 써요.

28

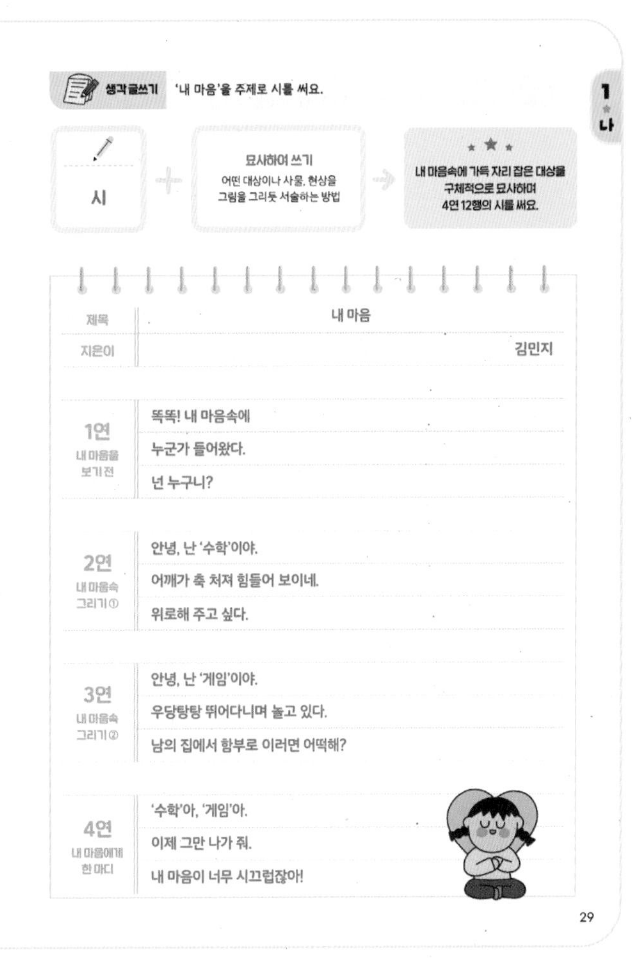

생각글쓰기 '내 마음'을 주제로 시를 써요.

시 + 묘사하여 쓰기 (어떤 대상이나 사물, 현상을 그림을 그리듯 서술하는 방법) → 내 마음속에 가득 자리 잡은 대상을 구체적으로 묘사하며 4연 12행의 시를 써요.

제목	내 마음
지은이	김민지
1연 내 마음을 보기 전	똑똑! 내 마음속에 누군가 들어왔다. 넌 누구니?
2연 내 마음속 그리기①	안녕, 난 '수학'이야. 어깨가 축 처져 힘들어 보이네. 위로해 주고 싶다.
3연 내 마음속 그리기②	안녕, 난 '게임'이야. 우당탕탕 뛰어다니며 놀고 있다. 남의 집에서 함부로 이러면 어떡해?
4연 내 마음에게 한 마디	'수학'아, '게임'아, 이제 그만 나가 줘. 내 마음이 너무 시끄럽잖아!

1-나

29

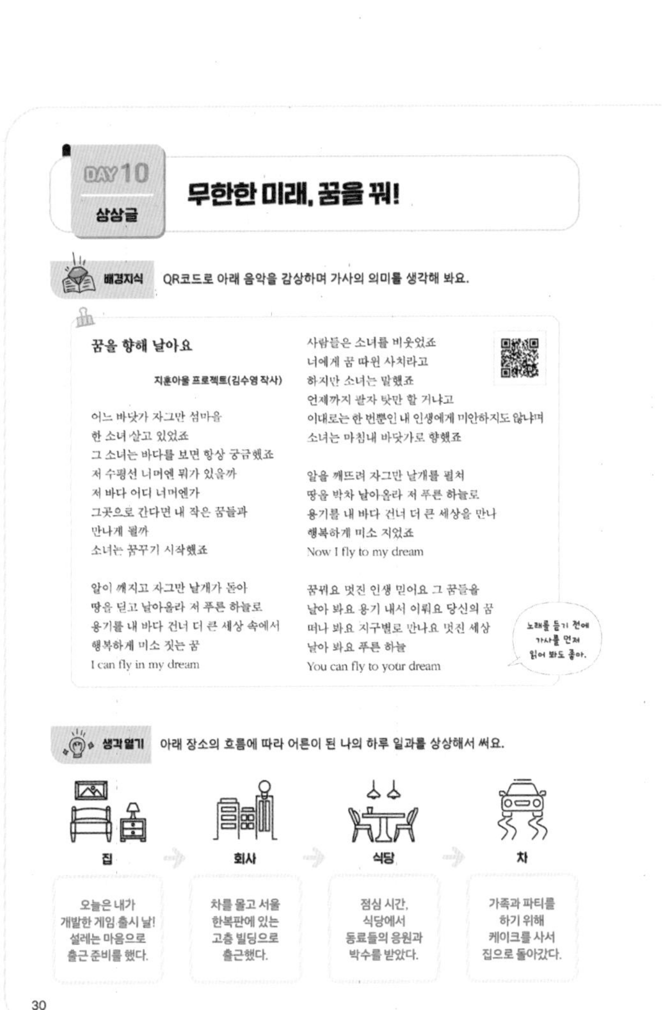

DAY 10 상상글

무한한 미래, 꿈을 꿔!

배경지식 QR코드로 아래 음악을 감상하며 가사의 의미를 생각해 봐요.

꿈을 향해 날아요

지훈아울 프로젝트(김수영 작사)

어느 바닷가 자그만 섬마을
한 소녀 살고 있었죠
그 소녀는 바다를 보면 항상 궁금했죠
저 수평선 너머엔 뭐가 있을까
저 바다 어디 너머엔가
그곳으로 간다면 내 작은 꿈들과
만나게 될까
소녀는 꿈꾸기 시작했죠

알이 깨지고 자그만 날개가 돋아
땅을 딛고 날아올라 저 푸른 하늘로
용기를 내 바다 건너 더 큰 세상 속에서
행복하게 미소 짓는 꿈
I can fly in my dream

사람들은 소녀를 비웃었죠
너에게 꿈 따윈 사치라고
하지만 소녀는 말했죠
언제까지 팔자 탓만 할 거냐고
이대로는 한 번뿐인 내 인생에게 미안하지도 않냐며
소녀는 마침내 바닷가로 향했죠

알을 깨뜨려 자그만 날개를 펼쳐
땅을 박차 날아올라 저 푸른 하늘로
용기를 내 바다 건너 더 큰 세상을 만나
행복하게 미소 지었죠
Now I fly to my dream

꿈꿔요 멋진 인생 믿어요 그 꿈들을
날아 봐요 용기 내서 이뤄요 당신의 꿈
떠나 봐요 지구별로 만나요 멋진 세상
날아 봐요 푸른 하늘
You can fly to your dream

노래를 듣기 전에 가사를 먼저 읽어 봐도 좋아.

생각열기 아래 장소의 흐름에 따라 어른이 된 나의 하루 일과를 상상해서 써요.

집	회사	식당	차
오늘은 내가 개발한 게임 출시 날! 설레는 마음으로 출근 준비를 했다.	차를 몰고 서울 한복판에 있는 고층 빌딩으로 출근했다.	점심 시간, 식당에서 동료들의 응원과 박수를 받았다.	가족과 파티를 하기 위해 케이크를 사서 집으로 돌아갔다.

30

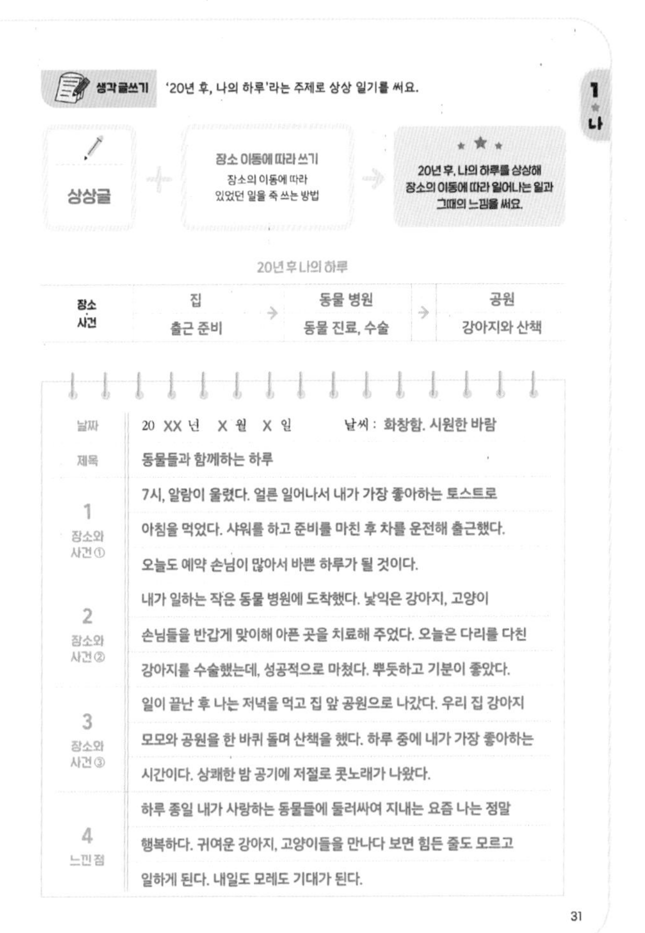

생각글쓰기 '20년 후, 나의 하루'라는 주제로 상상 일기를 써요.

상상글 + 장소 이동에 따라 쓰기 (장소의 이동에 따라 있었던 일을 죽 쓰는 방법) → 20년 후, 나의 하루를 상상해 장소의 이동에 따라 일어나는 일과 그때의 느낌을 써요.

20년 후 나의 하루

장소 사건	집	동물 병원	공원
	출근 준비	동물 진료, 수술	강아지와 산책

날짜	20 XX 년 X 월 X 일 날씨 : 화창함, 시원한 바람
제목	동물들과 함께하는 하루
1 장소와 사건①	7시, 알람이 울렸다. 얼른 일어나서 내가 가장 좋아하는 토스트로 아침을 먹었다. 샤워를 하고 준비를 마친 후 차를 운전해 출근했다. 오늘도 예약 손님이 많아서 바쁜 하루가 될 것이다.
2 장소와 사건②	내가 일하는 작은 동물 병원에 도착했다. 낯익은 강아지, 고양이 손님들을 반갑게 맞이해 아픈 곳을 치료해 주었다. 오늘은 다리를 다친 강아지를 수술했는데, 성공적으로 마쳤다. 뿌듯하고 기분이 좋았다.
3 장소와 사건③	일이 끝난 후 나는 저녁을 먹고 집 앞 공원으로 나갔다. 우리 집 강아지 모모와 공원을 한 바퀴 돌며 산책을 했다. 하루 중에 내가 가장 좋아하는 시간이다. 상쾌한 밤 공기에 저절로 콧노래가 나왔다.
4 느낀 점	하루 종일 내가 사랑하는 동물들에 둘러싸여 지내는 요즘 나는 정말 행복하다. 귀여운 강아지, 고양이들을 만나다 보면 힘든 줄도 모르고 일하게 된다. 내일도 모레도 기대가 된다.

1-나

31

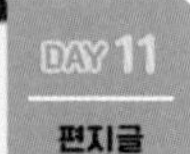

DAY 11 편지글

새로운 친구가 생긴다면

배경지식 우정을 나타내는 사자성어 '관포지교'에 얽힌 이야기를 읽어요.

옛날 중국에 관중과 포숙아라는 두 친구가 있었어요. 하지만 제나라의 내란으로 둘은 서로 적이 되었어요. 포숙아가 섬기는 환공이 새로운 왕이 되어 적이었던 관중을 죽이려 하자, 포숙아는 왕에게 관중의 재능에 대해 설명했어요.

"제나라를 다스리는 것으로 만족하신다면 저만으로도 충분합니다만, 천하를 다스리고자 하신다면 관중이 있어야 하옵니다."

결국 죽임을 당하지 않고 나랏일을 맡게 된 관중은 훗날 크게 성공하여 말했어요.

"내가 젊을 때 포숙아와 장사를 하며 그보다 많은 이득을 취해도, 그는 내가 가난한 것을 알았기에 나를 욕하지 않았다. 내가 몇 번씩 벼슬에서 쫓겨났을 때도, 그는 내게 아직 운이 오지 않았다고 생각하여 무능하다고 흉보지 않았다. 나는 싸움터에서 도망쳐 온 적도 있으나, 그는 나에게 늙은 어머니가 계시기 때문이라며 나를 겁쟁이라 하지 않았다. 나를 낳아준 이는 부모이지만, 나를 진정으로 알아준 사람은 포숙아다."

여기서 '관포지교'라는 말이 유래했어요. 관중과 포숙아처럼 서로를 깊이 이해하고 아끼는 친구 사이를 의미하지요.

관포지교(管鮑之交) : 관중과 포숙아의 사귐. 변하지 않는 친구 사이의 두터운 우정

생각열기 나와 친한 친구를 떠올려, 4가지 내용으로 분석해요.

내 친구 조진우

나보다 더 뛰어난 점	고쳐야 할 점
- 친구가 많고 잘 논다.	- 공부를 조금이라도 했으면 좋겠다.
나에게 도움이 되는 점	**내 일을 방해하는 점**
- 같이 있으면 심심하지 않고 즐겁다.	- 놀 때 내 학원 숙제를 못 하게 한다.

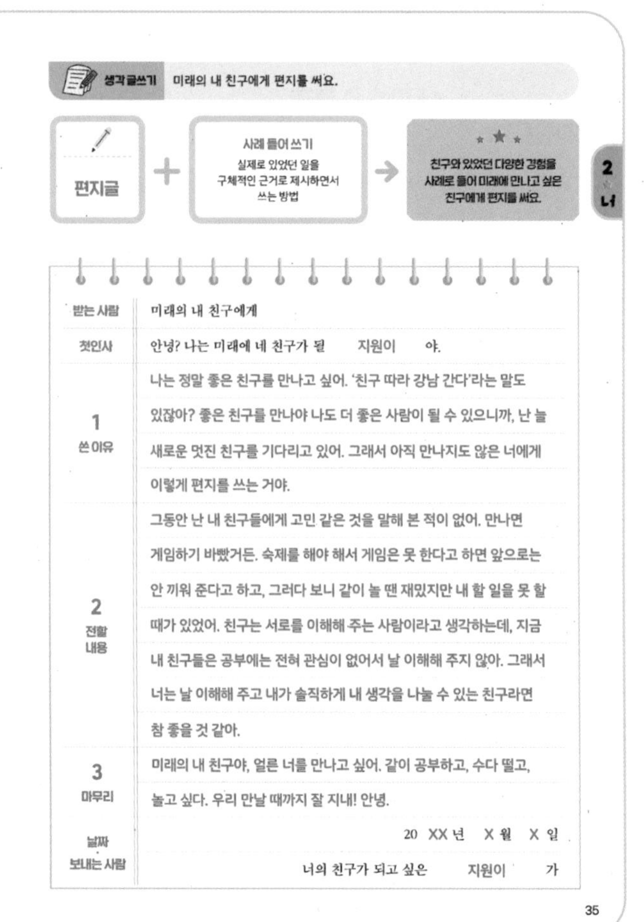

생각글쓰기 미래의 내 친구에게 편지를 써요.

편지글 + 사례 들어 쓰기: 실제로 있었던 일을 구체적인 근거로 제시하면서 쓰는 방법 → 친구와 있었던 다양한 경험을 사례로 들어 미래에 만나고 싶은 친구에게 편지를 써요.

받는 사람	미래의 내 친구에게
첫인사	안녕? 나는 미래에 네 친구가 될 지원이 야.
1 쓴 이유	나는 정말 좋은 친구를 만나고 싶어. '친구 따라 강남 간다'라는 말도 있잖아? 좋은 친구를 만나야 나도 더 좋은 사람이 될 수 있으니까, 난 늘 새로운 멋진 친구를 기다리고 있어. 그래서 아직 만나지도 않은 너에게 이렇게 편지를 쓰는 거야.
2 전할 내용	그동안 난 내 친구들에게 고민 같은 것을 말해 본 적이 없어. 만나면 게임하기 바빴거든. 숙제를 해야 해서 게임은 못 한다고 하면 앞으로는 안 끼워 준다고 하고, 그러다 보니 같이 놀 땐 재밌지만 내 할 일을 못 할 때가 있었어. 친구는 서로를 이해해 주는 사람이라고 생각하는데, 지금 내 친구들은 공부에는 전혀 관심이 없어서 날 이해해 주지 않아. 그래서 너는 날 이해해 주고 내가 솔직하게 내 생각을 나눌 수 있는 친구라면 참 좋을 것 같아.
3 마무리	미래의 내 친구야, 얼른 너를 만나고 싶어. 같이 공부하고, 수다 떨고, 놀고 싶다. 우리 만날 때까지 잘 지내! 안녕.
날짜	20 XX 년 X 월 X 일
보내는 사람	너의 친구가 되고 싶은 지원이 가

2 너

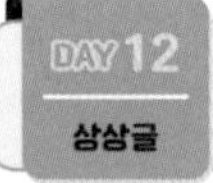

DAY 12 상상글

나의 사랑스러운 동물 친구

배경지식 빈칸에 아래 동물 이름을 알맞게 넣어 속담을 완성해요.

개 돼지 원숭이 닭

서당 [개] 삼 년에 풍월을 읊는다.

한곳에 오래 있으면 웬만큼 지식과 경험을 쌓게 된다는 뜻이에요.

[닭] 쫓던 [개] 지붕만 쳐다보네.

애쓰던 일이 실패로 돌아가거나 남보다 뒤떨어져 어찌할 도리가 없다는 뜻이에요.

[원숭이] 도 나무에서 떨어진다.

아무리 익숙하고 잘하는 사람도 가끔 실수할 때가 있다는 뜻이에요.

[돼지] 에 진주 목걸이.

값어치를 모르는 이에게는 아무리 비싼 보물도 아무 소용이 없다는 뜻이에요.

생각열기 내가 좋아하는 동물을 키우는 상상을 하고 글과 그림으로 표현해요.

*예: 판다 똥 치우는 장면 / 도망간 도마뱀을 찾느라 고생하는 장면 / 앵무새와 노래하며 노는 장면 등

예)

만약 사자를 키울 수 있다면 나는 사자를 잘 훈련시켜서, 어디를 가든 사자 등에 타고 다니고 싶다. 사자를 타고 길거리에 나가면 사람들이 엄청 신기해할 것 같다.

생각글쓰기 내가 좋아하는 동물을 키우는 상황을 가정하여 글을 써요.

상상글 + 가정하여 쓰기: 사실이 아니거나 사실인지 아닌지 분명치 않은 것을 임시로 상상하는 방법 → 내가 좋아하는 동물을 키운다고 가정한 후, 그 상황을 상상하여 글로 써요.

제목	우리 집 토끼와 거북이
1 동물을 키우고 싶은 이유	내가 좋아하는 동물 토끼와 거북이 (을)를 키우면 어떨지 상상해 보았다. 나는 어릴 때 '토끼와 거북' 이야기를 참 좋아했다. 토끼는 예쁘고 빨라서, 거북이는 점잖고 귀여워서 계속 눈길이 갔다. 이 두 동물을 같이 키운다면 어떤 일이 일어날지 궁금하다.
2 가정 ①	토끼를 집에 풀어 놓으면 순식간에 집안을 난장판으로 만들 것이다. 그뿐 아니라, 폴짝폴짝 뛰어다니다가 거북이가 사는 수조까지 침범할 수도 있다. 그러다 물 온도 조절기를 부숴버리기라도 하면……. 결국, 거북이가 토끼를 엄청 싫어하게 될 것이다.
3 가정 ②	식사를 챙길 때도 문제다. 토끼에게는 싱싱한 채소를 먹여야 할 것이고, 거북이에게는 사료를 주어야 한다. 거북이의 수조 물도 열심히 갈아 주어야 하고, 토끼는 똥을 자주 싸니까 토끼 똥도 치워야 한다. 나는 아마 하루나 이틀 안에 몸살을 앓을 것이다.
4 마무리	토끼와 거북을 키우는 일은 분명 많이 힘들 것이다. 하지만 가끔 거실에서 달리기 시합을 시켜 보면 흥미진진할 것 같다. 또 둘을 같이 키웠을 때 둘의 관계가 어떨지 관찰하는 것도 재미있을 것 같다. 딱 일주일만 토끼와 거북을 키워 보고 싶다.

2 너

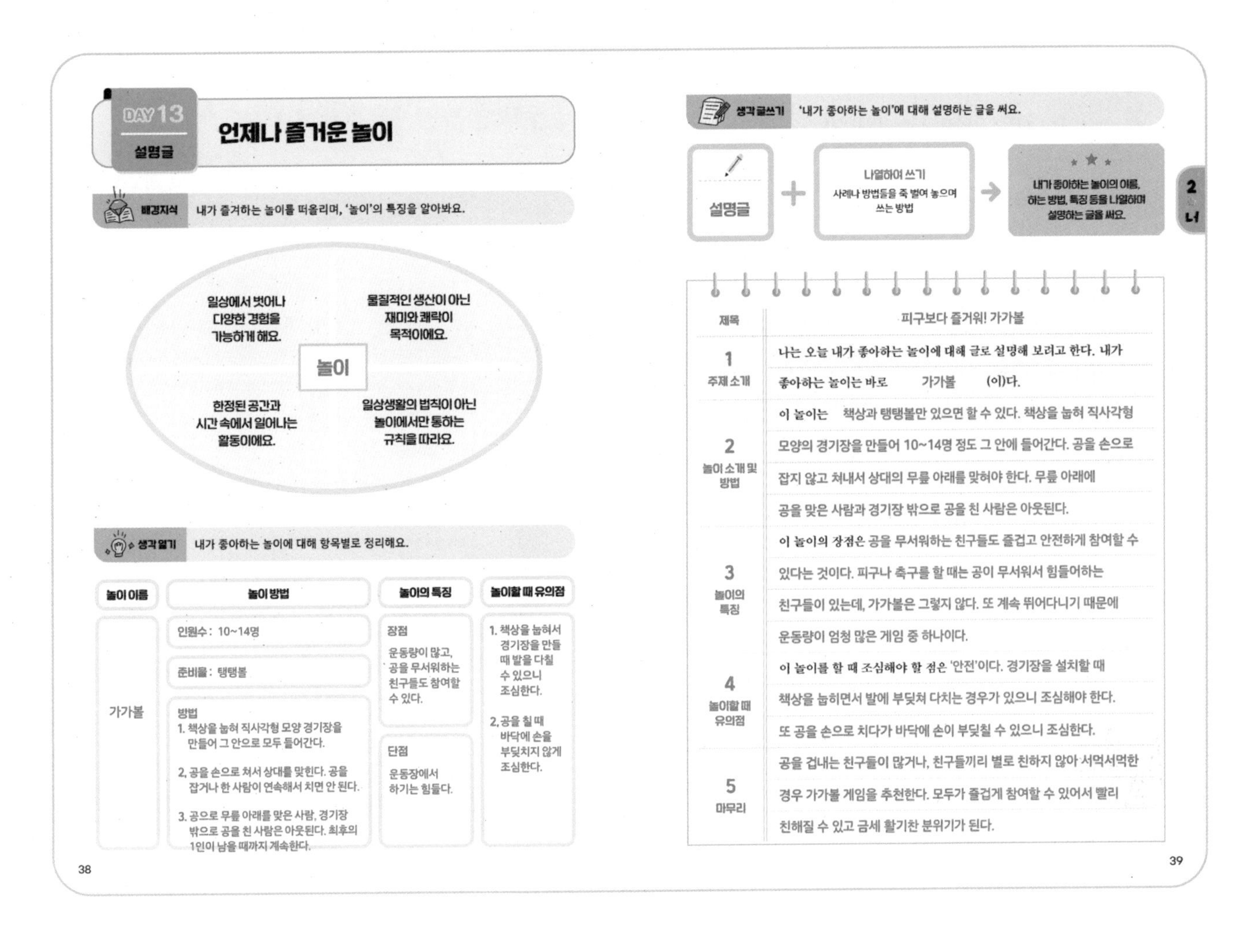

DAY 13 설명글

언제나 즐거운 놀이

배경지식 내가 즐겨하는 놀이를 떠올리며, '놀이'의 특징을 알아봐요.

놀이

- 일상에서 벗어나 다양한 경험을 가능하게 해요.
- 물질적인 생산이 아닌 재미와 쾌락이 목적이에요.
- 한정된 공간과 시간 속에서 일어나는 활동이에요.
- 일상생활의 법칙이 아닌 놀이에서만 통하는 규칙을 따라요.

생각 열기 내가 좋아하는 놀이에 대해 항목별로 정리해요.

놀이 이름	놀이 방법	놀이의 특징	놀이할 때 유의점
가가볼	인원수: 10~14명 준비물: 탱탱볼 방법 1. 책상을 눕혀 직사각형 모양 경기장을 만들어 그 안으로 모두 들어간다. 2. 공을 손으로 쳐서 상대를 맞힌다. 공을 잡거나 한 사람이 연속해서 치면 안 된다. 3. 공으로 무릎 아래를 맞은 사람, 경기장 밖으로 공을 친 사람은 아웃된다. 최후의 1인이 남을 때까지 계속한다.	장점 운동량이 많고, 공을 무서워하는 친구들도 참여할 수 있다. 단점 운동장에서 하기는 힘들다.	1. 책상을 눕혀서 경기장을 만들 때 발을 다칠 수 있으니 조심한다. 2. 공을 칠 때 바닥에 손을 부딪치지 않게 조심한다.

38

생각 글쓰기 '내가 좋아하는 놀이'에 대해 설명하는 글을 써요.

설명글 + 나열하여 쓰기: 사례나 방법들을 죽 벌여 놓으며 쓰는 방법 → 내가 좋아하는 놀이의 이름, 하는 방법, 특징 등을 나열하며 설명하는 글을 써요.

제목	피구보다 즐거워! 가가볼
1 주제 소개	나는 오늘 내가 좋아하는 놀이에 대해 글로 설명해 보려고 한다. 내가 좋아하는 놀이는 바로 가가볼 (이)다.
2 놀이 소개 및 방법	이 놀이는 책상과 탱탱볼만 있으면 할 수 있다. 책상을 눕혀 직사각형 모양의 경기장을 만들어 10~14명 정도 그 안에 들어간다. 공을 손으로 잡지 않고 쳐내서 상대의 무릎 아래를 맞혀야 한다. 무릎 아래에 공을 맞은 사람과 경기장 밖으로 공을 친 사람은 아웃된다.
3 놀이의 특징	이 놀이의 장점은 공을 무서워하는 친구들도 즐겁고 안전하게 참여할 수 있다는 것이다. 피구나 축구를 할 때는 공이 무서워서 힘들어하는 친구들이 있는데, 가가볼은 그렇지 않다. 또 계속 뛰어다니기 때문에 운동량이 엄청 많은 게임 중 하나이다.
4 놀이할 때 유의점	이 놀이를 할 때 조심해야 할 점은 '안전'이다. 경기장을 설치할 때 책상을 눕히면서 발에 부딪쳐 다치는 경우가 있으니 조심해야 한다. 또 공을 손으로 치다가 바닥에 손이 부딪칠 수 있으니 조심한다.
5 마무리	공을 겁내는 친구들이 많거나, 친구들끼리 별로 친하지 않아 서먹서먹한 경우 가가볼 게임을 추천한다. 모두가 즐겁게 참여할 수 있어서 빨리 친해질 수 있고 금세 활기찬 분위기가 된다.

39

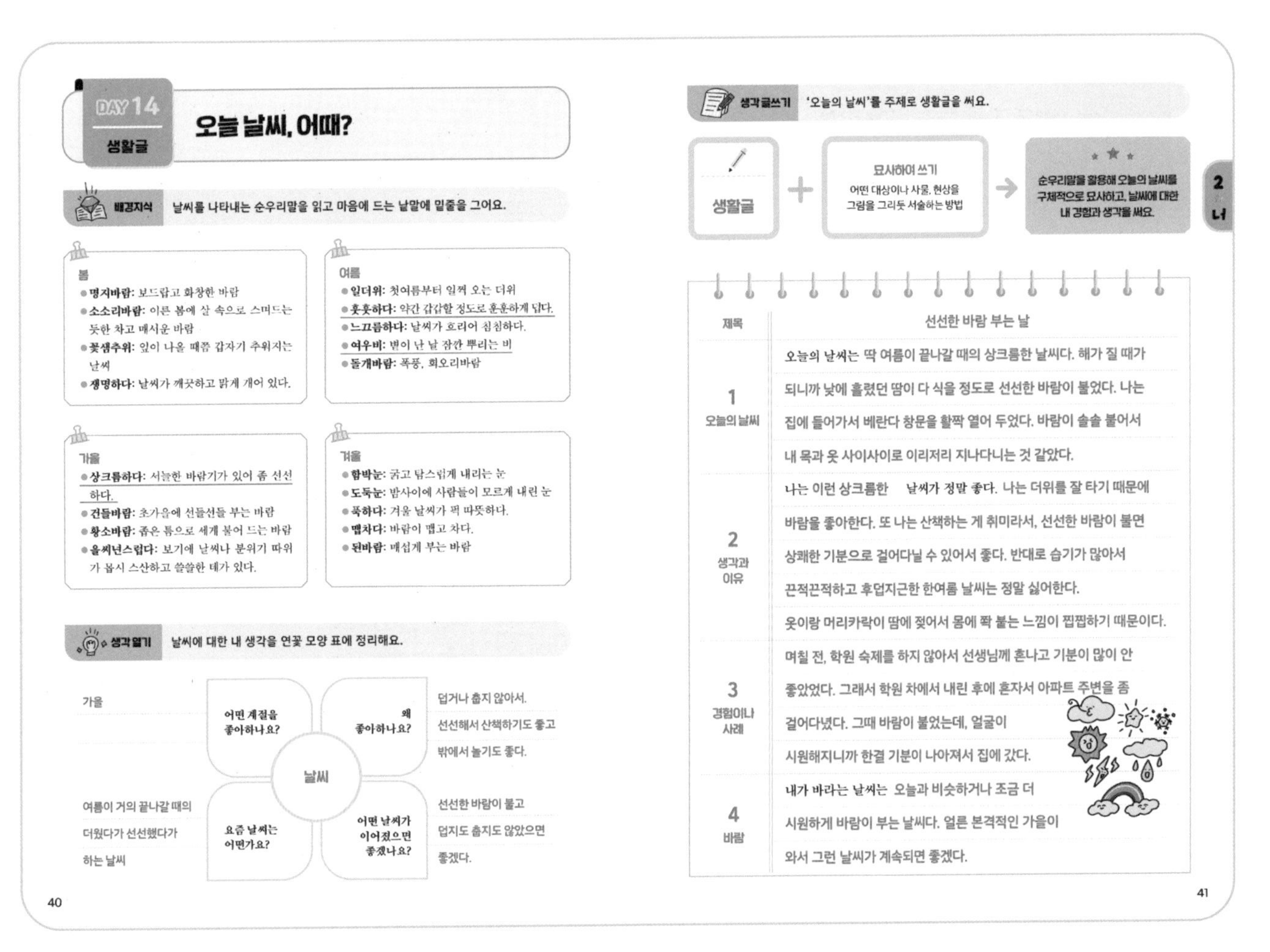

DAY 14 생활글

오늘 날씨, 어때?

배경지식 날씨를 나타내는 순우리말을 읽고 마음에 드는 낱말에 밑줄을 그어요.

봄
- **명지바람:** 보드랍고 화창한 바람
- **소소리바람:** 이른 봄에 살 속으로 스며드는 듯한 차고 매서운 바람
- **꽃샘추위:** 잎이 나올 때쯤 갑자기 추워지는 날씨
- **쟁명하다:** 날씨가 깨끗하고 밝게 개어 있다.

여름
- **일더위:** 첫여름부터 일찍 오는 더위
- **훗훗하다:** 약간 갑갑할 정도로 훈훈하게 덥다.
- **느끄름하다:** 날씨가 흐리어 침침하다.
- **여우비:** 볕이 난 날 잠깐 뿌리는 비
- **돌개바람:** 폭풍, 회오리바람

가을
- **상크름하다:** 서늘한 바람기가 있어 좀 선선하다.
- **건들바람:** 초가을에 선들선들 부는 바람
- **황소바람:** 좁은 틈으로 세게 불어 드는 바람
- **을씨년스럽다:** 보기에 날씨나 분위기 따위가 몹시 스산하고 쓸쓸한 데가 있다.

겨울
- **함박눈:** 굵고 탐스럽게 내리는 눈
- **도둑눈:** 밤사이에 사람들이 모르게 내린 눈
- **푹하다:** 겨울 날씨가 퍽 따뜻하다.
- **맵차다:** 바람이 맵고 차다.
- **된바람:** 매섭게 부는 바람

생각 열기 날씨에 대한 내 생각을 연꽃 모양 표에 정리해요.

날씨
- 어떤 계절을 좋아하나요? — 가을
- 왜 좋아하나요? — 덥거나 춥지 않아서. 선선해서 산책하기도 좋고 밖에서 놀기도 좋다.
- 요즘 날씨는 어떤가요? — 여름이 거의 끝나갈 때의 더웠다가 선선했다가 하는 날씨
- 어떤 날씨가 이어졌으면 좋겠나요? — 선선한 바람이 불고 덥지도 춥지도 않았으면 좋겠다.

40

생각 글쓰기 '오늘의 날씨'를 주제로 생활글을 써요.

생활글 + 묘사하여 쓰기: 어떤 대상이나 사물, 현상을 그림을 그리듯 서술하는 방법 → 순우리말을 활용해 오늘의 날씨를 구체적으로 묘사하고, 날씨에 대한 내 경험과 생각을 써요.

제목	선선한 바람 부는 날
1 오늘의 날씨	오늘의 날씨는 딱 여름이 끝나갈 때의 상크름한 날씨다. 해가 질 때가 되니까 낮에 흘렸던 땀이 다 식을 정도로 선선한 바람이 불었다. 나는 집에 들어가서 베란다 창문을 활짝 열어 두었다. 바람이 솔솔 불어서 내 목과 옷 사이사이로 이리저리 지나다니는 것 같았다.
2 생각과 이유	나는 이런 상크름한 날씨가 정말 좋다. 나는 더위를 잘 타기 때문에 바람을 좋아한다. 또 나는 산책하는 게 취미라서, 선선한 바람이 불면 상쾌한 기분으로 걸어다닐 수 있어서 좋다. 반대로 습기가 많아서 끈적끈적하고 후덥지근한 한여름 날씨는 정말 싫어한다. 옷이랑 머리카락이 땀에 젖어서 몸에 짝 붙는 느낌이 찝찝하기 때문이다.
3 경험이나 사례	며칠 전, 학원 숙제를 하지 않아서 선생님께 혼나고 기분이 많이 안 좋았었다. 그래서 학원 차에서 내린 후에 혼자서 아파트 주변을 좀 걸어다녔다. 그때 바람이 불었는데, 얼굴이 시원해지니까 한결 기분이 나아져서 집에 갔다.
4 바람	내가 바라는 날씨는 오늘과 비슷하거나 조금 더 시원하게 바람이 부는 날씨다. 얼른 본격적인 가을이 와서 그런 날씨가 계속되면 좋겠다.

41

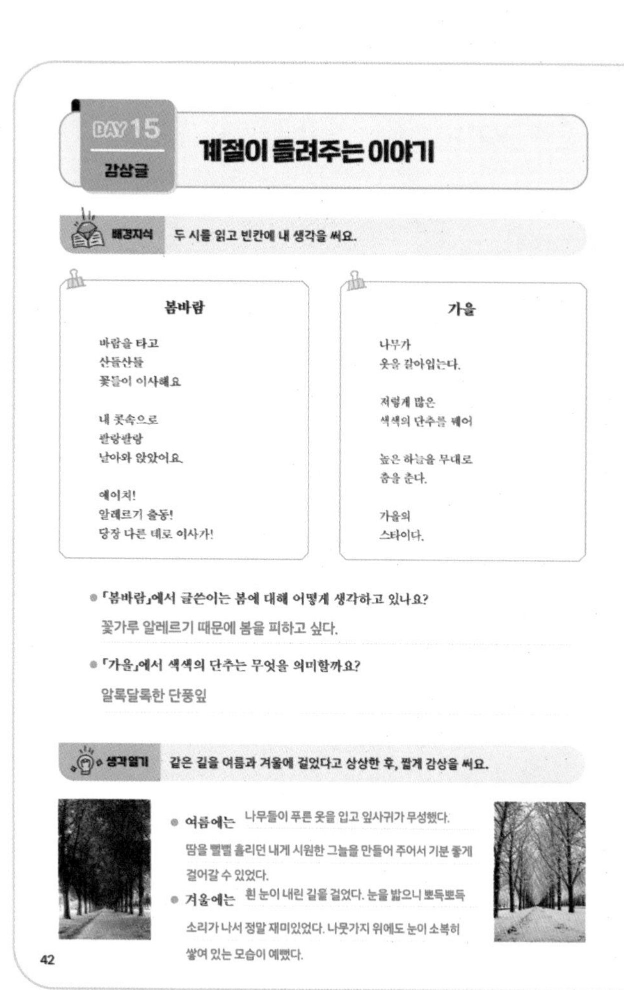

DAY 15 감상글

계절이 들려주는 이야기

배경지식 두 시를 읽고 빈칸에 내 생각을 써요.

봄바람

바람을 타고
산들산들
꽃들이 이사해요

내 콧속으로
팔랑팔랑
날아와 앉았어요.

에이치!
알레르기 출동!
당장 다른 데로 이사가!

가을

나무가
옷을 갈아입는다.

저렇게 많은
색색의 단추를 떼어

높은 하늘을 무대로
춤을 춘다.

가을의
스타이다.

- 「봄바람」에서 글쓴이는 봄에 대해 어떻게 생각하고 있나요?
  꽃가루 알레르기 때문에 봄을 피하고 싶다.
- 「가을」에서 색색의 단추는 무엇을 의미할까요?
  알록달록한 단풍잎

생각열기 같은 길을 여름과 겨울에 걸었다고 상상한 후, 짧게 감상을 써요.

- 여름에는 나무들이 푸른 옷을 입고 잎사귀가 무성했다. 땀을 뻘뻘 흘리던 내게 시원한 그늘을 만들어 주어서 기분 좋게 걸어갈 수 있었다.
- 겨울에는 흰 눈이 내린 길을 걸었다. 눈을 밟으니 뽀득뽀득 소리가 나서 정말 재미있었다. 나뭇가지 위에도 눈이 소복히 쌓여 있는 모습이 예뻤다.

42

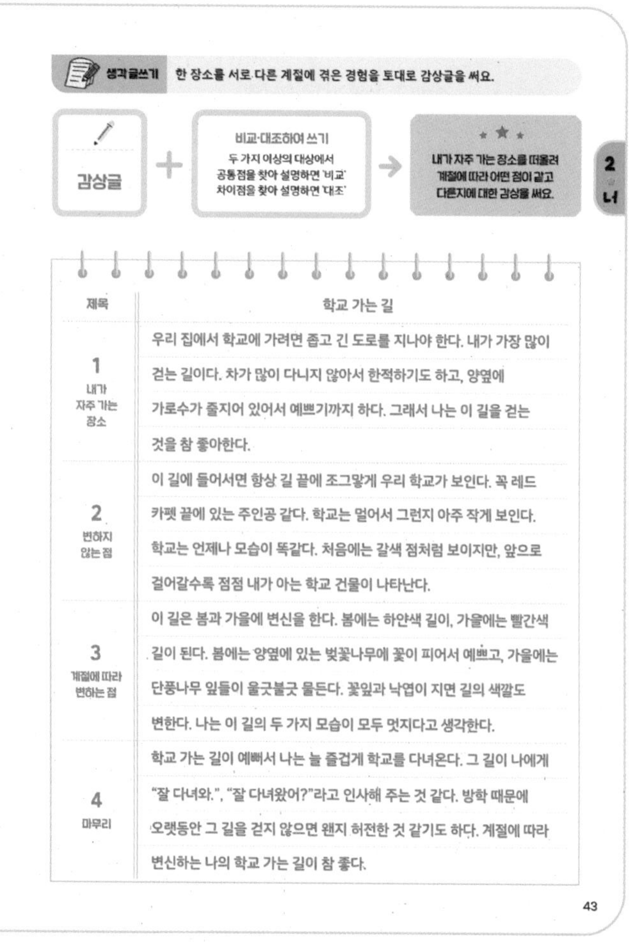

생각글쓰기 한 장소를 서로 다른 계절에 겪은 경험을 토대로 감상글을 써요.

감상글 + 비교·대조하여 쓰기: 두 가지 이상의 대상에서 공통점을 찾아 설명하면 '비교' 차이점을 찾아 설명하면 '대조' → 내가 자주 가는 장소를 떠올려 계절에 따라 어떤 점이 같고 다른지에 대한 감상을 써요.

제목	학교 가는 길
1 내가 자주 가는 장소	우리 집에서 학교에 가려면 좁고 긴 도로를 지나야 한다. 내가 가장 많이 걷는 길이다. 차가 많이 다니지 않아서 한적하기도 하고, 양옆에 가로수가 줄지어 있어서 예쁘기까지 하다. 그래서 나는 이 길을 걷는 것을 참 좋아한다.
2 변하지 않는 점	이 길에 들어서면 항상 길 끝에 조그맣게 우리 학교가 보인다. 꼭 레드 카펫 끝에 있는 주인공 같다. 학교는 멀어서 그런지 아주 작게 보인다. 학교는 언제나 모습이 똑같다. 처음에는 갈색 점처럼 보이지만, 앞으로 걸어갈수록 점점 내가 아는 학교 건물이 나타난다.
3 계절에 따라 변하는 점	이 길은 봄과 가을에 변신을 한다. 봄에는 하얀색 길이, 가을에는 빨간색 길이 된다. 봄에는 양옆에 있는 벚꽃나무에 꽃이 피어서 예쁘고, 가을에는 단풍나무 잎들이 울긋불긋 물든다. 꽃잎과 낙엽이 지면 길의 색깔도 변한다. 나는 이 길의 두 가지 모습이 모두 멋지다고 생각한다.
4 마무리	학교 가는 길이 예뻐서 나는 늘 즐겁게 학교를 다녀온다. 그 길이 나에게 "잘 다녀와.", "잘 다녀왔어?"라고 인사해 주는 것 같다. 방학 때문에 오랫동안 그 길을 걷지 않으면 왠지 허전한 것 같기도 하다. 계절에 따라 변신하는 나의 학교 가는 길이 참 좋다.

43

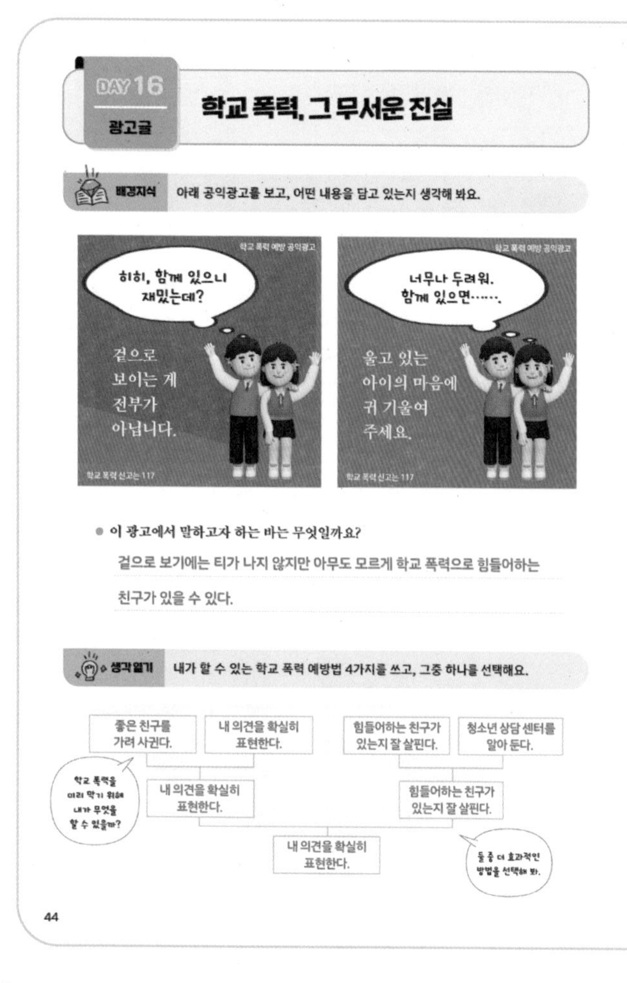

DAY 16 광고글

학교 폭력, 그 무서운 진실

배경지식 아래 공익광고를 보고, 어떤 내용을 담고 있는지 생각해 봐요.

- 이 광고에서 말하고자 하는 바는 무엇일까요?
  겉으로 보기에는 티가 나지 않지만 아무도 모르게 학교 폭력으로 힘들어하는 친구가 있을 수 있다.

생각열기 내가 할 수 있는 학교 폭력 예방법 4가지를 쓰고, 그중 하나를 선택해요.

좋은 친구를 가려 사귄다. / 내 의견을 확실히 표현한다. / 힘들어하는 친구가 있는지 잘 살핀다. / 청소년 상담 센터를 알아 둔다.

내 의견을 확실히 표현한다. / 힘들어하는 친구가 있는지 잘 살핀다.

내 의견을 확실히 표현한다.

학교 폭력을 미리 막기 위해 내가 무엇을 할 수 있을까? / 둘 중 더 효과적인 방법을 선택해 봐.

44

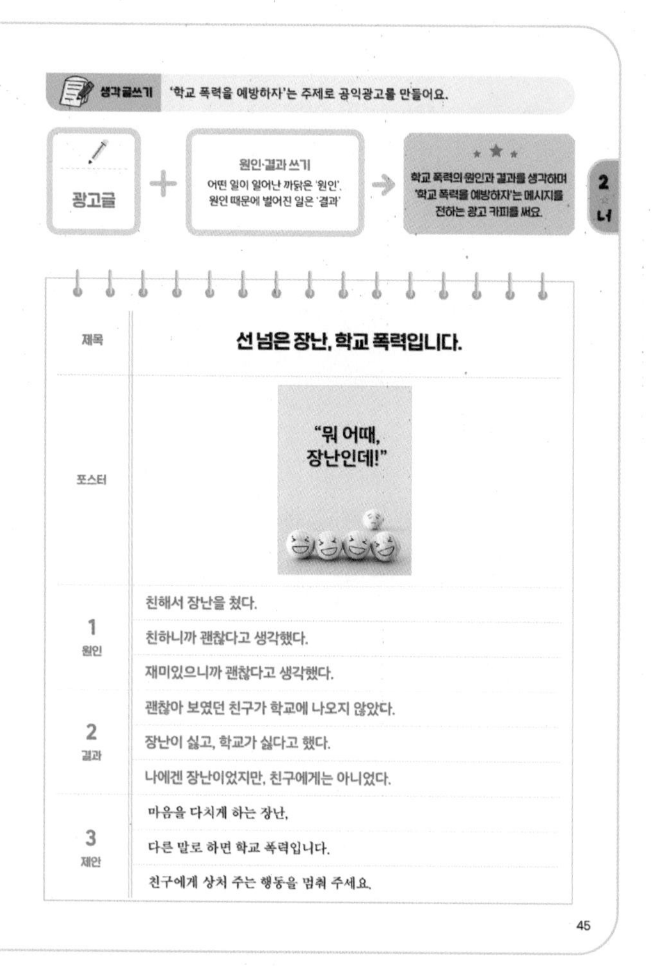

생각글쓰기 '학교 폭력을 예방하자'는 주제로 공익광고를 만들어요.

광고글 + 원인·결과 쓰기: 어떤 일이 일어난 까닭은 '원인', 원인 때문에 벌어진 일은 '결과' → 학교 폭력의 원인과 결과를 생각하며 '학교 폭력을 예방하자'는 메시지를 전하는 광고 카피를 써요.

제목	선 넘은 장난, 학교 폭력입니다.
포스터	"뭐 어때, 장난인데!"
1 원인	친해서 장난을 쳤다. 친하니까 괜찮다고 생각했다. 재미있으니까 괜찮다고 생각했다.
2 결과	괜찮아 보였던 친구가 학교에 나오지 않았다. 장난이 싫고, 학교가 싫다고 했다. 나에겐 장난이었지만, 친구에게는 아니었다.
3 제안	마음을 다치게 하는 장난, 다른 말로 하면 학교 폭력입니다. 친구에게 상처 주는 행동을 멈춰 주세요.

45

DAY 17 시나리오

재치 넘치는 거짓말

배경지식 아래 이야기를 읽으며 조성찬의 거짓말을 모두 찾아 밑줄을 그어요.

거짓말로 사위 된 이야기

옛날에 무남독녀 외동딸을 둔 부자 노벽수가, "거짓말 세 마디를 모두 합격하는 사람을 사위 삼겠다"고 공표했다. 수많은 사람들이 찾아와 거짓말을 했지만 노씨는 항상 세 번째 거짓말에서 "그것은 참말이다." 하며 모조리 쫓아냈다. 그렇게 시간이 흘러 예비 사윗감들의 발걸음도 뚝 끊긴 어느 날, 초라한 행색의 조성찬이라는 청년이 노씨네 대문을 힘차게 두드렸다.

그리고는 뒤뜰 개집 앞에서 첫 번째 거짓말로, "저희 집에 작은 개가 하나 있는데, 그 녀석은 '멍멍!'이 아니라 '야옹~' 하고 운답니다."

앞마당에서 두 번째 거짓말로 "오늘 아침 앞마당에 까치가 '짹짹짹' 울지 뭡니까?"

곳간에서 세 번째 거짓말로, "저희 할아버님께서 옛적에 금강산에 박을 하나 심었는데, 열린 박이 어찌나 큰지 그 박을 파 쌀 삼천 석을 넣어 산에서 굴렸는데, 그게 어르신 댁으로 굴러 들어가 예전 어르신의 할아버님께서 받으셨던 일이 있답니다."라는 것이 아닌가.

세 번째 거짓말을 들은 노벽수는 고민에 빠졌다. '허허, 어쩐다. 이게 참말이면 그 삼천 석을 이자 쳐서 돌려달라 할 게 아닌가?' 결국 조성찬은 세 가지 거짓말을 모두 통과하여 노벽수의 딸과 결혼하게 되었다.

생각열기 위 이야기의 흐름을 장소별로 나누어 표에 정리해요.

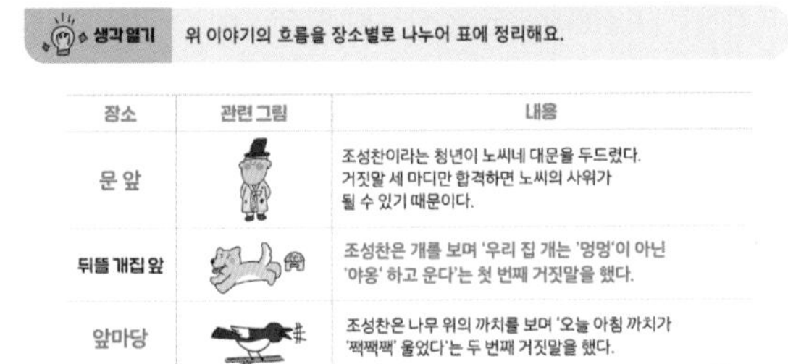

장소	관련 그림	내용
문 앞		조성찬이라는 청년이 노씨네 대문을 두드렸다. 거짓말 세 마디만 합격하면 노씨의 사위가 될 수 있기 때문이다.
뒤뜰 개집 앞		조성찬은 개를 보며 '우리 집 개는 '멍멍'이 아닌 '야옹' 하고 운다'는 첫 번째 거짓말을 했다.
앞마당		조성찬은 나무 위의 까치를 보며 '오늘 아침 까치가 '짹짹짹' 울었다'는 두 번째 거짓말을 했다.
곳간		조성찬은 곳간의 쌀을 보고 '나의 할아버지가 박에 넣어 굴린 쌀을 노벽수의 할아버지가 받은 것이다'라는 세 번째 거짓말을 했다. 노벽수는 이것을 참말이라고 하면 그 쌀을 돌려주어야 했으므로, 조성찬을 사위로 삼았다.

생각글쓰기 '거짓말로 사위 된 이야기'로 연극 시나리오를 써요.

시나리오 + 장소 이동에 따라 쓰기: 장소의 이동에 따라 있었던 일을 죽 쓰는 방법 → 이야기 속 장소의 이동에 따라 벌어지는 일을 지문과 대사로 재구성하여 연극 대본을 써요.

<거짓말로 사위 된 이야기> 연극 대본

해설	부자 노벽수는 딸이 시집갈 나이가 되자, "거짓말 세 가지를 합격한 사람을 사위 삼겠다."고 말했어요. 수많은 사람 중 통과한 자는 아무도 없었지요. 어느 날, 허름한 차림의 한 청년이 대문을 두드렸어요.
#1 뒤뜰 개집 앞	조성찬: (뒤뜰로 걸어가 개를 가리키며) 저희 집에도 저만큼 작은 개가 하나 있는데, 그 녀석이 '멍멍!' 하고 짖는 것이 아니라 '야옹~' 하고 운답니다. 참 신기한 노릇이지요?
	노벽수: 허허, 말도 안 되네. 어찌 개가 고양이처럼 짖는단 말인가? 좋아, 첫 번째 거짓말은 통과했네.
#2 앞마당	조성찬: (앞마당 나무 위의 까치를 가리키며) 오늘 아침 제가 길을 나서는데, 앞마당의 까치가 '짹짹짹' 하고 울지 뭡니까?
	노벽수: (기가 막힌 표정으로) 허, 어이 없군. 세상에 어느 까치가 참새 울음 소리를 내는가? 그래, 두 번째 거짓말도 합격이야.
#3 곳간	조성찬: (곳간 앞에 서서) 저희 할아버님께서 박에 쌀을 넣어 굴리셨는데, 글쎄 그 박이 이 곳간으로 들어와 어르신의 할아버님께서 받으셨다지요?
	노벽수: (곤란한 표정으로) 에잇! 이 사람아. 그런 거짓말이 어디 있나? 내 할아버님께서 굴러온 쌀을 받으신 일은 절대 없네.
해설	그렇게 재치로 시험을 통과한 조성찬은 노벽수의 사위가 되어, 노벽수의 딸과 오래도록 행복하게 살았답니다.

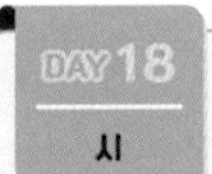

DAY 18 시

네게 듣고 싶은 말

배경지식 말과 관련된 사자성어와 속담을 읽고 의미를 생각해 봐요.

청산유수(青山流水)
'푸른 산에 흐르는 맑은 물'이라는 뜻으로, 막힘없이 썩 잘하는 말.

감언이설(甘言利說)
'달콤한 말과 이(利)로운 이야기'라는 뜻으로, 남의 비위에 맞도록 꾸민 말.

삼사일언(三思一言)
'세 번 생각하고 한번 말한다'라는 뜻으로, 신중히 말해야 함을 의미한다.

가는 말이 고와야 오는 말이 곱다.
남에게 말이나 행동을 좋게 해야 남도 자기에게 좋게 한다.

가루는 칠수록 고와지고 말은 할수록 거칠어진다.
말이 길어지면 시비, 다툼으로 이어질 수 있다.

같은 말이라도 아 다르고 어 다르다.
비슷한 말이라도 말하는 방식에 따라 달라질 수 있다.

● 아래 낱말 중 3개를 골라 '말'에 대한 문장을 만들어요.

기분 감언이설  배려  마음 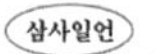 삼사일언 대화

우리는 늘 상대를 배려하는 마음으로 삼사일언하는 습관을 가져야 한다.

생각열기 내가 말에 대해 갖고 있는 생각을 3가지 내용으로 분석해요.

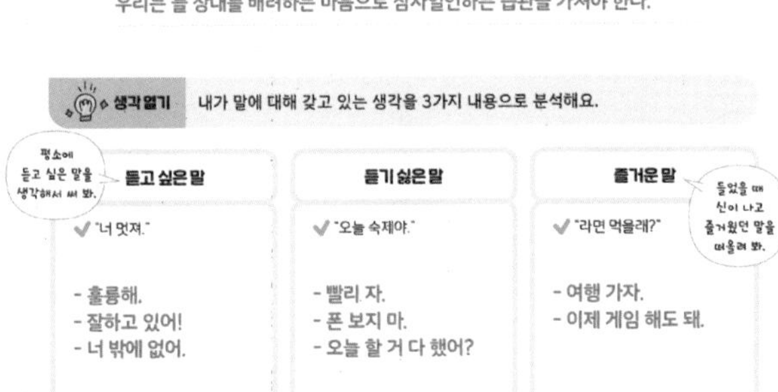

평소에 듣고 싶은 말을 생각해서 써 봐.

듣고 싶은 말	듣기 싫은 말	즐거운 말
✔ "너 멋져."	✔ "오늘 숙제야."	✔ "라면 먹을래?"
- 훌륭해. - 잘하고 있어! - 너 밖에 없어.	- 빨리 자. - 폰 보지 마. - 오늘 할 거 다 했어?	- 여행 가자. - 이제 게임 해도 돼.

들었을 때 신이 나고 즐거웠던 말을 떠올려 봐.

생각글쓰기 '듣고 싶은 말'을 주제로 시를 써요.

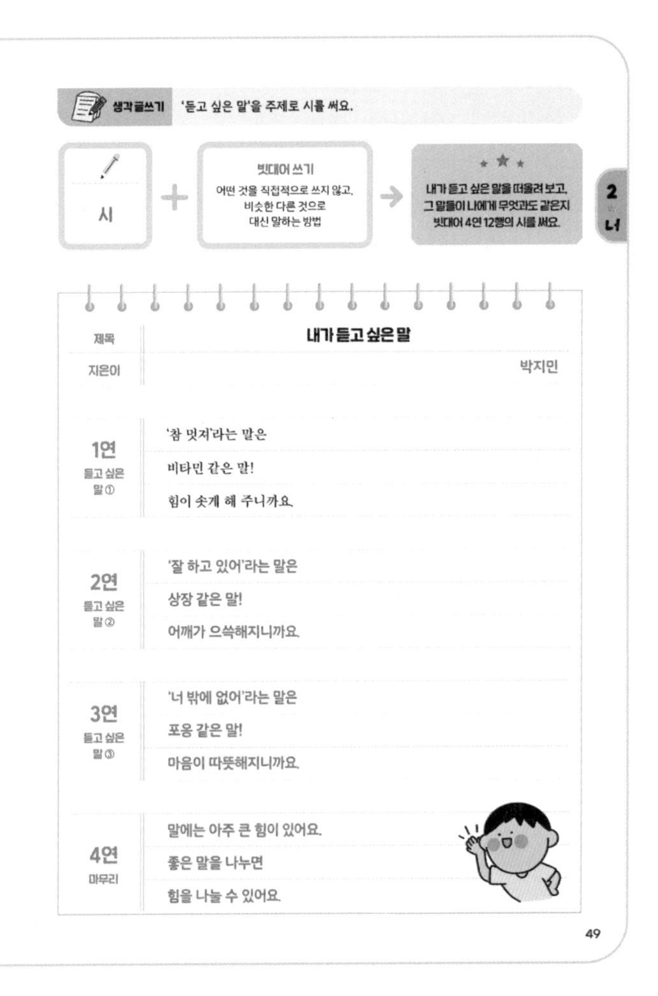

시 + 빗대어 쓰기: 어떤 것을 직접적으로 쓰지 않고, 비슷한 다른 것으로 대신 말하는 방법 → 내가 듣고 싶은 말을 떠올려 보고, 그 말들이 나에게 무엇과도 같은지 빗대어 4연 12행의 시를 써요.

제목	내가 듣고 싶은 말
지은이	박지민
1연 듣고 싶은 말 ①	'참 멋져'라는 말은 비타민 같은 말! 힘이 솟게 해 주니까요.
2연 듣고 싶은 말 ②	'잘 하고 있어'라는 말은 상장 같은 말! 어깨가 으쓱해지니까요.
3연 듣고 싶은 말 ③	'너 밖에 없어'라는 말은 포옹 같은 말! 마음이 따뜻해지니까요.
4연 마무리	말에는 아주 큰 힘이 있어요. 좋은 말을 나누면 힘을 나눌 수 있어요.

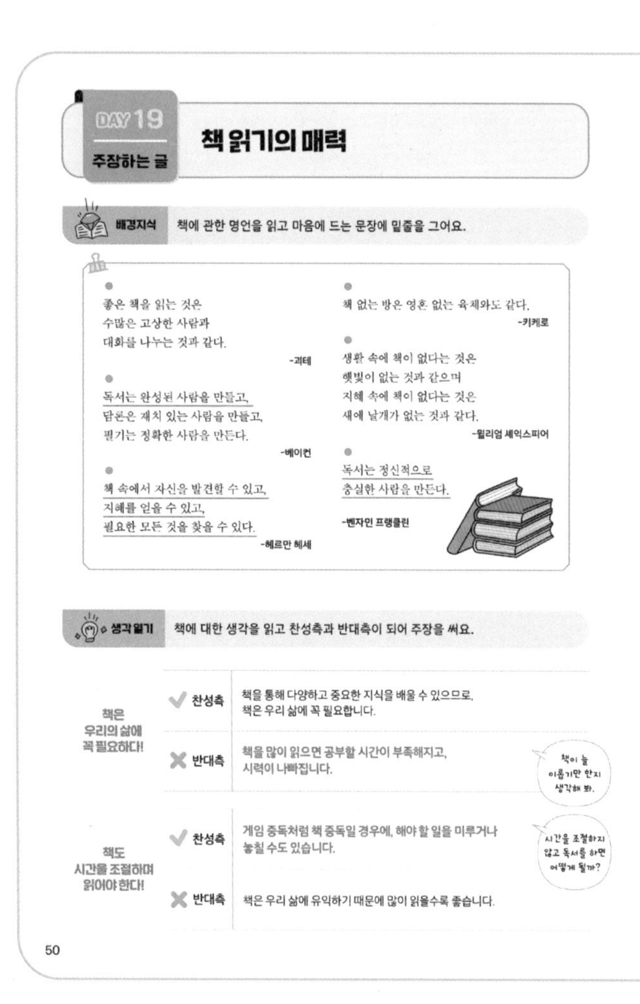

DAY 19

주장하는 글

책 읽기의 매력

배경지식 책에 관한 명언을 읽고 마음에 드는 문장에 밑줄을 그어요.

좋은 책을 읽는 것은
수많은 고상한 사람과
대화를 나누는 것과 같다.
-괴테

독서는 완성된 사람을 만들고,
담론은 재치 있는 사람을 만들고,
필기는 정확한 사람을 만든다.
-베이컨

책 속에서 자신을 발견할 수 있고,
지혜를 얻을 수 있고,
필요한 모든 것을 찾을 수 있다.
-헤르만 헤세

책 없는 방은 영혼 없는 육체와도 같다.
-키케로

생활 속에 책이 없다는 것은
햇빛이 없는 것과 같으며
지혜 속에 책이 없다는 것은
새에 날개가 없는 것과 같다.
-윌리엄 셰익스피어

독서는 정신적으로
충실한 사람을 만든다.
-벤자민 프랭클린

생각 열기 책에 대한 생각을 읽고 찬성측과 반대측이 되어 주장을 써요.

책은 우리의 삶에 꼭 필요하다!	✔ 찬성측	책을 통해 다양하고 중요한 지식을 배울 수 있으므로, 책은 우리 삶에 꼭 필요합니다.
	✖ 반대측	책을 많이 읽으면 공부할 시간이 부족해지고, 시력이 나빠집니다.
책도 시간을 조절하며 읽어야 한다!	✔ 찬성측	게임 중독처럼 책 중독일 경우에, 해야 할 일을 미루거나 놓칠 수도 있습니다.
	✖ 반대측	책은 우리 삶에 유익하기 때문에 많이 읽을수록 좋습니다.

책이 늘 이롭기만 한지 생각해 봐.

시간을 조절하지 않고 독서를 하면 어떻게 될까?

50

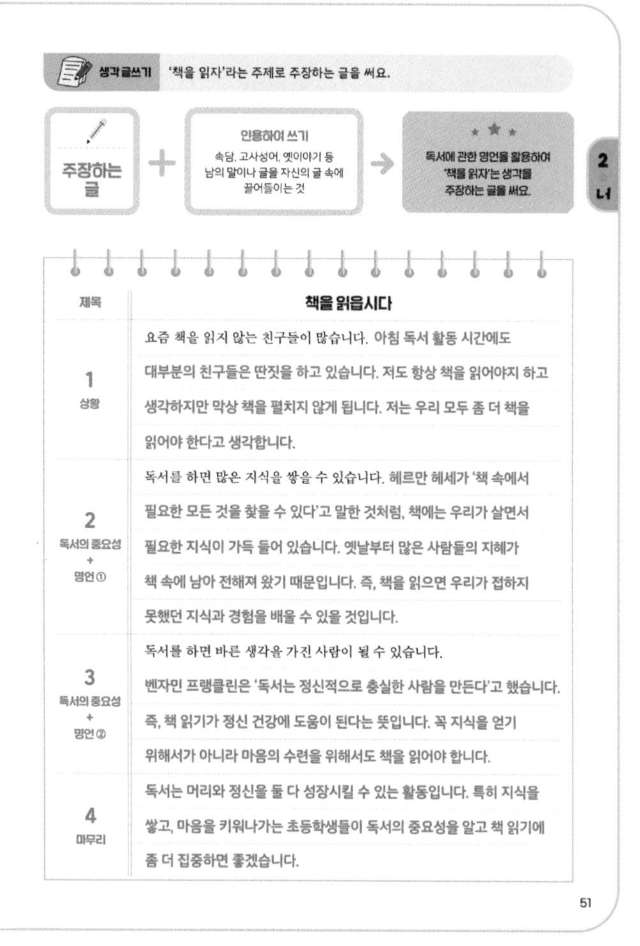

생각 글쓰기 '책을 읽자'라는 주제로 주장하는 글을 써요.

주장하는 글 + 인용하여 쓰기: 속담, 고사성어, 옛이야기 등 남의 말이나 글을 자신의 글 속에 끌어들이는 것 → 독서에 관한 명언을 활용하여 '책을 읽자'는 생각을 주장하는 글을 써요.

제목	책을 읽읍시다
1 상황	요즘 책을 읽지 않는 친구들이 많습니다. 아침 독서 활동 시간에도 대부분의 친구들은 딴짓을 하고 있습니다. 저도 항상 책을 읽어야지 하고 생각하지만 막상 책을 펼치지 않게 됩니다. 저는 우리 모두 좀 더 책을 읽어야 한다고 생각합니다.
2 독서의 중요성 + 명언①	독서를 하면 많은 지식을 쌓을 수 있습니다. 헤르만 헤세가 '책 속에서 필요한 모든 것을 찾을 수 있다'고 말한 것처럼, 책에는 우리가 살면서 필요한 지식이 가득 들어 있습니다. 옛날부터 많은 사람들의 지혜가 책 속에 남아 전해져 왔기 때문입니다. 즉, 책을 읽으면 우리가 접하지 못했던 지식과 경험을 배울 수 있을 것입니다.
3 독서의 중요성 + 명언②	독서를 하면 바른 생각을 가진 사람이 될 수 있습니다. 벤자민 프랭클린은 '독서는 정신적으로 충실한 사람을 만든다'고 했습니다. 즉, 책 읽기가 정신 건강에 도움이 된다는 뜻입니다. 꼭 지식을 얻기 위해서가 아니라 마음의 수련을 위해서도 책을 읽어야 합니다.
4 마무리	독서는 머리와 정신을 둘 다 성장시킬 수 있는 활동입니다. 특히 지식을 쌓고, 마음을 키워나가는 초등학생들이 독서의 중요성을 알고 책 읽기에 좀 더 집중하면 좋겠습니다.

2 나

51

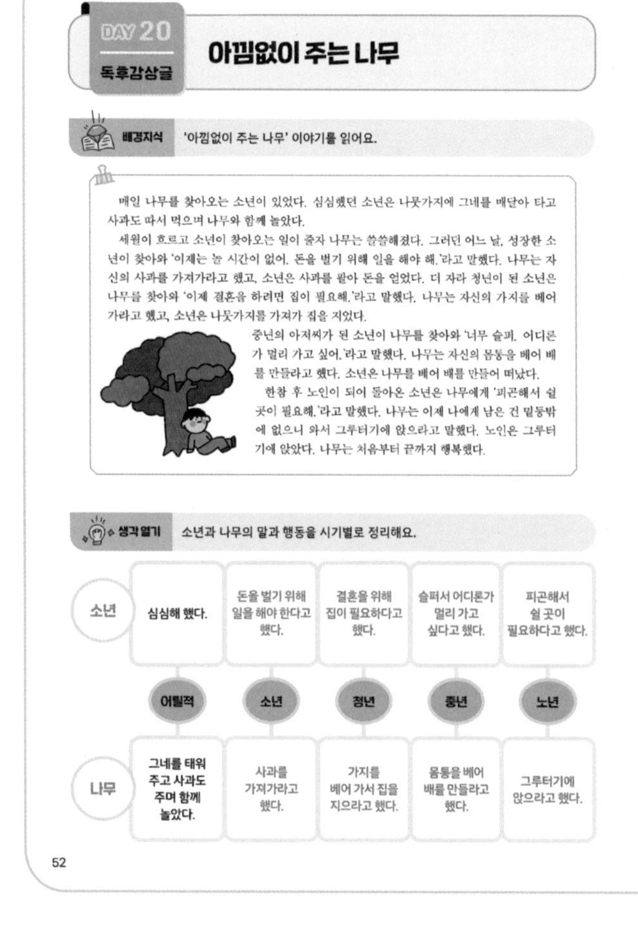

DAY 20

독후감상글

아낌없이 주는 나무

배경지식 '아낌없이 주는 나무' 이야기를 읽어요.

매일 나무를 찾아오는 소년이 있었다. 심심했던 소년은 나뭇가지에 그네를 매달아 타고 사과도 따서 먹으며 나무와 함께 놀았다.

세월이 흐르고 소년이 찾아오는 일이 줄자 나무는 쓸쓸해졌다. 그러던 어느 날, 성장한 소년이 찾아와 '이제는 놀 시간이 없어. 돈을 벌기 위해 일을 해야 해.'라고 말했다. 나무는 자신의 사과를 가져가라고 했고, 소년은 사과를 팔아 돈을 얻었다. 더 자라 청년이 된 소년은 나무를 찾아와 '이제 결혼을 하려면 집이 필요해.'라고 말했다. 나무는 자신의 가지를 베어 가라고 했고, 소년은 나뭇가지를 가져가 집을 지었다.

중년의 아저씨가 된 소년이 나무를 찾아와 '너무 슬퍼. 어디론가 멀리 가고 싶어.'라고 말했다. 나무는 자신의 몸통을 베어 배를 만들라고 했다. 소년은 나무를 베어 배를 만들어 떠났다.

한참 후 노인이 되어 돌아온 소년은 나무에게 '피곤해서 쉴 곳이 필요해.'라고 말했다. 나무는 이제 나에게 남은 건 밑동밖에 없으니 와서 그루터기에 앉으라고 말했다. 노인은 그루터기에 앉았다. 나무는 처음부터 끝까지 행복했다.

생각 열기 소년과 나무의 말과 행동을 시기별로 정리해요.

	어릴 적	소년	청년	중년	노년
소년	심심해 했다.	돈을 벌기 위해 일을 해야 한다고 했다.	결혼을 위해 집이 필요하다고 했다.	슬퍼서 어디론가 멀리 가고 싶다고 했다.	피곤해서 쉴 곳이 필요하다고 했다.
나무	그네를 태워 주고 사과도 주며 함께 놀았다.	사과를 가져가라고 했다.	가지를 베어 가서 집을 지으라고 했다.	몸통을 베어 배를 만들라고 했다.	그루터기에 앉으라고 했다.

52

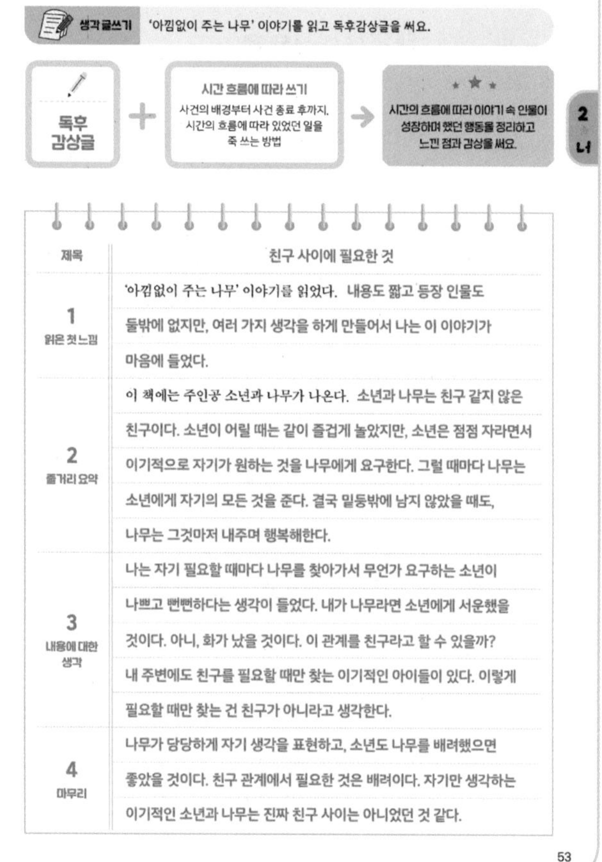

생각 글쓰기 '아낌없이 주는 나무' 이야기를 읽고 독후감상글을 써요.

독후감상글 + 시간 흐름에 따라 쓰기: 사건의 배경부터 사건 종료 후까지, 시간의 흐름에 따라 있었던 일을 죽 쓰는 방법 → 시간의 흐름에 따라 이야기 속 인물이 성장하며 했던 행동을 정리하고 느낀 점과 감상을 써요.

제목	친구 사이에 필요한 것
1 읽은 첫 느낌	'아낌없이 주는 나무' 이야기를 읽었다. 내용도 짧고 등장 인물도 둘밖에 없지만, 여러 가지 생각을 하게 만들어서 나는 이 이야기가 마음에 들었다.
2 줄거리 요약	이 책에는 주인공 소년과 나무가 나온다. 소년과 나무는 친구 같지 않은 친구이다. 소년이 어릴 때는 같이 즐겁게 놀았지만, 소년은 점점 자라면서 이기적으로 자기가 원하는 것을 나무에게 요구한다. 그럴 때마다 나무는 소년에게 자기의 모든 것을 준다. 결국 밑동밖에 남지 않았을 때도, 나무는 그것마저 내주며 행복해한다.
3 내용에 대한 생각	나는 자기 필요할 때마다 나무를 찾아가서 무언가 요구하는 소년이 나쁘고 뻔뻔하다는 생각이 들었다. 내가 나무라면 소년에게 서운했을 것이다. 아니, 화가 났을 것이다. 이 관계를 친구라고 할 수 있을까? 내 주변에도 친구를 필요할 때만 찾는 이기적인 아이들이 있다. 이렇게 필요할 때만 찾는 건 친구가 아니라고 생각한다.
4 마무리	나무가 당당하게 자기 생각을 표현하고, 소년도 나무를 배려했으면 좋았을 것이다. 친구 관계에서 필요한 것은 배려이다. 자기만 생각하는 이기적인 소년과 나무는 진짜 친구 사이는 아니었던 것 같다.

2 나

53

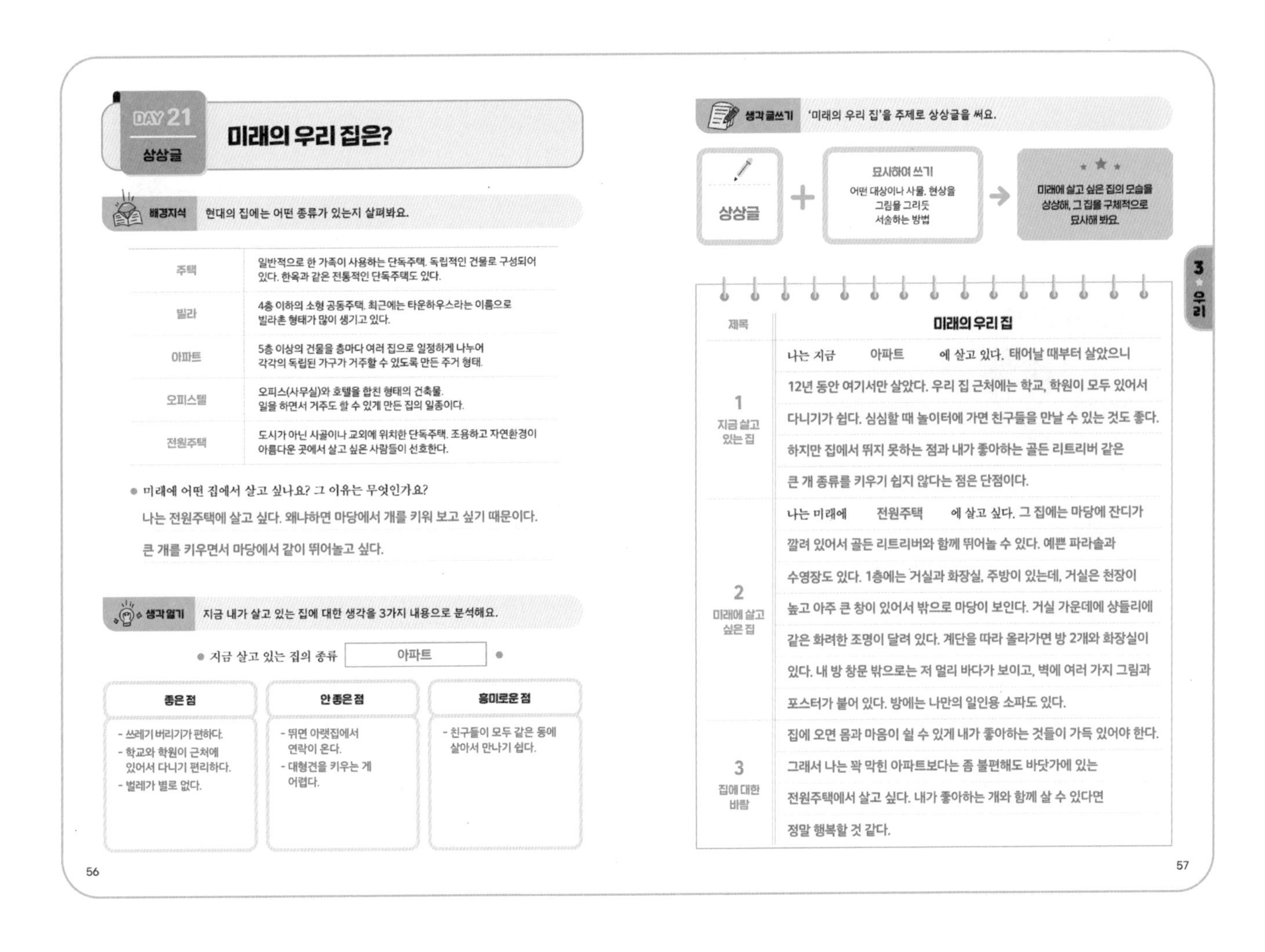

DAY 21
상상글

미래의 우리 집은?

배경지식 현대의 집에는 어떤 종류가 있는지 살펴봐요.

주택	일반적으로 한 가족이 사용하는 단독주택. 독립적인 건물로 구성되어 있다. 한옥과 같은 전통적인 단독주택도 있다.
빌라	4층 이하의 소형 공동주택. 최근에는 타운하우스라는 이름으로 빌라촌 형태가 많이 생기고 있다.
아파트	5층 이상의 건물을 층마다 여러 집으로 일정하게 나누어 각각의 독립된 가구가 거주할 수 있도록 만든 주거 형태.
오피스텔	오피스(사무실)와 호텔을 합친 형태의 건축물. 일을 하면서 거주도 할 수 있게 만든 집의 일종이다.
전원주택	도시가 아닌 시골이나 교외에 위치한 단독주택. 조용하고 자연환경이 아름다운 곳에서 살고 싶은 사람들이 선호한다.

● 미래에 어떤 집에서 살고 싶나요? 그 이유는 무엇인가요?

나는 전원주택에 살고 싶다. 왜냐하면 마당에서 개를 키워 보고 싶기 때문이다.

큰 개를 키우면서 마당에서 같이 뛰어놀고 싶다.

생각열기 지금 내가 살고 있는 집에 대한 생각을 3가지 내용으로 분석해요.

● 지금 살고 있는 집의 종류 아파트

좋은 점	안 좋은 점	흥미로운 점
- 쓰레기 버리기가 편하다. - 학교와 학원이 근처에 있어서 다니기 편리하다. - 벌레가 별로 없다.	- 뛰면 아랫집에서 연락이 온다. - 대형견을 키우는 게 어렵다.	- 친구들이 모두 같은 동에 살아서 만나기 쉽다.

56

생각글쓰기 '미래의 우리 집'을 주제로 상상글을 써요.

상상글 + 묘사하여 쓰기: 어떤 대상이나 사물, 현상을 그림을 그리듯 서술하는 방법 → 미래에 살고 싶은 집의 모습을 상상해, 그 집을 구체적으로 묘사해 봐요.

제목	미래의 우리 집
1 지금 살고 있는 집	나는 지금 아파트 에 살고 있다. 태어날 때부터 살았으니 12년 동안 여기서만 살았다. 우리 집 근처에는 학교, 학원이 모두 있어서 다니기가 쉽다. 심심할 때 놀이터에 가면 친구들을 만날 수 있는 것도 좋다. 하지만 집에서 뛰지 못하는 점과 내가 좋아하는 골든 리트리버 같은 큰 개 종류를 키우기 쉽지 않다는 점은 단점이다.
2 미래에 살고 싶은 집	나는 미래에 전원주택 에 살고 싶다. 그 집에는 마당에 잔디가 깔려 있어서 골든 리트리버와 함께 뛰어놀 수 있다. 예쁜 파라솔과 수영장도 있다. 1층에는 거실과 화장실, 주방이 있는데, 거실은 천장이 높고 아주 큰 창이 있어서 밖으로 마당이 보인다. 거실 가운데에 샹들리에 같은 화려한 조명이 달려 있다. 계단을 따라 올라가면 방 2개와 화장실이 있다. 내 방 창문 밖으로는 저 멀리 바다가 보이고, 벽에 여러 가지 그림과 포스터가 붙어 있다. 방에는 나만의 일인용 소파도 있다.
3 집에 대한 바람	집에 오면 몸과 마음이 쉴 수 있게 내가 좋아하는 것들이 가득 있어야 한다. 그래서 나는 꽉 막힌 아파트보다는 좀 불편해도 바닷가에 있는 전원주택에서 살고 싶다. 내가 좋아하는 개와 함께 살 수 있다면 정말 행복할 것 같다.

3 우리

57

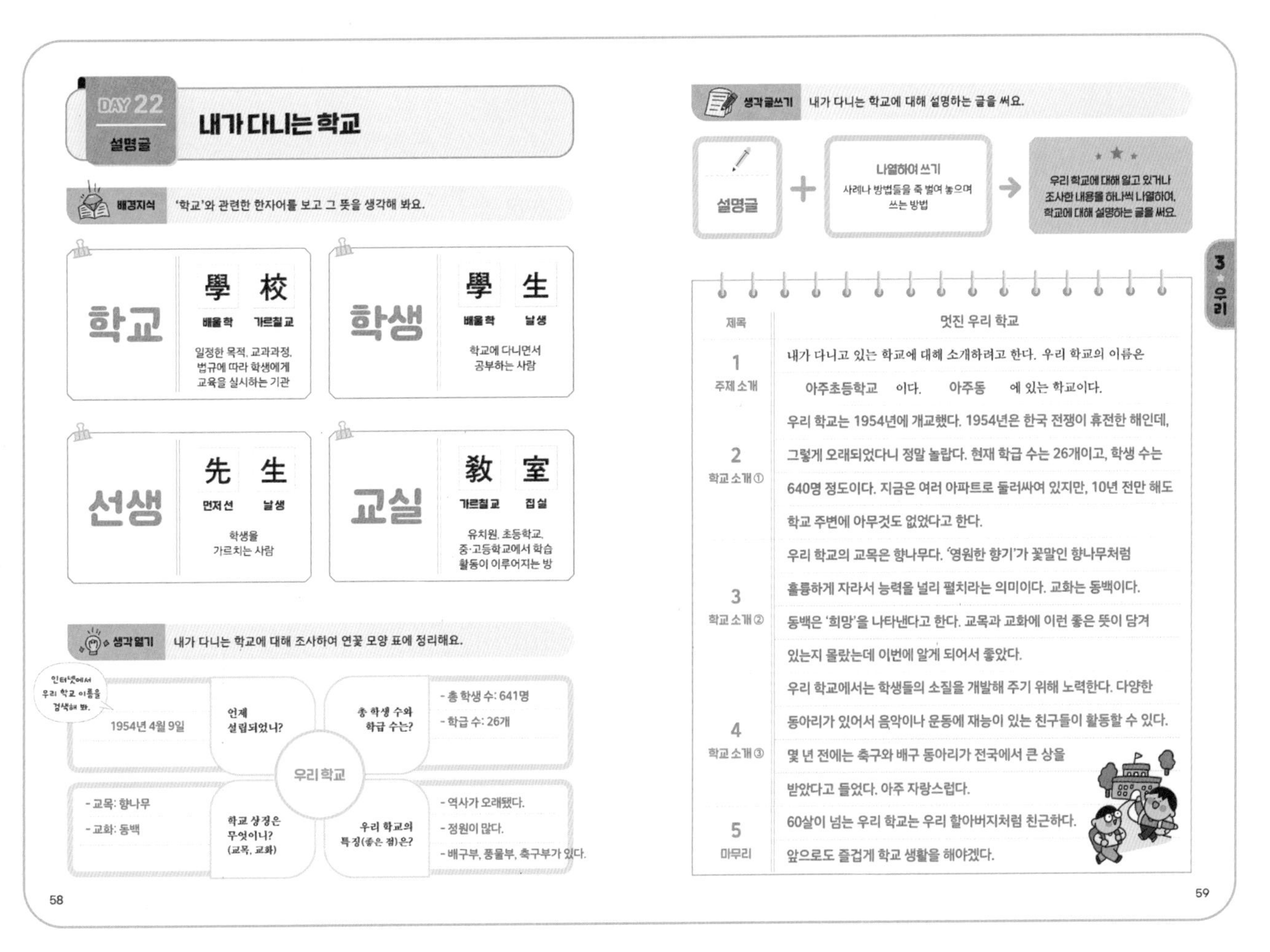

DAY 22
설명글

내가 다니는 학교

배경지식 '학교'와 관련한 한자어를 보고 그 뜻을 생각해 봐요.

학교 — 學 배울 학, 校 가르칠 교: 일정한 목적, 교과과정, 법규에 따라 학생에게 교육을 실시하는 기관

학생 — 學 배울 학, 生 날 생: 학교에 다니면서 공부하는 사람

선생 — 先 먼저 선, 生 날 생: 학생을 가르치는 사람

교실 — 敎 가르칠 교, 室 집 실: 유치원, 초등학교, 중·고등학교에서 학습 활동이 이루어지는 방

생각열기 내가 다니는 학교에 대해 조사하여 연꽃 모양 표에 정리해요.

인터넷에서 우리 학교 이름을 검색해 봐.

우리 학교

언제 설립되었니?	1954년 4월 9일
총 학생 수와 학급 수는?	- 총 학생 수: 641명 - 학급 수: 26개
학교 상징은 무엇이니? (교목, 교화)	- 교목: 향나무 - 교화: 동백
우리 학교의 특징(좋은 점)은?	- 역사가 오래됐다. - 정원이 많다. - 배구부, 풍물부, 축구부가 있다.

58

생각글쓰기 내가 다니는 학교에 대해 설명하는 글을 써요.

설명글 + 나열하여 쓰기: 사례나 방법들을 죽 벌여 놓으며 쓰는 방법 → 우리 학교에 대해 알고 있거나 조사한 내용을 하나씩 나열하여, 학교에 대해 설명하는 글을 써요.

제목	멋진 우리 학교
1 주제 소개	내가 다니고 있는 학교에 대해 소개하려고 한다. 우리 학교의 이름은 아주초등학교 이다. 아주동 에 있는 학교이다.
2 학교 소개①	우리 학교는 1954년에 개교했다. 1954년은 한국 전쟁이 휴전한 해인데, 그렇게 오래되었다니 정말 놀랍다. 현재 학급 수는 26개이고, 학생 수는 640명 정도이다. 지금은 여러 아파트로 둘러싸여 있지만, 10년 전만 해도 학교 주변에 아무것도 없었다고 한다.
3 학교 소개②	우리 학교의 교목은 향나무다. '영원한 향기'가 꽃말인 향나무처럼 훌륭하게 자라서 능력을 널리 펼치라는 의미이다. 교화는 동백이다. 동백은 '희망'을 나타낸다고 한다. 교목과 교화에 이런 좋은 뜻이 담겨 있는지 몰랐는데 이번에 알게 되어서 좋았다.
4 학교 소개③	우리 학교에서는 학생들의 소질을 개발해 주기 위해 노력한다. 다양한 동아리가 있어서 음악이나 운동에 재능이 있는 친구들이 활동할 수 있다. 몇 년 전에는 축구와 배구 동아리가 전국에서 큰 상을 받았다고 들었다. 아주 자랑스럽다.
5 마무리	60살이 넘는 우리 학교는 우리 할아버지처럼 친근하다. 앞으로도 즐겁게 학교 생활을 해야겠다.

3 우리

59

우리 학교 급식 시간

주장하는 글

배경지식 아래 공익광고를 보고, 그 뜻을 생각해 봐요.

- 포스터 속에 드러난 문제는 무엇일까요?
  급식 시간에 음식을 많이 남겨서 음식이 낭비되고 있다.
- 이 문제를 해결하려면 어떻게 해야 할까요?
  음식을 먹을 만큼만 받고, 남기지 않고 먹으려 노력한다.

생각열기 그림 속 상황과 급식 시간에 지켜야 할 규칙을 표로 정리해요.

상황		지켜야 할 규칙
	급식 시간에 식사를 하며 떠들고 있다.	밥을 먹으면서 친구들과 떠들지 않는다.
	음식을 너무 많이 남긴다.	먹을 만큼만 배식받고 음식을 남기지 않는다.
	급식 줄을 설 때 뛰어다니거나 새치기를 한다.	차례차례 질서를 지켜서 급식을 배식받는다.

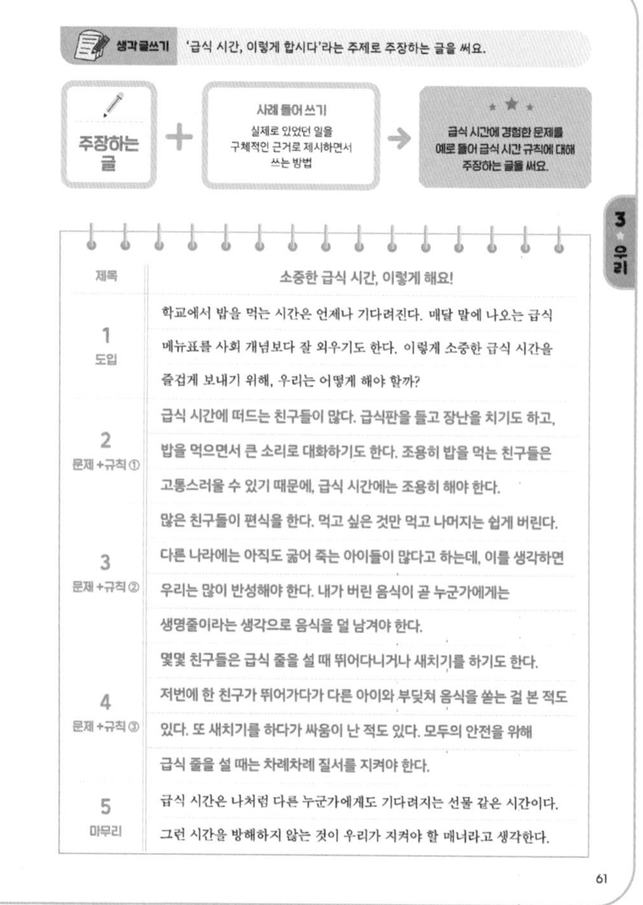

생각글쓰기 '급식 시간, 이렇게 합시다'라는 주제로 주장하는 글을 써요.

주장하는 글 + 사례 들어 쓰기: 실제로 있었던 일을 구체적인 근거로 제시하면서 쓰는 방법 → 급식 시간에 경험한 문제를 예로 들어 급식 시간 규칙에 대해 주장하는 글을 써요.

제목	소중한 급식 시간, 이렇게 해요!
1 도입	학교에서 밥을 먹는 시간은 언제나 기다려진다. 매달 말에 나오는 급식 메뉴표를 사회 개념보다 잘 외우기도 한다. 이렇게 소중한 급식 시간을 즐겁게 보내기 위해, 우리는 어떻게 해야 할까?
2 문제 +규칙 ①	급식 시간에 떠드는 친구들이 많다. 급식판을 들고 장난을 치기도 하고, 밥을 먹으면서 큰 소리로 대화하기도 한다. 조용히 밥을 먹는 친구들은 고통스러울 수 있기 때문에, 급식 시간에는 조용히 해야 한다.
3 문제 +규칙 ②	많은 친구들이 편식을 한다. 먹고 싶은 것만 먹고 나머지는 쉽게 버린다. 다른 나라에는 아직도 굶어 죽는 아이들이 많다고 하는데, 이를 생각하면 우리는 많이 반성해야 한다. 내가 버린 음식이 곧 누군가에게는 생명줄이라는 생각으로 음식을 덜 남겨야 한다.
4 문제 +규칙 ③	몇몇 친구들은 급식 줄을 설 때 뛰어다니거나 새치기를 하기도 한다. 저번에 한 친구가 뛰어가다가 다른 아이와 부딪쳐 음식을 쏟는 걸 본 적도 있다. 또 새치기를 하다가 싸움이 난 적도 있다. 모두의 안전을 위해 급식 줄을 설 때는 차례차례 질서를 지켜야 한다.
5 마무리	급식 시간은 나처럼 다른 누군가에게도 기다려지는 선물 같은 시간이다. 그런 시간을 방해하지 않는 것이 우리가 지켜야 할 매너라고 생각한다.

3 우리

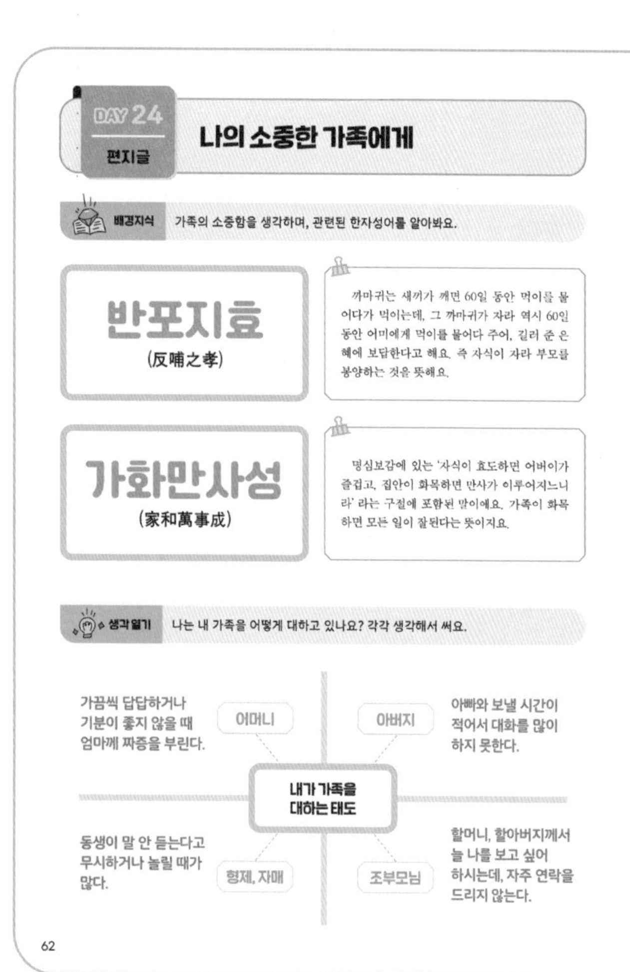

나의 소중한 가족에게

DAY 24 편지글

배경지식 가족의 소중함을 생각하며, 관련된 한자성어를 알아봐요.

반포지효 (反哺之孝)

까마귀는 새끼가 깨면 60일 동안 먹이를 물어다가 먹이는데, 그 까마귀가 자라 역시 60일 동안 어미에게 먹이를 물어다 주어, 길러 준 은혜에 보답한다고 해요. 즉 자식이 자라 부모를 봉양하는 것을 뜻해요.

가화만사성 (家和萬事成)

명심보감에 있는 '자식이 효도하면 어버이가 즐겁고, 집안이 화목하면 만사가 이루어지느니라' 라는 구절에 포함된 말이에요. 가족이 화목하면 모든 일이 잘된다는 뜻이지요.

생각열기 나는 내 가족을 어떻게 대하고 있나요? 각각 생각해서 써요.

내가 가족을 대하는 태도
- 어머니: 가끔씩 답답하거나 기분이 좋지 않을 때 엄마께 짜증을 부린다.
- 아버지: 아빠와 보낼 시간이 적어서 대화를 많이 하지 못한다.
- 형제, 자매: 동생이 말 안 듣는다고 무시하거나 놀릴 때가 많다.
- 조부모님: 할머니, 할아버지께서 늘 나를 보고 싶어 하시는데, 자주 연락을 드리지 않는다.

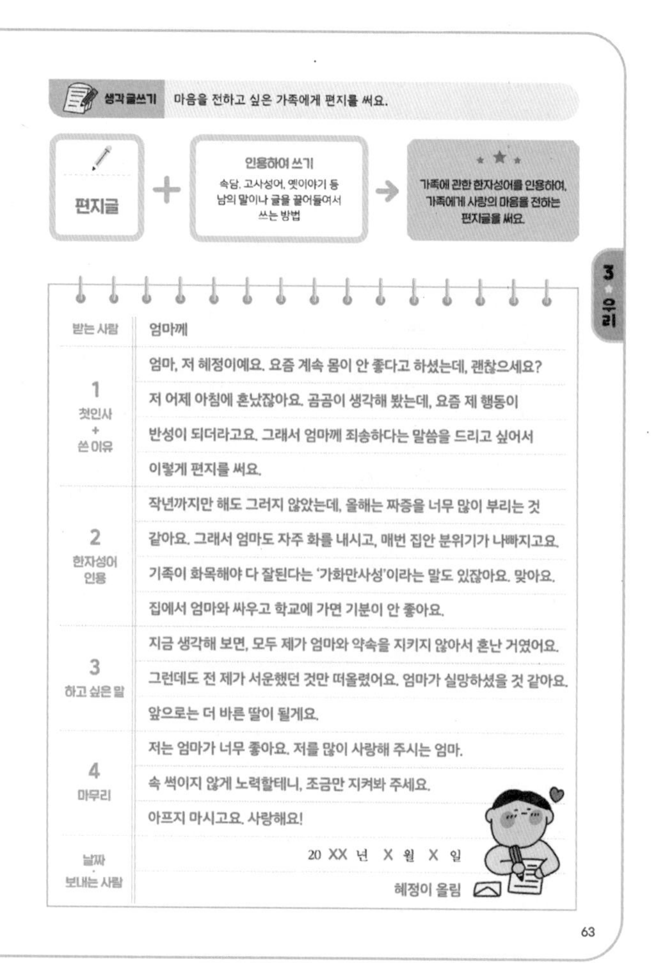

생각글쓰기 마음을 전하고 싶은 가족에게 편지를 써요.

편지글 + 인용하여 쓰기: 속담, 고사성어, 옛이야기 등 남의 말이나 글을 끌어들여서 쓰는 방법 → 가족에 관한 한자성어를 인용하여, 가족에게 사랑의 마음을 전하는 편지글을 써요.

받는 사람	엄마께
1 첫인사 + 쓴 이유	엄마, 저 혜정이예요. 요즘 계속 몸이 안 좋다고 하셨는데, 괜찮으세요? 저 어제 아침에 혼났잖아요. 곰곰이 생각해 봤는데, 요즘 제 행동이 반성이 되더라고요. 그래서 엄마께 죄송하다는 말씀을 드리고 싶어서 이렇게 편지를 써요.
2 한자성어 인용	작년까지만 해도 그러지 않았는데, 올해는 짜증을 너무 많이 부리는 것 같아요. 그래서 엄마도 자주 화를 내시고, 매번 집안 분위기가 나빠지고요. 가족이 화목해야 다 잘된다는 '가화만사성'이라는 말도 있잖아요. 맞아요. 집에서 엄마와 싸우고 학교에 가면 기분이 안 좋아요.
3 하고 싶은 말	지금 생각해 보면, 모두 제가 엄마와 약속을 지키지 않아서 혼난 거였어요. 그런데도 전 제가 서운했던 것만 떠올렸어요. 엄마가 실망하셨을 것 같아요. 앞으로는 더 바른 딸이 될게요.
4 마무리	저는 엄마가 너무 좋아요. 저를 많이 사랑해 주시는 엄마. 속 썩이지 않게 노력할테니, 조금만 지켜봐 주세요. 아프지 마시고요. 사랑해요!
날짜 보내는 사람	20 XX 년 X 월 X 일 혜정이 올림

3 우리

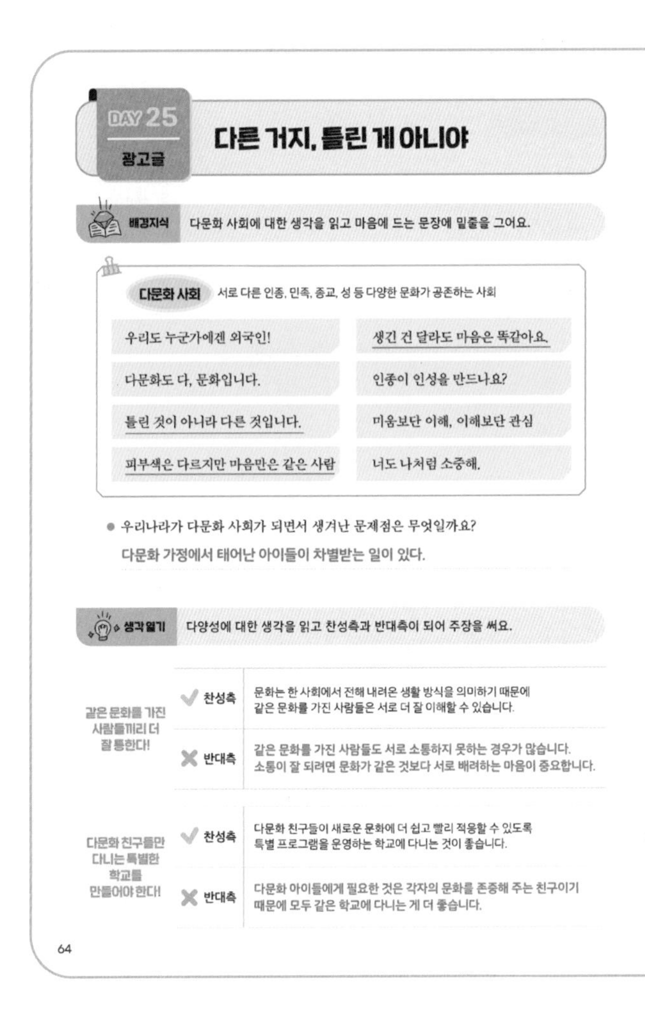

DAY 25 광고글

다른 거지, 틀린 게 아니야

배경지식 다문화 사회에 대한 생각을 읽고 마음에 드는 문장에 밑줄을 그어요.

다문화 사회 서로 다른 인종, 민족, 종교, 성 등 다양한 문화가 공존하는 사회

우리도 누군가에겐 외국인!	생긴 건 달라도 마음은 똑같아요.
다문화도 다, 문화입니다.	인종이 인성을 만드나요?
틀린 것이 아니라 다른 것입니다.	미움보단 이해, 이해보단 관심
피부색은 다르지만 마음만은 같은 사람	너도 나처럼 소중해.

● 우리나라가 다문화 사회가 되면서 생겨난 문제점은 무엇일까요?
다문화 가정에서 태어난 아이들이 차별받는 일이 있다.

생각열기 다양성에 대한 생각을 읽고 찬성측과 반대측이 되어 주장을 써요.

같은 문화를 가진 사람들끼리 더 잘 통한다!	찬성측	문화는 한 사회에서 전해 내려온 생활 방식을 의미하기 때문에 같은 문화를 가진 사람들은 서로 더 잘 이해할 수 있습니다.
	반대측	같은 문화를 가진 사람들도 서로 소통하지 못하는 경우가 많습니다. 소통이 잘 되려면 문화가 같은 것보다 서로 배려하는 마음이 중요합니다.
다문화 친구들만 다니는 특별한 학교를 만들어야 한다!	찬성측	다문화 친구들이 새로운 문화에 더 쉽고 빨리 적응할 수 있도록 특별 프로그램을 운영하는 학교에 다니는 것이 좋습니다.
	반대측	다문화 아이들에게 필요한 것은 각자의 문화를 존중해 주는 친구이기 때문에 모두 같은 학교에 다니는 게 더 좋습니다.

64

생각글쓰기 '다양성을 존중하자'는 주제로 공익광고를 만들어요.

광고글 + 비교·대조하여 쓰기: 두 가지 이상의 대상에서 공통점을 찾아 설명하면 '비교', 차이점을 찾아 설명하면 '대조' → 한국인과 다문화인의 공통점과 차이점을 비교, 대조하여 '다양성 이해'를 권하는 광고 카피를 써요.

제목	다문화도 다, 문화
포스터	다를까요? 같을까요?
1 차이점	피부색도 달라요. 쓰는 언어도 달라요. 서로 자라 온 환경도 다르지요.
2 공통점	하지만 같은 문화를 함께 경험하는 지금, 세 사람은 친구예요. 서로 마음이 통하고 있거든요.
3 제안	틀린 게 아니라 다른 거예요. 서로의 다름을 인정할 때 우리는 같이 살아갈 수 있어요.

3 우리

65

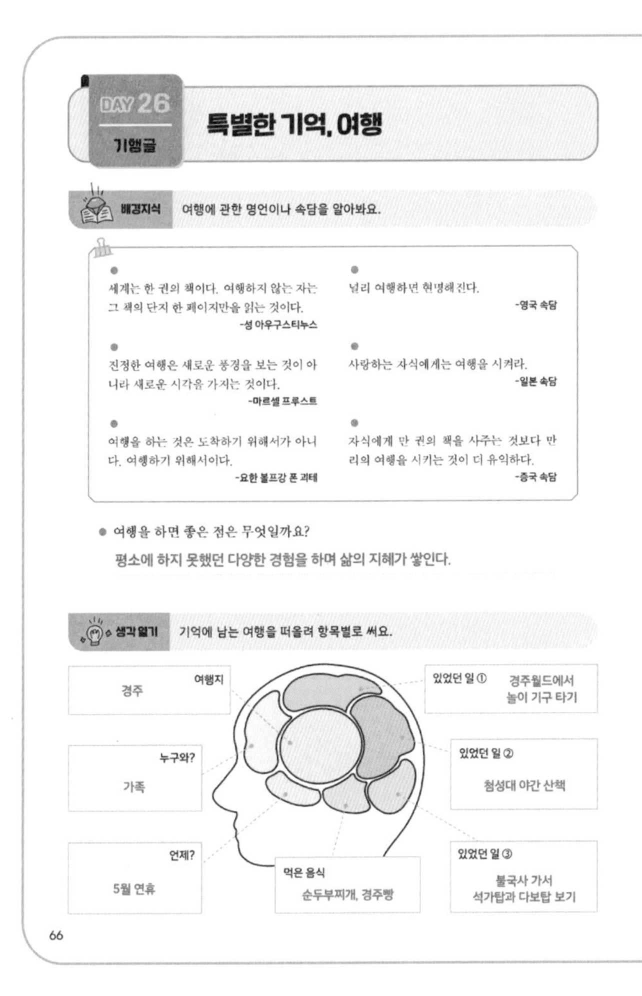

DAY 26 기행글

특별한 기억, 여행

배경지식 여행에 관한 명언이나 속담을 알아봐요.

● 세계는 한 권의 책이다. 여행하지 않는 자는 그 책의 단지 한 페이지만을 읽는 것이다. -성 아우구스티누스

● 널리 여행하면 현명해진다. -영국 속담

● 진정한 여행은 새로운 풍경을 보는 것이 아니라 새로운 시각을 가지는 것이다. -마르셀 프루스트

● 사랑하는 자식에게는 여행을 시켜라. -일본 속담

● 여행을 하는 것은 도착하기 위해서가 아니다. 여행하기 위해서이다. -요한 볼프강 폰 괴테

● 자식에게 만 권의 책을 사주는 것보다 만 리의 여행을 시키는 것이 더 유익하다. -중국 속담

● 여행을 하면 좋은 점은 무엇일까요?
평소에 하지 못했던 다양한 경험을 하며 삶의 지혜가 쌓인다.

생각열기 기억에 남는 여행을 떠올려 항목별로 써요.

- 여행지: 경주
- 누구와?: 가족
- 언제?: 5월 연휴
- 먹은 음식: 순두부찌개, 경주빵
- 있었던 일 ①: 경주월드에서 놀이 기구 타기
- 있었던 일 ②: 첨성대 야간 산책
- 있었던 일 ③: 불국사 가서 석가탑과 다보탑 보기

66

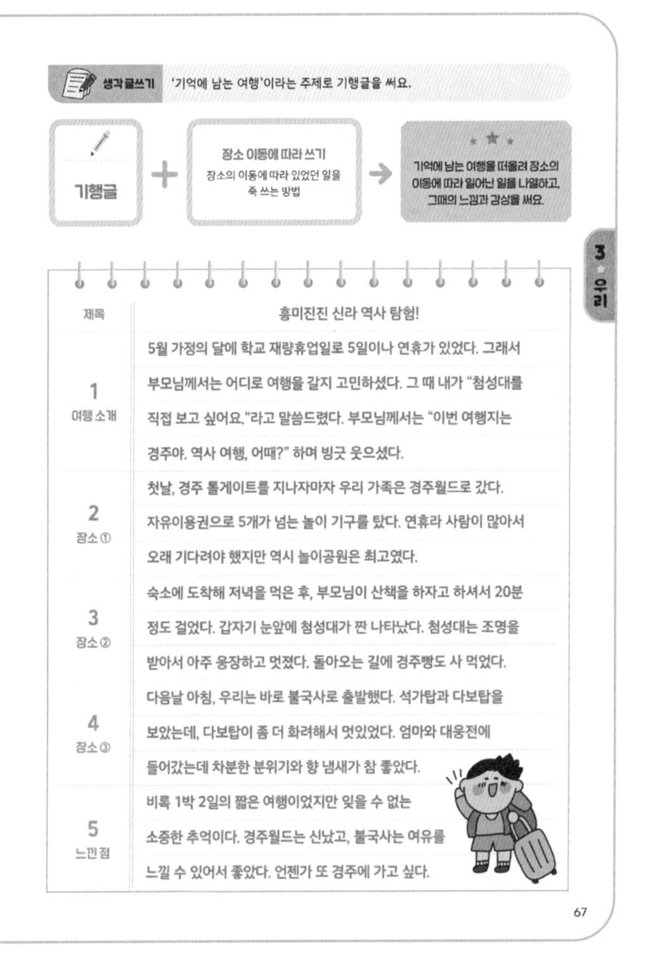

생각글쓰기 '기억에 남는 여행'이라는 주제로 기행글을 써요.

기행글 + 장소 이동에 따라 쓰기: 장소의 이동에 따라 있었던 일을 죽 쓰는 방법 → 기억에 남는 여행을 떠올려 장소의 이동에 따라 일어난 일을 나열하고, 그때의 느낌과 감상을 써요.

제목	흥미진진 신라 역사 탐험!
1 여행 소개	5월 가정의 달에 학교 재량휴업일로 5일이나 연휴가 있었다. 그래서 부모님께서는 어디로 여행을 갈지 고민하셨다. 그 때 내가 "첨성대를 직접 보고 싶어요."라고 말씀드렸다. 부모님께서는 "이번 여행지는 경주야. 역사 여행, 어때?" 하며 빙긋 웃으셨다.
2 장소①	첫날, 경주 톨게이트를 지나자마자 우리 가족은 경주월드로 갔다. 자유이용권으로 5개가 넘는 놀이 기구를 탔다. 연휴라 사람이 많아서 오래 기다려야 했지만 역시 놀이공원은 최고였다.
3 장소②	숙소에 도착해 저녁을 먹은 후, 부모님이 산책을 하자고 하셔서 20분 정도 걸었다. 갑자기 눈앞에 첨성대가 짠 나타났다. 첨성대는 조명을 받아서 아주 웅장하고 멋졌다. 돌아오는 길에 경주빵도 사 먹었다.
4 장소③	다음날 아침, 우리는 바로 불국사로 출발했다. 석가탑과 다보탑을 보았는데, 다보탑이 좀 더 화려해서 멋있었다. 엄마와 대웅전에 들어갔는데 차분한 분위기와 향 냄새가 참 좋았다.
5 느낀 점	비록 1박 2일의 짧은 여행이었지만 잊을 수 없는 소중한 추억이다. 경주월드는 신났고, 불국사는 여유를 느낄 수 있어서 좋았다. 언젠가 또 경주에 가고 싶다.

3 우리

67

DAY 27 시나리오

교실에서 생긴 일

배경지식 이야기를 읽으며 시간적 배경을 나타내는 말에 ○표 해요.

수상한 전학생

(월요일 아침,) 우리 반에 수상한 녀석이 전학 왔어요. 이름은 '이고동'. 앞머리를 길게 늘어뜨려 눈의 절반은 보이지 않았죠. 조회 시간에 담임 선생님께서 인사를 하라고 말씀하셨는데도 대꾸조차 없었어요. 우리 반 아이들 모두 그 친구의 눈치를 보고 있었죠.

(점심 시간,) 우리 반 남자아이들은 옆 반과 축구 시합을 했어요. 내가 친구 경우에게 패스를 했을 때였어요. 힘껏 찬 공이 마침 계단 쪽에 서 있는 전학생 앞에 멈췄어요.

"야, 공 좀 이쪽으로 차 줄래?"

축구공은 고동이의 발에 닿자마자 말도 안 되게 빠른 속도로 날아갔어요. 그리고 학교 밖으로 넘어가 버렸어요. 모두 입이 쩍 벌어졌지만 종이 울려 서둘러 들어가는 바람에 이 사건은 금방 잊혀졌지요.

(6교시 체육 시간)에는 짝을 이뤄 배드민턴을 쳤어요. 이고동은 하필 내가 좋아하는 고운이와 짝이 되었어요. 다들 열심히 치고 있는데, "꺄악!" 고운이의 비명 소리가 들렸어요. 모두 깜짝 놀라 달려갔더니, 고동이가 들고 있던 배드민턴 채가 완전히 꺾여 기역 자 모양이 되어 있는 거예요.

"선생님, 제가 셔틀콕을 벽 쪽으로 쳤는데요. 고동이가 그걸 치니까 채가 바로 저렇게……."

선생님도 아이들도 모두 놀랐어요. 우리 반 전학생 '이고동', 괴력이 넘치는 정말 수상한 아이예요. 우리 반에 앞으로 어떤 일들이 벌어질지 궁금해요.

생각열기 그림을 보고 우리 반에서 있었던 일 하나를 떠올려 그 일에 대해 써요.

● 교실에서 있었던 일

수업 시간에 숙제를 해 오지 않아서 혼난 날, 방과 후에 담임 선생님이 주신 간식을 먹으며 친구랑 놀면서 교실에서 숙제를 했던 게 기억에 남는다.

생각글쓰기 '수상한 전학생' 이야기로 연극 시나리오를 써요.

시나리오 + 시간 흐름에 따라 쓰기: 사건의 배경부터 사건 종료 후까지, 시간의 흐름에 따라 있었던 일을 죽 쓰는 방법 → 이야기 속에서 일어난 일들을 시간의 흐름대로 지문과 대사로 재구성해서 연극 대본을 써요.

<수상한 전학생> 연극 대본

등장인물	나, 담임 선생님, 이고동, 고운이, 우리 반 아이들
해설	월요일 아침, 시끌시끌한 교실로 담임 선생님이 앞머리를 길게 늘어뜨린 남학생과 함께 들어온다. 아이들이 자리에 앉아 조용해진다.
#1 조회 시간	담임 선생님: 자, 친구들에게 인사 한마디 할까? 이고동: (아래를 쳐다보며)……. 담임 선생님: (고동이를 가리키며) 이고동이다. 다들 잘 챙겨주도록. 나: (짝꿍에게) 얼굴도 안 보여. 낯을 많이 가리는 앤가 봐.
#2 점심 시간	나: (축구공을 패스하며) 자, 받아!…… 앗, 야, 공 좀 이쪽으로 차 줄래? 경우: (고동이가 찬 공을 보며) 으아악! 뭐야, 담장 밖으로 넘어갔어! 나: 와, 재 뭐야! 다리 힘이 엄청난데.
#3 체육 시간	고운: (고동이를 쳐다보며) 꺄악! 담임 선생님: 고운아, 무슨 일이니? 고운: 아니, 선생님. 고동이가 셔틀콕을 쳤는데요, 채가…….
해설	담임 선생님과 아이들이 고동이와 고운이를 둘러싸고 서서 기역 자로 구부러진 배드민턴 채를 멍하니 본다. 모두들 황당한 표정을 짓고, 이고동은 무표정하게 서서 머리를 긁적인다.

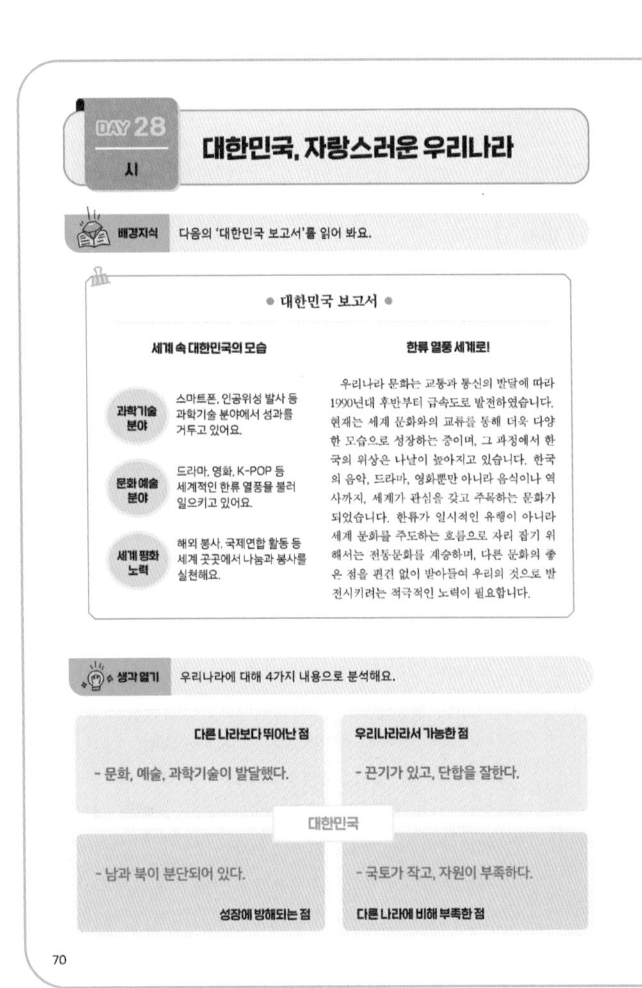

DAY 28 시

대한민국, 자랑스러운 우리나라

배경지식 다음의 '대한민국 보고서'를 읽어 봐요.

● 대한민국 보고서 ●

세계 속 대한민국의 모습

- 과학기술 분야: 스마트폰, 인공위성 발사 등 과학기술 분야에서 성과를 거두고 있어요.
- 문화 예술 분야: 드라마, 영화, K-POP 등 세계적인 한류 열풍을 불러일으키고 있어요.
- 세계 평화 노력: 해외 봉사, 국제연합 활동 등 세계 곳곳에서 나눔과 봉사를 실천해요.

한류 열풍 세계로!

우리나라 문화는 교통과 통신의 발달에 따라 1990년대 후반부터 급속도로 발전하였습니다. 현재는 세계 문화와의 교류를 통해 더욱 다양한 모습으로 성장하는 중이며, 그 과정에서 한국의 위상은 나날이 높아지고 있습니다. 한국의 음악, 드라마, 영화뿐만 아니라 음식이나 역사까지, 세계가 관심을 갖고 주목하는 문화가 되었습니다. 한류가 일시적인 유행이 아니라 세계 문화를 주도하는 흐름으로 자리 잡기 위해서는 전통문화를 계승하며, 다른 문화의 좋은 점을 편견 없이 받아들여 우리의 것으로 발전시키려는 적극적인 노력이 필요합니다.

생각열기 우리나라에 대해 4가지 내용으로 분석해요.

다른 나라보다 뛰어난 점	우리나라라서 가능한 점
- 문화, 예술, 과학기술이 발달했다.	- 끈기가 있고, 단합을 잘한다.

대한민국

성장에 방해되는 점	다른 나라에 비해 부족한 점
- 남과 북이 분단되어 있다.	- 국토가 작고, 자원이 부족하다.

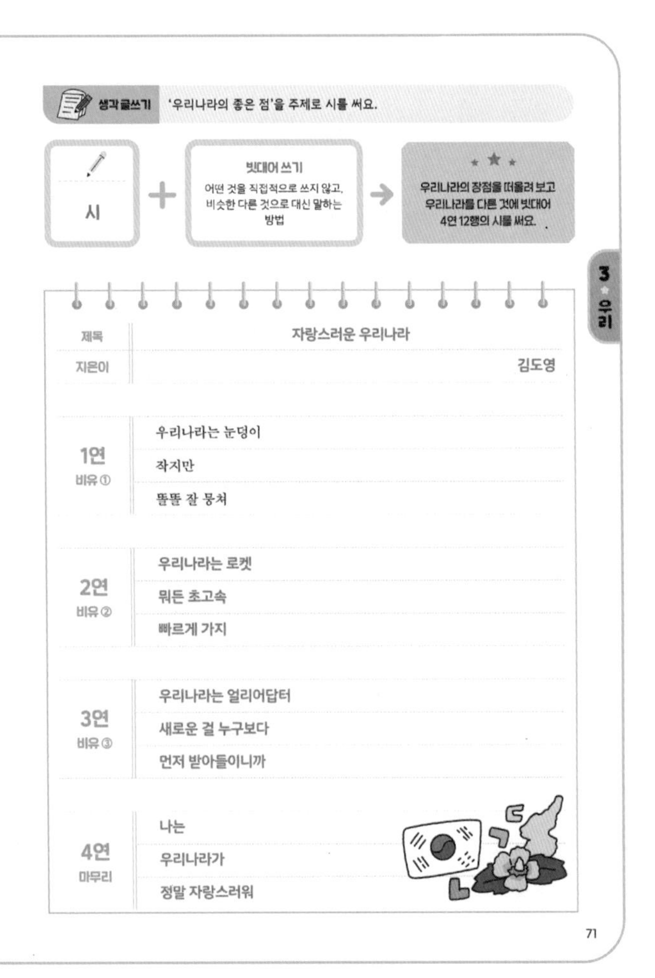

생각글쓰기 '우리나라의 좋은 점'을 주제로 시를 써요.

시 + 빗대어 쓰기: 어떤 것을 직접적으로 쓰지 않고, 비슷한 다른 것으로 대신 말하는 방법 → 우리나라의 장점을 떠올려 보고 우리나라를 다른 것에 빗대어 4연 12행의 시를 써요.

제목	자랑스러운 우리나라
지은이	김도영
1연 비유①	우리나라는 눈덩이 작지만 똘똘 잘 뭉쳐
2연 비유②	우리나라는 로켓 뭐든 초고속 빠르게 가지
3연 비유③	우리나라는 얼리어답터 새로운 걸 누구보다 먼저 받아들이니까
4연 마무리	나는 우리나라가 정말 자랑스러워

DAY 29 독후감상글

세종 대왕의 업적

배경지식 세종 대왕 이야기를 읽어 봐요.

세종 대왕

세종은 조선 건국 5년이 지난 1397년에 태어났어요. 위에 형이 둘이나 있었지만 인성과 능력 면에서 훨씬 우월했던 세종은 16살에 충녕대군으로 봉해졌고, 6년 후 왕위에 올라요.

조선의 4번째 임금이 된 세종은 집현전에서 학문을 연구하고 뛰어난 인재를 키우는 데 힘썼어요. '학문을 연구하기 위해서는 훌륭한 책이 많아야 한다'는 생각으로, 농사에 관한 〈농사직설〉, 팔도의 풍수와 지리를 기록한 〈팔도지리지〉 등의 책을 편찬했지요.

세종은 음악과 과학에도 관심이 많았어요. 수많은 악곡과 악보를 정리하고, 장영실을 궁궐로 불러 조선의 대표 발명품인 '앙부일구'라는 해시계와 '자격루'라는 물시계도 만들었지요.

하지만 세종에게는 걱정이 있었어요. 한자는 어려워서 백성들이 배우기 힘들다는 것이었어요. 세종은 학자들과 함께 누구나 쉽게 익힐 수 있는 글자를 만들었어요. 마침내 1443년, '백성을 가르치는 바른 소리'라는 뜻의 '훈민정음'이 만들어졌고, 3년 후 널리 반포되었죠.

이렇듯 세종 대왕은 학문과 과학, 음악, 농업 등 여러 분야에서 수많은 업적을 남겼어요. 젊은 시절부터 학문과 국정에만 전념한 탓에 몸을 돌보지 못한 세종은 나이가 들며 건강이 악화되었고, 결국 1450년 52세의 나이로 세상을 떠났어요.

생각열기 세종 대왕의 생애와 업적을 원인과 결과로 나누어 정리해요.

원인	인성과 능력이 두 형들보다 우월해서.	학문 연구를 위해 훌륭한 책이 많아야 한다고 생각해서.	세종은 음악과 과학에 관심이 많아서.	백성들이 배우기 쉬운 글자가 있기를 바라서.	국정을 돌보느라 나이가 들며 건강이 악화되어서.
	왕위 오름	책 편찬	발명	한글 창제	1450년
결과	16살에 충녕대군으로 봉해지고 6년 후 왕위에 올랐다.	농사와 풍수지리에 관한 책을 편찬했다.	악곡과 악보를 정리하고, 장영실을 불러 여러 발명품을 만들었다.	1443년 훈민정음을 만들어 3년 후 널리 반포했다.	52세의 나이로 세상을 떠났다.

생각글쓰기 세종 대왕 이야기를 읽고 줄거리를 요약한 후 느낀 점을 써요.

독후감상글 + 원인·결과 쓰기: 어떤 일이 일어난 까닭은 '원인', 원인 때문에 벌어진 일은 '결과' → 세종 대왕의 생애와 업적을 원인과 결과로 정리하고 느낀 점과 생각을 써요.

제목	따뜻한 리더, 세종 대왕
1 읽기 전 느낌	세종 대왕 이야기를 읽기 전까지, 세종 대왕을 단지 '한글을 만든 분'으로 생각했었다. 그런데 실제로는 훨씬 더 많은 업적을 이루신 분이어서 놀라웠다. 왜 세종 대왕 동상이 광화문에 서 있는지 이해가 갔다.
2 줄거리 요약 (원인·결과)	세종 대왕은 셋째 아들로 태어났지만 워낙 인품과 능력이 훌륭했기에 왕위에 오른다. 세종 대왕은 많은 책을 편찬했을뿐만 아니라, 음악과 과학에도 관심이 많았기 때문에 인재를 불러와 여러 발명품도 만들었다. 그리고 무엇보다도 백성들을 위한 쉬운 글자를 만들고 싶어서, 1444년 훈민정음을 창제하여 널리 반포했다. 지금 우리가 쓰고 말하는 한글이 이때 생긴 것이다.
3 느낀 점	나는 세종 대왕이 백성들을 위해 이렇게 많은 일을 했다는 게 참 놀라웠고 존경스러운 마음이 들었다. 또 훌륭한 사람을 알아보고 데려온 점이 리더로서 꼭 갖추어야 할 태도라고 느꼈다. '책을 많이 읽어야 훌륭한 사람이 되는구나'라는 생각이 들기도 했다.
4 마무리	무엇보다도 넓은 마음으로 백성들을 생각했던 멋진 리더 세종 대왕. 모든 리더들이 본받아야 할 롤 모델 아닐까?

DAY 30 생활글

내가 만드는 우리 동네

배경지식 시를 읽고, 시 속의 동네를 머릿속에 떠올려 봐요.

우리 동네

우리 동네는
살기 좋아요

경찰서도 있고
병원도 있고
우체국도 있는

우리 동네에
놀러 오세요

우리 동네는
살기 좋아요

나무도 있고
꽃도 피고
놀이터도 있는

우리 동네에
놀러 오세요

나의 동네

이 길을 건너서 저 길로
이 골목 지나서 저 골목으로

어제도 가고 오늘도 갈
나의 동네

개나리 피고 까치 날고
사람들 이야기가 들리고
아이들 웃음을 머금은

우리 집 건너서 너희 집
우리 학교 지나서 너희 학교

어제도 가고 오늘도 갈
나의 동네

벚꽃 피고 참새 날고
어린 시절 추억이 들리고
내 꿈을 머금은

생각열기 내가 살고 있는 동네를 떠올리며 질문에 답해요.

- 우리 동네에 필요하지만 현재 없는 것은 [큰 병원] (이)다.
- 우리 동네에 어떤 공간이나 건물을 만들 수 있다면 [놀이공원] (을)를 만들고 싶다.
- 왜 그렇게 생각하나요?
  아이들이 놀 공간이 너무 부족해서

생각글쓰기 '우리 동네에 ~가 있다면?'을 가정하여 글을 써요.

생활글 + 가정하여 쓰기: 사실이 아니거나 사실인지 아닌지 분명치 않은 것을 임시로 상상하는 방법 → 동네에 내가 좋아하는 공간이나 건물을 만들 수 있다고 가정한 후, 내 생각을 자유롭게 써요.

제목	우리 동네에 놀이공원 이(가) 있다면
1 상황	나는 주말에 멀리 놀러가는 친구들이 정말 부럽다. 나도 놀이공원이나 워터 파크에 가고 싶은데, 우리 동네에는 그런 게 없다. 하지만 부모님은 주말에 피곤하다고 너무 멀리 가는 게 부담스럽다고 하신다.
2 내 생각	나는 우리 동네에 놀이공원이나 워터 파크가 있으면 참 좋을 것 같다. 그럼 부모님께 가까우니까 다녀오자고 떼를 쓸 수도 있을 텐데. 아니면 표만 끊어 주시면 부모님 없이 친구들이나 동생을 데리고 가도 된다. 일 년에 몇 번씩 갈 수도 있다. 멀리 여행을 가기 어려운 아이들을 위해서 동네에 이런 놀이 공간이 더 많으면 얼마나 좋을까?
3 가정	만약 우리 동네에 놀이공원이 생긴다면, 나는 부모님께 정기 이용권을 끊어 달라고 조를 것이다. 그리고 시간이 날 때마다 갈 것이다. 주말 아침 문 여는 시간에 맞춰 일찍 가면 사람이 없겠지? 그러면 줄을 서지 않고도 인기 있는 놀이 기구를 탈 수 있다. 멀리까지 차를 타고 다녀오느라 멀미를 할 일도, 부모님을 힘들게 할 일도 없을 것이다.
4 마무리	공원이나 놀이터만으로는 놀 공간이 너무 부족하고, 매번 할 수 있는 놀이가 똑같으니 시시하다. 내가 좋아하는 바이킹, 롤러코스터, 범퍼카 등을 탈 수 있는 놀이공원이 우리 동네에 꼭 생겼으면 좋겠다.

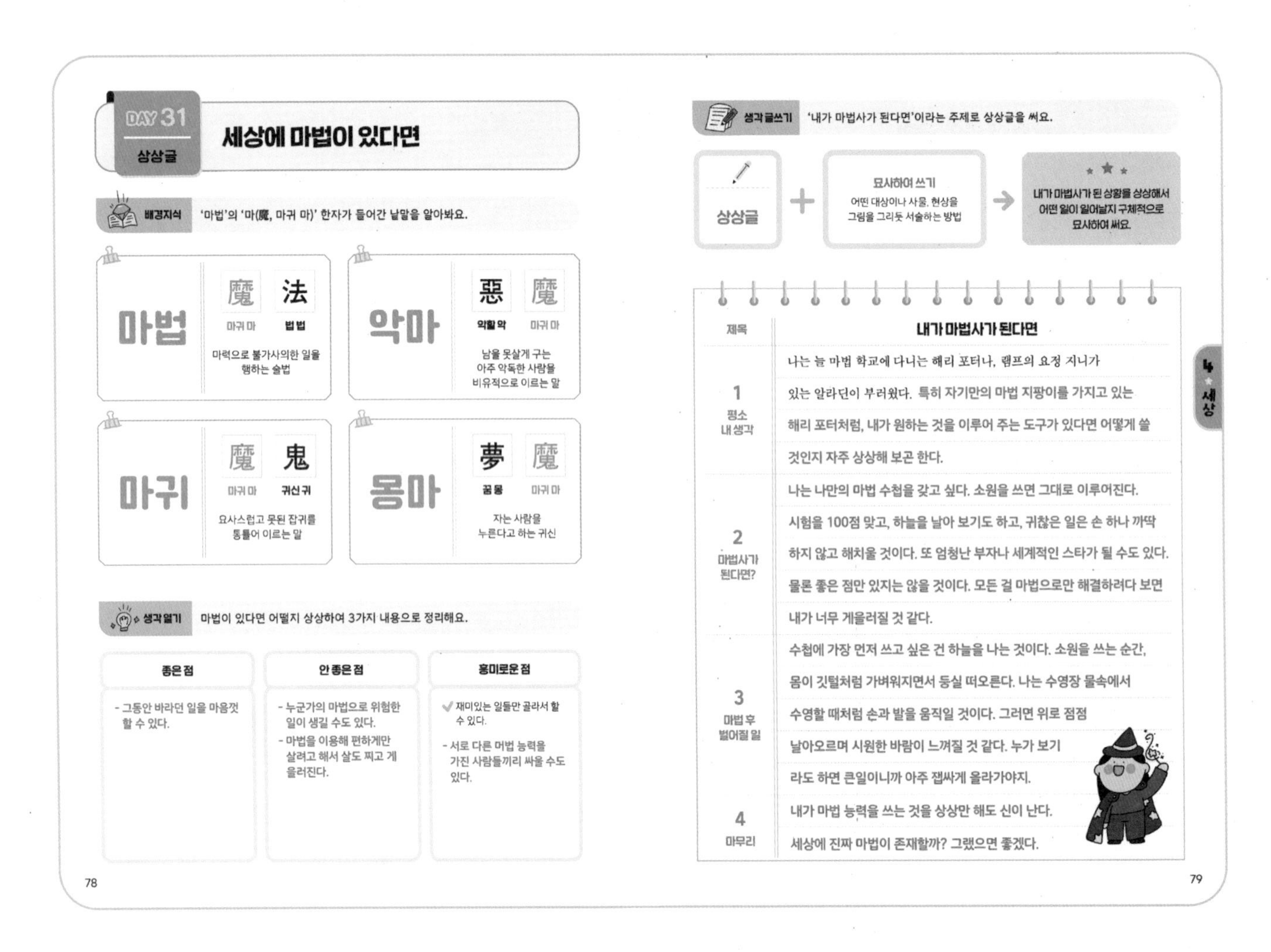

DAY 31 상상글

세상에 마법이 있다면

배경지식 '마법'의 '마(魔, 마귀 마)' 한자가 들어간 낱말을 알아봐요.

마법 — 魔 마귀 마 / 法 법 법
마력으로 불가사의한 일을 행하는 술법

악마 — 惡 악할 악 / 魔 마귀 마
남을 못살게 구는 아주 악독한 사람을 비유적으로 이르는 말

마귀 — 魔 마귀 마 / 鬼 귀신 귀
요사스럽고 못된 잡귀를 통틀어 이르는 말

몽마 — 夢 꿈 몽 / 魔 마귀 마
자는 사람을 누른다고 하는 귀신

생각열기 마법이 있다면 어떨지 상상하여 3가지 내용으로 정리해요.

좋은 점	안 좋은 점	흥미로운 점
- 그동안 바라던 일을 마음껏 할 수 있다.	- 누군가의 마법으로 위험한 일이 생길 수도 있다. - 마법을 이용해 편하게만 살려고 해서 살도 찌고 게을러진다.	✔ 재미있는 일들만 골라서 할 수 있다. - 서로 다른 머법 능력을 가진 사람들끼리 싸울 수도 있다.

78

생각글쓰기 '내가 마법사가 된다면'이라는 주제로 상상글을 써요.

상상글 + 묘사하여 쓰기 (어떤 대상이나 사물, 현상을 그림을 그리듯 서술하는 방법) → 내가 마법사가 된 상황을 상상해서 어떤 일이 일어날지 구체적으로 묘사하여 써요.

제목: 내가 마법사가 된다면

1 평소 내 생각
나는 늘 마법 학교에 다니는 해리 포터나, 램프의 요정 지니가
있는 알라딘이 부러웠다. 특히 자기만의 마법 지팡이를 가지고 있는
해리 포터처럼, 내가 원하는 것을 이루어 주는 도구가 있다면 어떻게 쓸
것인지 자주 상상해 보곤 한다.

2 마법사가 된다면?
나는 나만의 마법 수첩을 갖고 싶다. 소원을 쓰면 그대로 이루어진다.
시험을 100점 맞고, 하늘을 날아 보기도 하고, 귀찮은 일은 손 하나 까딱
하지 않고 해치울 것이다. 또 엄청난 부자나 세계적인 스타가 될 수도 있다.
물론 좋은 점만 있지는 않을 것이다. 모든 걸 마법으로만 해결하려다 보면
내가 너무 게을러질 것 같다.

3 마법 후 벌어질 일
수첩에 가장 먼저 쓰고 싶은 건 하늘을 나는 것이다. 소원을 쓰는 순간,
몸이 깃털처럼 가벼워지면서 둥실 떠오른다. 나는 수영장 물속에서
수영할 때처럼 손과 발을 움직일 것이다. 그러면 위로 점점
날아오르며 시원한 바람이 느껴질 것 같다. 누가 보기
라도 하면 큰일이니까 아주 잽싸게 올라가야지.

4 마무리
내가 마법 능력을 쓰는 것을 상상만 해도 신이 난다.
세상에 진짜 마법이 존재할까? 그랬으면 좋겠다.

4 세상

79

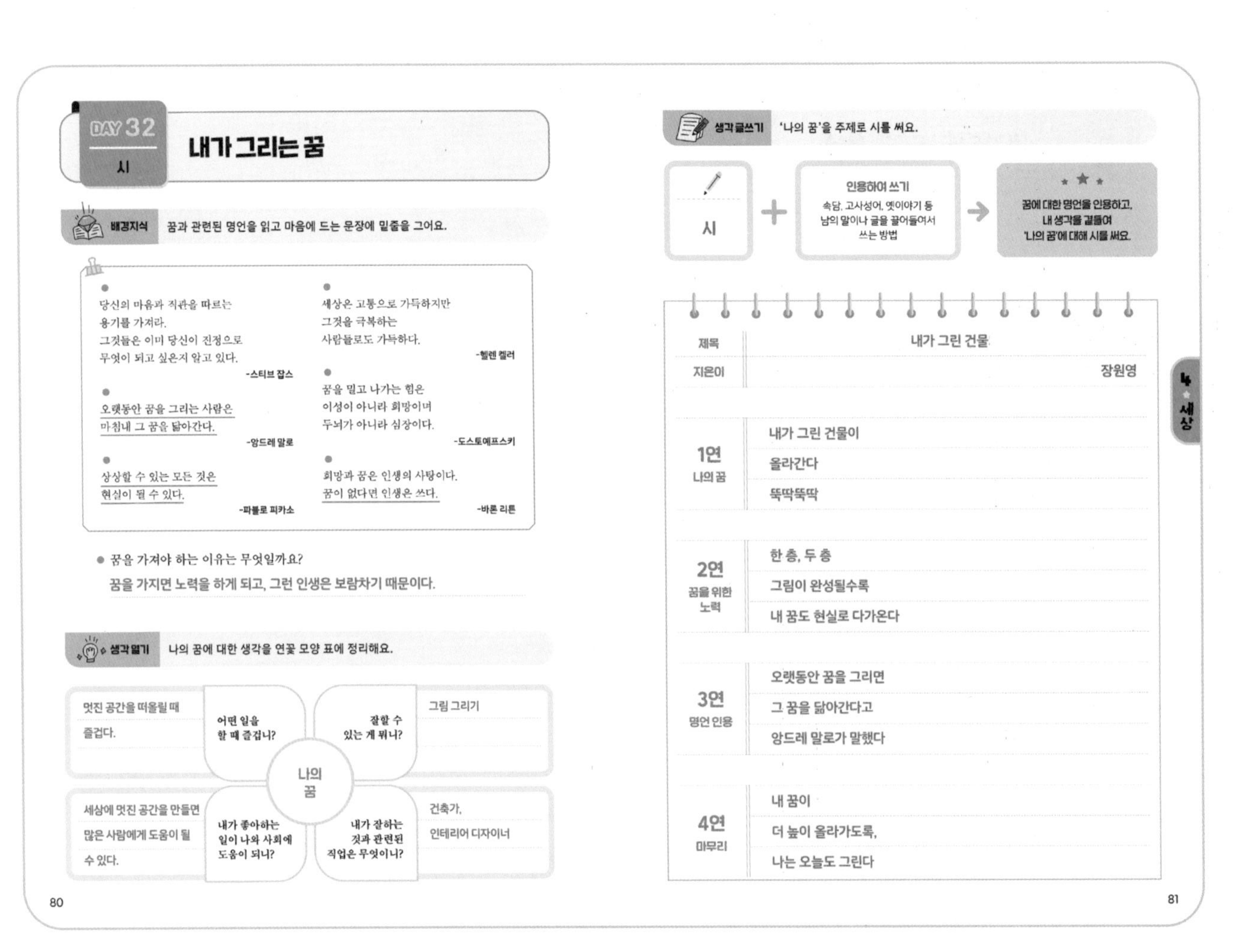

DAY 32 시

내가 그리는 꿈

배경지식 꿈과 관련된 명언을 읽고 마음에 드는 문장에 밑줄을 그어요.

- 당신의 마음과 직관을 따르는 용기를 가져라. 그것들은 이미 당신이 진정으로 무엇이 되고 싶은지 알고 있다. -스티브 잡스
- 오랫동안 꿈을 그리는 사람은 마침내 그 꿈을 닮아간다. -앙드레 말로
- 상상할 수 있는 모든 것은 현실이 될 수 있다. -파블로 피카소
- 세상은 고통으로 가득하지만 그것을 극복하는 사람들로도 가득하다. -헬렌 켈러
- 꿈을 밀고 나가는 힘은 이성이 아니라 희망이며 두뇌가 아니라 심장이다. -도스토예프스키
- 희망과 꿈은 인생의 사탕이다. 꿈이 없다면 인생은 쓰다. -바론 리튼

● 꿈을 가져야 하는 이유는 무엇일까요?
꿈을 가지면 노력을 하게 되고, 그런 인생은 보람차기 때문이다.

생각열기 나의 꿈에 대한 생각을 연꽃 모양 표에 정리해요.

나의 꿈
- 어떤 일을 할 때 즐겁니? — 멋진 공간을 떠올릴 때 즐겁다.
- 잘할 수 있는 게 뭐니? — 그림 그리기
- 내가 좋아하는 일이 나와 사회에 도움이 되니? — 세상에 멋진 공간을 만들면 많은 사람에게 도움이 될 수 있다.
- 내가 잘하는 것과 관련된 직업은 무엇이니? — 건축가, 인테리어 디자이너

80

생각글쓰기 '나의 꿈'을 주제로 시를 써요.

시 + 인용하여 쓰기 (속담, 고사성어, 옛이야기 등 남의 말이나 글을 끌어들여서 쓰는 방법) → 꿈에 대한 명언을 인용하고, 내 생각을 곁들여 '나의 꿈'에 대해 시를 써요.

제목: 내가 그린 건물
지은이: 장원영

1연 나의 꿈
내가 그린 건물이
올라간다
뚝딱뚝딱

2연 꿈을 위한 노력
한 층, 두 층
그림이 완성될수록
내 꿈도 현실로 다가온다

3연 명언 인용
오랫동안 꿈을 그리면
그 꿈을 닮아간다고
앙드레 말로가 말했다

4연 마무리
내 꿈이
더 높이 올라가도록,
나는 오늘도 그린다

4 세상

81

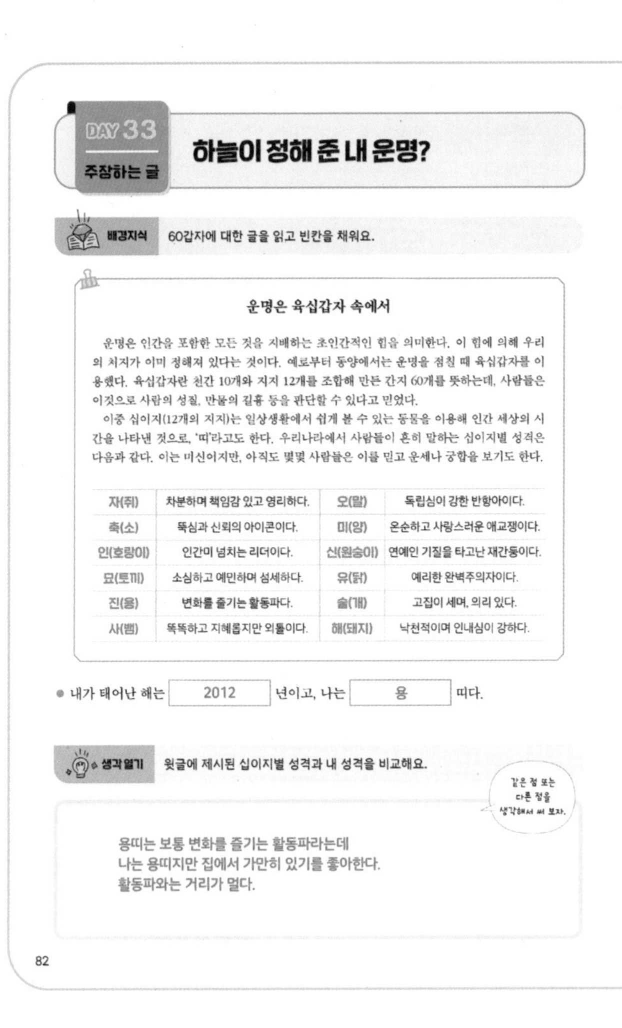

DAY 33

주장하는 글

하늘이 정해 준 내 운명?

배경지식 60갑자에 대한 글을 읽고 빈칸을 채워요.

운명은 육십갑자 속에서

운명은 인간을 포함한 모든 것을 지배하는 초인간적인 힘을 의미한다. 이 힘에 의해 우리의 처지가 이미 정해져 있다는 것이다. 예로부터 동양에서는 운명을 점칠 때 육십갑자를 이용했다. 육십갑자란 천간 10개와 지지 12개를 조합해 만든 간지 60개를 뜻하는데, 사람들은 이것으로 사람의 성질, 만물의 길흉 등을 판단할 수 있다고 믿었다.

이중 십이지(12개의 지지)는 일상생활에서 쉽게 볼 수 있는 동물을 이용해 인간 세상의 시간을 나타낸 것으로, '띠'라고도 한다. 우리나라에서 사람들이 흔히 말하는 십이지별 성격은 다음과 같다. 이는 미신이지만, 아직도 몇몇 사람들은 이를 믿고 운세나 궁합을 보기도 한다.

자(쥐)	차분하며 책임감 있고 영리하다.	오(말)	독립심이 강한 반항아이다.
축(소)	뚝심과 신뢰의 아이콘이다.	미(양)	온순하고 사랑스러운 애교쟁이다.
인(호랑이)	인간미 넘치는 리더이다.	신(원숭이)	연예인 기질을 타고난 재간둥이다.
묘(토끼)	소심하고 예민하며 섬세하다.	유(닭)	예리한 완벽주의자이다.
진(용)	변화를 즐기는 활동파다.	술(개)	고집이 세며, 의리 있다.
사(뱀)	똑똑하고 지혜롭지만 외톨이다.	해(돼지)	낙천적이며 인내심이 강하다.

● 내가 태어난 해는 2012 년이고, 나는 용 띠다.

생각열기 윗글에 제시된 십이지별 성격과 내 성격을 비교해요.

같은 점 또는 다른 점을 생각해서 써 보자.

용띠는 보통 변화를 즐기는 활동파라는데
나는 용띠지만 집에서 가만히 있기를 좋아한다.
활동파와는 거리가 멀다.

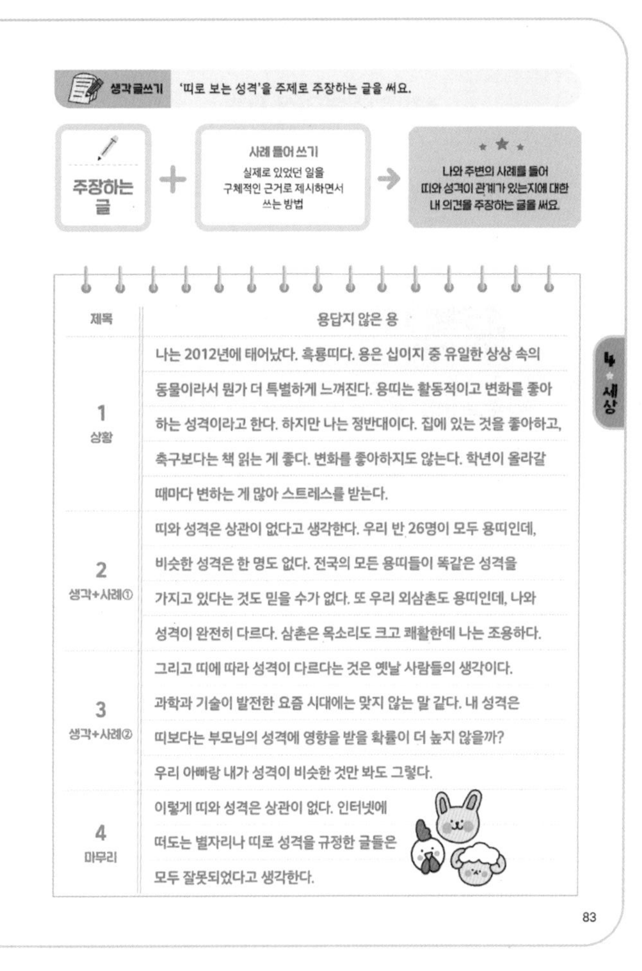

생각글쓰기 '띠로 보는 성격'을 주제로 주장하는 글을 써요.

주장하는 글 + 사례 들어 쓰기: 실제로 있었던 일을 구체적인 근거로 제시하면서 쓰는 방법 → 나와 주변의 사례를 들어 띠와 성격이 관계가 있는지에 대한 내 의견을 주장하는 글을 써요.

제목	용답지 않은 용
1 상황	나는 2012년에 태어났다. 흑룡띠다. 용은 십이지 중 유일한 상상 속의 동물이라서 뭔가 더 특별하게 느껴진다. 용띠는 활동적이고 변화를 좋아하는 성격이라고 한다. 하지만 나는 정반대이다. 집에 있는 것을 좋아하고, 축구보다는 책 읽는 게 좋다. 변화를 좋아하지도 않는다. 학년이 올라갈 때마다 변하는 게 많아 스트레스를 받는다.
2 생각+사례①	띠와 성격은 상관이 없다고 생각한다. 우리 반 26명이 모두 용띠인데, 비슷한 성격은 한 명도 없다. 전국의 모든 용띠들이 똑같은 성격을 가지고 있다는 것도 믿을 수가 없다. 또 우리 외삼촌도 용띠인데, 나와 성격이 완전히 다르다. 삼촌은 목소리도 크고 쾌활한데 나는 조용하다.
3 생각+사례②	그리고 띠에 따라 성격이 다르다는 것은 옛날 사람들의 생각이다. 과학과 기술이 발전한 요즘 시대에는 맞지 않는 말 같다. 내 성격은 띠보다는 부모님의 성격에 영향을 받을 확률이 더 높지 않을까? 우리 아빠랑 내가 성격이 비슷한 것만 봐도 그렇다.
4 마무리	이렇게 띠와 성격은 상관이 없다. 인터넷에 떠도는 별자리나 띠로 성격을 규정한 글들은 모두 잘못되었다고 생각한다.

4 세상

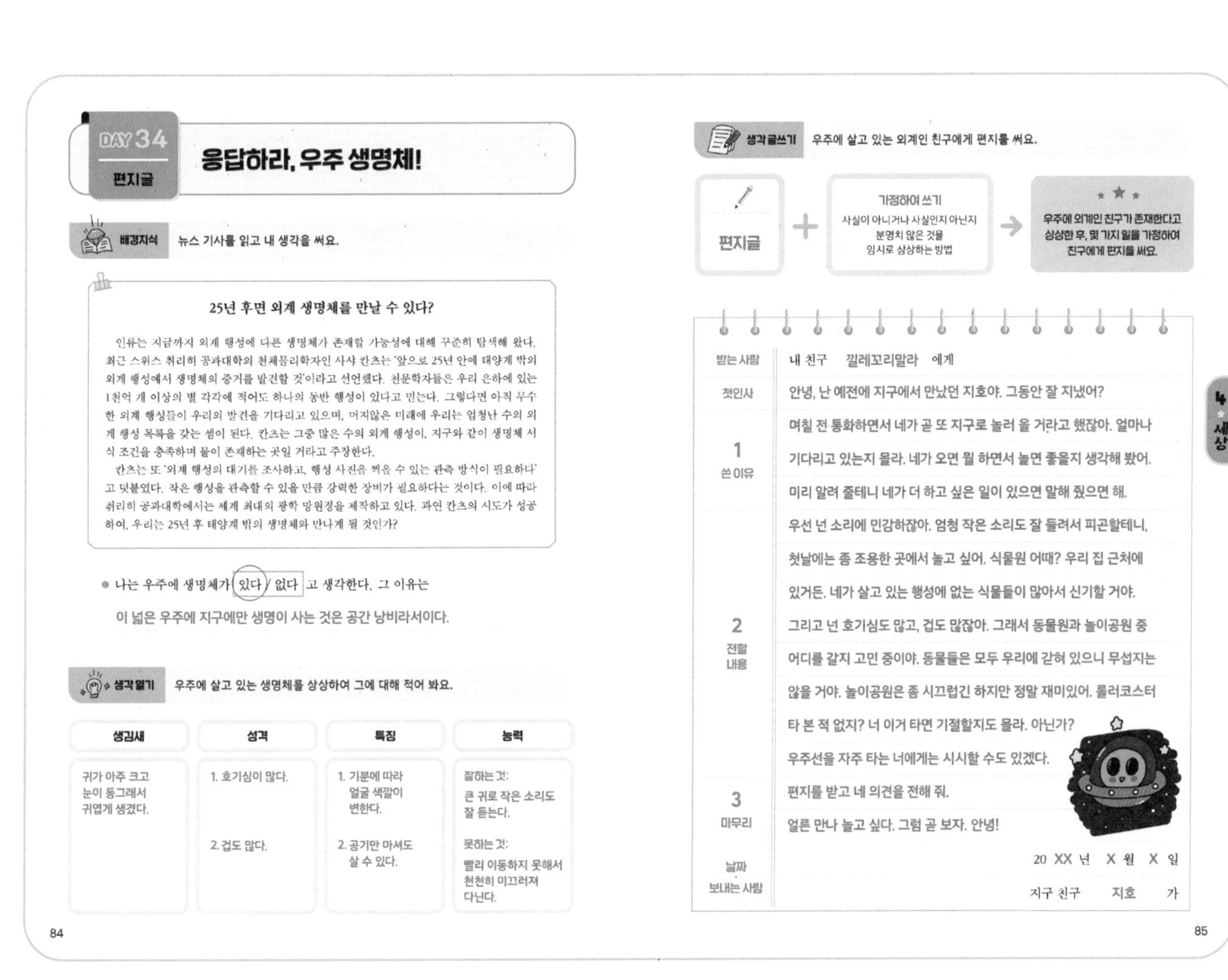

DAY 34

편지글

응답하라, 우주 생명체!

배경지식 뉴스 기사를 읽고 내 생각을 써요.

25년 후면 외계 생명체를 만날 수 있다?

인류는 지금까지 외계 행성에 다른 생명체가 존재할 가능성에 대해 꾸준히 탐색해 왔다. 최근 스위스 취리히 공과대학의 천체물리학자인 사샤 칸츠는 '앞으로 25년 안에 태양계 밖의 외계 행성에서 생명체의 증거를 발견할 것'이라고 선언했다. 천문학자들은 우리 은하에 있는 1천억 개 이상의 별 각각에 적어도 하나의 동반 행성이 있다고 믿는다. 그렇다면 아직 무수한 외계 행성들이 우리의 발견을 기다리고 있으며, 머지않은 미래에 우리는 엄청난 수의 외계 행성 목록을 갖는 셈이 된다. 칸츠는 그중 많은 수의 외계 행성이, 지구와 같이 생명체 서식 조건을 충족하며 물이 존재하는 곳일 거라고 주장한다.

칸츠는 또 '외계 행성의 대기를 조사하고, 행성 사진을 찍을 수 있는 관측 방식이 필요하다'고 덧붙였다. 작은 행성을 관측할 수 있을 만큼 강력한 장비가 필요하다는 것이다. 이에 따라 취리히 공과대학에서는 세계 최대의 광학 망원경을 제작하고 있다. 과연 칸츠의 시도가 성공하여, 우리는 25년 후 태양계 밖의 생명체와 만나게 될 것인가?

● 나는 우주에 생명체가 있다 / 없다 고 생각한다. 그 이유는

이 넓은 우주에 지구에만 생명이 사는 것은 공간 낭비라서이다.

생각열기 우주에 살고 있는 생명체를 상상하여 그에 대해 적어 봐요.

생김새	성격	특징	능력
귀가 아주 크고 눈이 동그래서 귀엽게 생겼다.	1. 호기심이 많다. 2. 겁도 많다.	1. 기분에 따라 얼굴 색깔이 변한다. 2. 공기만 마셔도 살 수 있다.	잘하는 것: 큰 귀로 작은 소리도 잘 듣는다. 못하는 것: 빨리 이동하지 못해서 천천히 미끄러져 다닌다.

생각글쓰기 우주에 살고 있는 외계인 친구에게 편지를 써요.

편지글 + 가정하여 쓰기: 사실이 아니거나 사실인지 아닌지 분명치 않은 것을 임시로 상상하는 방법 → 우주에 외계인 친구가 존재한다고 상상한 후, 몇 가지 일을 가정하여 친구에게 편지를 써요.

받는 사람	내 친구 낄레꼬리말라 에게
첫인사	안녕, 난 예전에 지구에서 만났던 지호야. 그동안 잘 지냈어?
1 쓴 이유	며칠 전 통화하면서 네가 곧 또 지구로 놀러 올 거라고 했잖아. 얼마나 기다리고 있는지 몰라. 네가 오면 뭘 하면서 놀면 좋을지 생각해 봤어. 미리 알려 줄테니 네가 더 하고 싶은 일이 있으면 말해 줬으면 해.
2 전할 내용	우선 넌 소리에 민감하잖아. 엄청 작은 소리도 잘 들려서 피곤할테니, 첫날에는 좀 조용한 곳에서 놀고 싶어. 식물원 어때? 우리 집 근처에 있거든. 네가 살고 있는 행성에 없는 식물들이 많아서 신기할 거야. 그리고 넌 호기심도 많고, 겁도 많잖아. 그래서 동물원과 놀이공원 중 어디를 갈지 고민 중이야. 동물들은 모두 우리에 갇혀 있으니 무섭지는 않을 거야. 놀이공원은 좀 시끄럽긴 하지만 정말 재미있어. 롤러코스터 타 본 적 없지? 너 이거 타면 기절할지도 몰라. 아닌가? 우주선을 자주 타는 너에게는 시시할 수도 있겠다.
3 마무리	편지를 받고 네 의견을 전해 줘. 얼른 만나 놀고 싶다. 그럼 곧 보자. 안녕!
날짜	20 XX 년 X 월 X 일
보내는 사람	지구 친구 지호 가

4 세상

DAY 35 광고글 스마트폰 속 가상 세계

배경지식 공익광고를 보고, 어떤 내용을 담고 있는지 생각해 봐요.

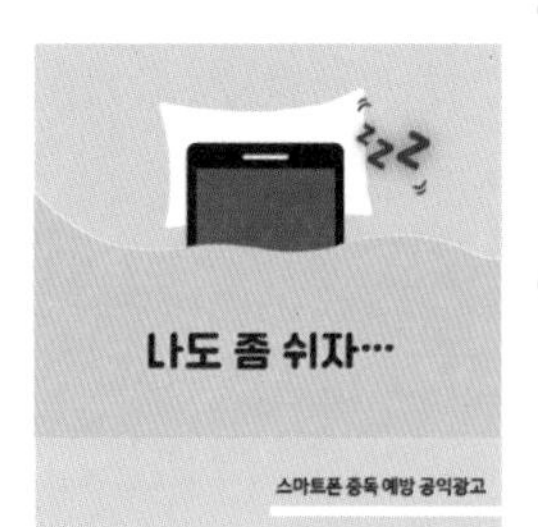

● 포스터에서 드러난 문제는 무엇일까요?

스마트폰 중독 문제. 사람들이 하루 종일 스마트폰만 보고 있는 현실을 보여 주고 있다.

● 포스터를 보고 어떤 생각이 드나요?

내 이야기인 것 같아서 찔린다. 내 스마트폰도 아마 저렇게 생각하고 있을 것 같다. 스마트폰 입장에서는 내가 한심하거나 원망스러울 수도 있겠다.

생각열기 '스마트폰 속 가상 세계'에 대한 생각에 찬성측과 반대측이 되어 주장을 써요.

주장	입장	내용
가상 세계에서 소통을 잘하면 현실에서도 소통을 잘한다!	✓ 찬성측	가상 세계에서 소통을 잘한다는 것은 소통 능력을 타고난 것이기에 현실에서도 다른 사람보다 소통을 잘할 수 있을 것입니다.
	✗ 반대측	온라인에서 아무리 관계를 잘 맺는다 해도, 현실에서 소통 경험이 없거나 적은 사람들은 실제 사회생활에 문제가 생길 수 있습니다.
가상 세계에서 한 경험은 현실 세계를 사는 데 도움이 된다!	✓ 찬성측	가상 세계의 경험에서 배운 것이 있다면 현실 세계의 생활에도 좋은 영향을 줄 수 있습니다.
	✗ 반대측	현실 세계에서 본인만 노력한다면 충분히 즐겁게 살 수 있기 때문에 가상 세계의 경험은 그리 중요하지 않습니다.

86

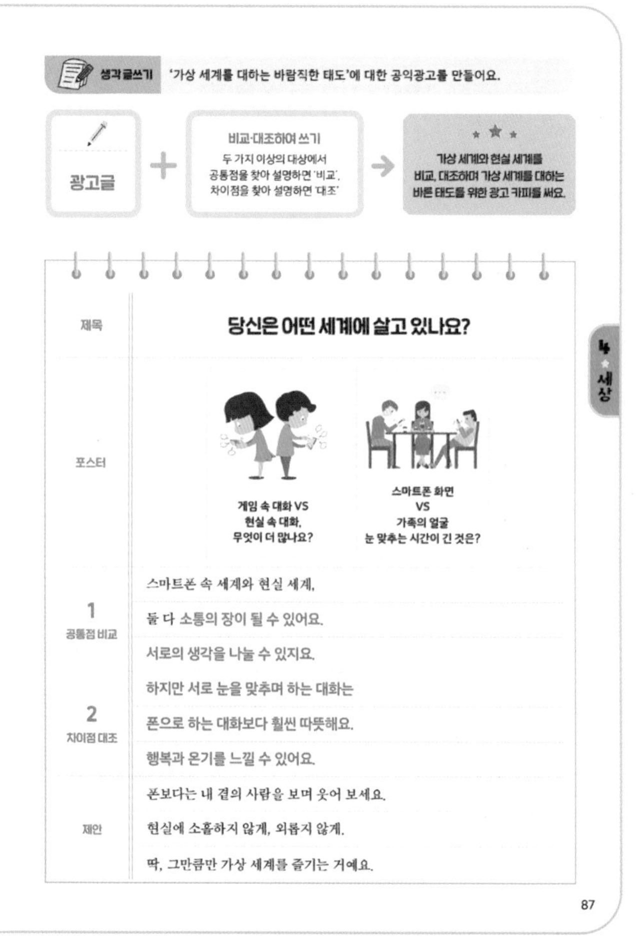

생각글쓰기 '가상 세계를 대하는 바람직한 태도'에 대한 공익광고를 만들어요.

광고글 + 비교·대조하여 쓰기: 두 가지 이상의 대상에서 공통점을 찾아 설명하면 '비교', 차이점을 찾아 설명하면 '대조' → 가상 세계와 현실 세계를 비교, 대조하며 가상 세계를 대하는 바른 태도를 위한 광고 카피를 써요.

제목	당신은 어떤 세계에 살고 있나요?
포스터	게임 속 대화 VS 현실 속 대화, 무엇이 더 많나요? / 스마트폰 화면 VS 가족의 얼굴 눈 맞추는 시간이 긴 것은?
1 공통점 비교	스마트폰 속 세계와 현실 세계, 둘 다 소통의 장이 될 수 있어요. 서로의 생각을 나눌 수 있지요.
2 차이점 대조	하지만 서로 눈을 맞추며 하는 대화는 폰으로 하는 대화보다 훨씬 따뜻해요. 행복과 온기를 느낄 수 있어요.
제안	폰보다는 내 곁의 사람을 보며 웃어 보세요. 현실에 소홀하지 않게, 외롭지 않게. 딱, 그만큼만 가상 세계를 즐기는 거예요.

87

DAY 36 기행글 지옥과 천국은 어떤 곳일까?

배경지식 지옥과 천국에 관한 사자성어를 알아봐요.

아비규환 (阿鼻叫喚)

'차마 눈 뜨고 보지 못할 참상'이라는 뜻으로, 하루에 수천 번씩 죽었다 되살아나는 고통을 받는 아비지옥과 펄펄 끓는 가마솥, 뜨거운 불 속에 던져져 고통스럽게 울부짖는 규환지옥을 합친 말이에요.

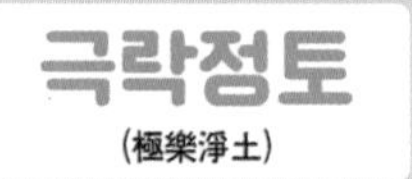

극락정토 (極樂淨土)

'더없이 안락하고 편안하며 아무 걱정이 없는 곳'을 뜻해요. 살아서 덕을 쌓고 바르게 산 사람들이 죽어서 가게 된다는 곳으로, 줄여서 극락이라고 하지요. 우리가 알고 있는 천국과 같은 의미예요.

● 지옥과 천국은 실제로 존재할까요? 내 생각을 써요.

'신과 함께'라는 영화를 본 적이 있다. 살면서 잘못한 일에 대해 심판을 받고 그에 합당한 지옥으로 가서 벌을 받는 내용이었다. 실제로도 이런 지옥이 있을 것 같다.

생각열기 지옥과 천국의 모습을 떠올려 보고, 그곳에 어떤 것이 있을지 상상해서 써요.

가시밭길	도깨비 소굴	용암이 흐르는 낭떠러지
재판장	지옥	비명 소리
상어 수족관	철창 감옥	후회하는 사람들

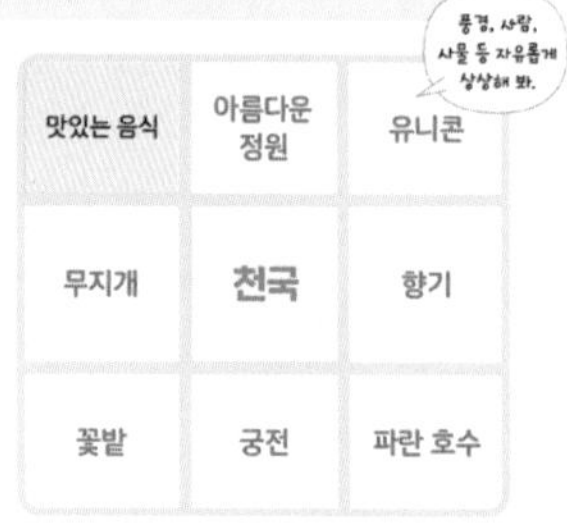

맛있는 음식	아름다운 정원	유니콘
무지개	천국	향기
꽃밭	궁전	파란 호수

88

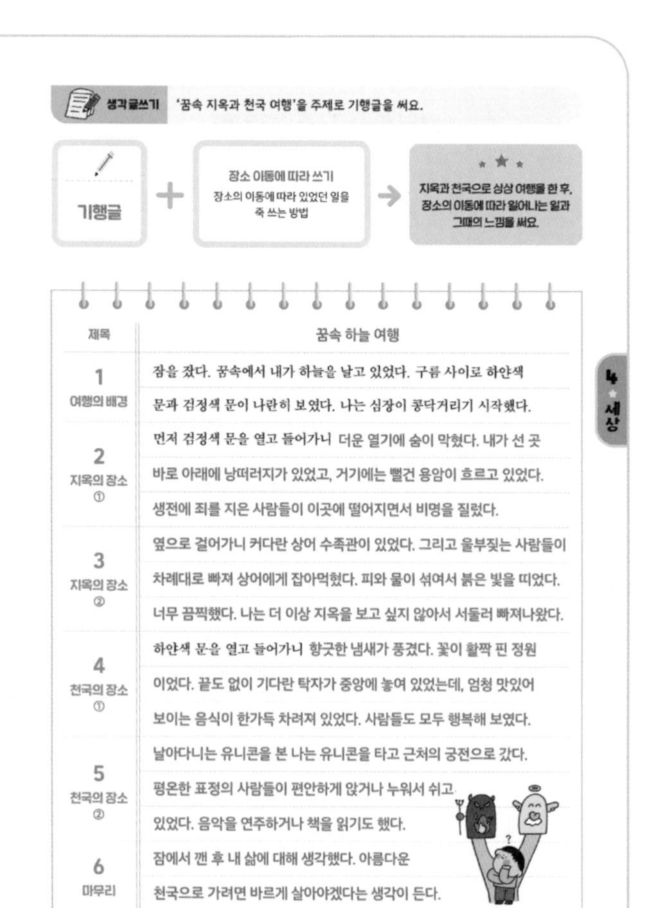

생각글쓰기 '꿈속 지옥과 천국 여행'을 주제로 기행글을 써요.

기행글 + 장소 이동에 따라 쓰기: 장소의 이동에 따라 있었던 일을 죽 쓰는 방법 → 지옥과 천국으로 상상 여행을 한 후, 장소의 이동에 따라 일어나는 일과 그때의 느낌을 써요.

제목	꿈속 하늘 여행
1 여행의 배경	잠을 잤다. 꿈속에서 내가 하늘을 날고 있었다. 구름 사이로 하얀색 문과 검정색 문이 나란히 보였다. 나는 심장이 콩닥거리기 시작했다.
2 지옥의 장소 ①	먼저 검정색 문을 열고 들어가니 더운 열기에 숨이 막혔다. 내가 선 곳 바로 아래에 낭떠러지가 있었고, 거기에는 빨간 용암이 흐르고 있었다. 생전에 죄를 지은 사람들이 이곳에 떨어지면서 비명을 질렀다.
3 지옥의 장소 ②	옆으로 걸어가니 커다란 상어 수족관이 있었다. 그리고 울부짖는 사람들이 차례대로 빠져 상어에게 잡아먹혔다. 피와 물이 섞여서 붉은 빛을 띠었다. 너무 끔찍했다. 나는 더 이상 지옥을 보고 싶지 않아서 서둘러 빠져나왔다.
4 천국의 장소 ①	하얀색 문을 열고 들어가니 향긋한 냄새가 풍겼다. 꽃이 활짝 핀 정원이었다. 끝도 없이 기다란 탁자가 중앙에 놓여 있었는데, 엄청 맛있어 보이는 음식이 한가득 차려져 있었다. 사람들도 모두 행복해 보였다.
5 천국의 장소 ②	날아다니는 유니콘을 본 나는 유니콘을 타고 근처의 궁전으로 갔다. 평온한 표정의 사람들이 편안하게 앉거나 누워서 쉬고 있었다. 음악을 연주하거나 책을 읽기도 했다.
6 마무리	잠에서 깬 후 내 삶에 대해 생각했다. 아름다운 천국으로 가려면 바르게 살아야겠다는 생각이 든다.

89

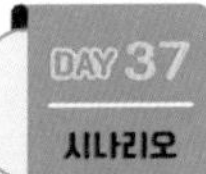

DAY 37 시나리오

구토 설화 속으로

배경지식 소설 〈별주부전〉의 유래가 된 구토 설화를 읽어 봐요.

*구토 설화: 토끼와 거북 설화

구토 설화

바닷속 용왕이 큰 병에 걸려 몸져 누웠다. 약이란 약은 다 써 보았지만 아무 소용이 없었다. 용왕은 마지막으로 간절히 하늘에 빌었다. 그러자 오색 구름이 내려와 용궁을 뒤덮더니, 도포 차림에 흰 수염을 드리운 신선이 나타나 '육지에 사는 토끼의 간을 구해 따뜻할 때 먹으면 병이 나을 것'이라 말했다.

용왕은 신하들에게 토끼를 잡아 오라 명했지만 아무도 나서는 자가 없었다. 그러자 그동안 멸시를 받던 별주부(자라)가 토끼 그림을 들고 육지로 나갔다. 산속에서 말로만 듣던 토끼를 만난 별주부는, 자신은 용왕을 보필할 지혜로운 신하를 찾아 온 세상을 돌아다니는 중이라고 말하며 출세에 눈이 먼 토끼를 꾀어 용궁으로 데려갔다.

용궁에 도착한 토끼는 별주부에게 속았다는 것을 알았다. 용왕이 토끼에게 빨리 간을 내놓으라고 하자, 토끼는 꾀를 내었다. 지금은 뭍에다 간을 꺼내 놓고 와서 몸 안에 간이 없으며, 자신을 뭍으로 보내 주면 자기 간뿐만 아니라 늙은 소나무에 매달린 다른 토끼의 간까지 가져다 주겠다고 한 것이다.

그 말에 넘어간 용왕은 토끼에게 큰 잔치를 베풀어 주고, 토끼를 뭍으로 보냈다. 바닷속 구경을 실컷 하고 뭍에 도착한 토끼는 별주부에게 어떤 동물이 간을 빼놓고 다닐 수 있냐고, 몸에 좋은 토끼 똥이라도 들고 가라고 말하며 한바탕 혼을 냈다. 용왕은 별주부가 들고 온 토끼 똥을 먹고 다시 건강해져서 삼천 살을 넘게 살았다고 한다.

생각 열기 내가 생각하는 구토 설화 속 등장 인물의 성격을 정리해요.

토끼
지혜롭고 신분 상승을 하고 싶은 욕심이 있다. 임기응변에 뛰어나다.

별주부
매우 충성스럽다. 우직하고 맡은 임무를 묵묵하게 수행한다.

용왕
자기가 살기 위해 남의 생명을 위협하는 이기적인 인물이다.

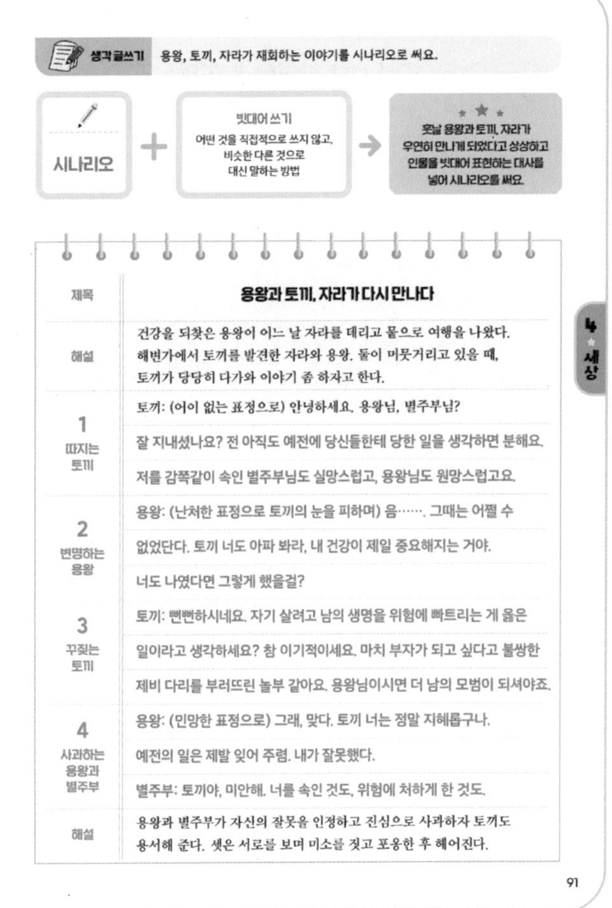

생각 글쓰기 용왕, 토끼, 자라가 재회하는 이야기를 시나리오로 써요.

시나리오 + 빗대어 쓰기: 어떤 것을 직접적으로 쓰지 않고, 비슷한 다른 것으로 대신 말하는 방법 → 훗날 용왕과 토끼, 자라가 우연히 만나게 되었다고 상상하고 인물을 빗대어 표현하는 대사를 넣어 시나리오를 써요.

제목	**용왕과 토끼, 자라가 다시 만나다**
해설	건강을 되찾은 용왕이 어느 날 자라를 데리고 뭍으로 여행을 나왔다. 해변가에서 토끼를 발견한 자라와 용왕. 둘이 머뭇거리고 있을 때, 토끼가 당당히 다가와 이야기 좀 하자고 한다.
1 따지는 토끼	토끼: (어이 없는 표정으로) 안녕하세요. 용왕님, 별주부님? 잘 지내셨나요? 전 아직도 예전에 당신들한테 당한 일을 생각하면 분해요. 저를 감쪽같이 속인 별주부님도 실망스럽고, 용왕님도 원망스럽고요.
2 변명하는 용왕	용왕: (난처한 표정으로 토끼의 눈을 피하며) 음……. 그때는 어쩔 수 없었단다. 토끼 너도 아파 봐라, 내 건강이 제일 중요해지는 거야. 너도 나였다면 그렇게 했을걸?
3 꾸짖는 토끼	토끼: 뻔뻔하시네요. 자기 살려고 남의 생명을 위험에 빠트리는 게 옳은 일이라고 생각하세요? 참 이기적이세요. 마치 부자가 되고 싶다고 불쌍한 제비 다리를 부러뜨린 놀부 같아요. 용왕님이시면 더 남의 모범이 되셔야죠.
4 사과하는 용왕과 별주부	용왕: (민망한 표정으로) 그래, 맞다. 토끼 너는 정말 지혜롭구나. 예전의 일은 제발 잊어 주렴. 내가 잘못했다. 별주부: 토끼야, 미안해. 너를 속인 것도, 위험에 처하게 한 것도.
해설	용왕과 별주부가 자신의 잘못을 인정하고 진심으로 사과하자 토끼도 용서해 준다. 셋은 서로를 보며 미소를 짓고 포옹한 후 헤어진다.

4 세상

DAY 38 설명글

올림포스 신을 만나 볼까?

배경지식 그리스 로마 신화 속 올림포스 신 이야기를 읽어 봐요.

12명의 올림포스 신 이야기

올림포스는 고대 그리스 신화에서 신들의 궁전이라고 불리는 산이야. 이곳에는 고대인들이 상상해서 만든 6명의 남신, 6명의 여신이 살고 있지. 올림포스 십이신은 최고의 신 '제우스'를 중심으로 혈연관계로 엮여 있어. 제우스는 하늘과 기후, 법과 질서를 다스리지. '헤라'는 제우스의 누나이자 아내, 신들의 여왕인데 일과 양육, 결혼을 맡고 있으며 질투의 신이라고도 불려. '포세이돈'은 제우스와 형제지간으로 주로 삼지창을 든 모습으로 묘사돼. 바다와 강, 폭풍, 지진 등을 다스리지. '데메테르'는 제우스의 누나로, 땅의 풍요와 농업을 관장하는 대지의 여신이고.

나머지 신들은 모두 제우스의 자녀야. '아테나'는 제우스의 머리에서 태어난 맏딸로, 아테네를 수호하는 지혜의 여신이야. '아레스'는 전쟁터에서의 용기와 담력을 상징하는 전쟁의 신이지. 예언과 음악, 시의 신인 '아폴론'과 사냥, 순결, 달의 여신인 '아르테미스'는 둘 다 뛰어난 궁수이고, 닮은 쌍둥이 남매야. 미와 사랑의 여신 '아프로디테', 길과 여행, 전령의 신 '헤르메스', 망치를 든 대장장이로 묘사되는 불의 신 '헤파이스토스', 지팡이와 술잔을 들고 있는 술과 연회의 신 '디오니소스'……. 모두 제우스와는 부모 자식 관계야.

고대인들은 올림포스의 신들이 전쟁, 왕위 계승, 나라의 흥망과 같은 세상의 중요한 일들을 결정할 뿐 아니라 결혼, 농사, 연회 등 인간 삶의 세세한 부분까지 관여한다고 믿었어. 그리스 로마 신화를 찾아 읽고, 올림포스 신들의 이야기를 더 알아보지 않을래?

생각 열기 위 글을 읽고, 각 신이 무엇을 상징하거나 관장하는지 정리해요.

제우스	하늘, 기후, 법, 질서	아폴론	예언, 음악, 시
헤라	일, 양육, 결혼	아르테미스	사냥, 순결, 달
포세이돈	바다, 강, 폭풍, 지진	아프로디테	미, 사랑
데메테르	땅의 풍요, 농업	헤르메스	길, 여행, 전령
아테나	지혜	헤파이스토스	불
아레스	용기, 담력, 전쟁	디오니소스	술, 연회

생각 글쓰기 '올림포스 신'에 대해 더 알아보고, 설명하는 글을 써요.

설명글 + 나열하여 쓰기: 사례나 방법들을 죽 벌여 놓으며 쓰는 방법

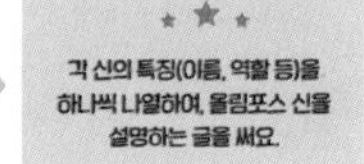

각 신의 특징(이름, 역할 등)을 하나씩 나열하여, 올림포스 신을 설명하는 글을 써요.

제목	**올림포스 신을 소개합니다**
1 주제 소개	고대 그리스에서는 올림포스 산에서 산다고 전해지는 12명의 신이 있었다. 그 신들의 이야기는 현대 사회에도 많은 영향을 주고 있으며, 사람들의 흥미를 끌고 있다. 올림포스 신들은 모두 제각각 특징이 있다. 그중 몇몇 신을 소개하려고 한다.
2 내가 좋아하는 신	올림포스 신들은 모두 제우스와 헤라를 중심으로 연결되어 있는 가족이다. 그중 내가 가장 좋아하는 신은 '헤파이스토스'다. 헤파이스토스는 대장장이의 신이고, 제우스의 아들이기도 하다. 그는 신인데도 못생긴 절름발이다. 하지만 자신만의 방법으로 물건을 만드는 기술을 연마하며 노력하는 모습이 왠지 인간적이라서 호감이 생겼다.
3 내가 싫어하는 신	반대로 비호감인 신은 '제우스'다. 신들의 왕인 제우스는 바람둥이다. 그래서 자식도 수도 없이 많다. 왕이면 왕답게 바른 리더십을 가져야 하는데, 자식을 버리거나 바람을 피워 아내를 힘들게 하는 모습이 실망스럽다. 문란한 그리스 신들을 말리지는 못할망정 본인이 더한다. 그래서 난 제우스가 가장 싫다.
4 마무리	신의 이야기인데도 인간과 크게 다를 게 없다는 점이 흥미로웠다. 더 많은 신화를 읽어 보고 싶다.

4 세상

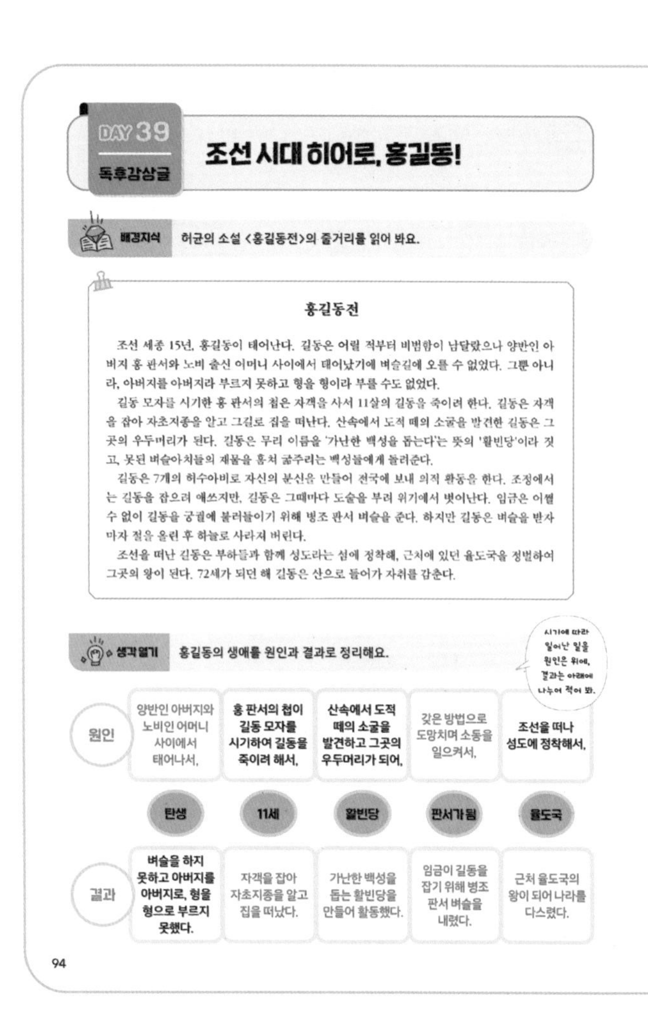

DAY 39
독후감상글

조선 시대 히어로, 홍길동!

배경지식 허균의 소설 <홍길동전>의 줄거리를 읽어 봐요.

홍길동전

조선 세종 15년, 홍길동이 태어난다. 길동은 어릴 적부터 비범함이 남달랐으나 양반인 아버지 홍 판서와 노비 출신 어머니 사이에서 태어났기에 벼슬길에 오를 수 없었다. 그뿐 아니라, 아버지를 아버지라 부르지 못하고 형을 형이라 부를 수도 없었다.

길동 모자를 시기한 홍 판서의 첩은 자객을 사서 11살의 길동을 죽이려 한다. 길동은 자객을 잡아 자초지종을 알고 그길로 집을 떠난다. 산속에서 도적 떼의 소굴을 발견한 길동은 그곳의 우두머리가 된다. 길동은 무리 이름을 '가난한 백성을 돕는다'는 뜻의 '활빈당'이라 짓고, 못된 벼슬아치들의 재물을 훔쳐 굶주리는 백성들에게 돌려준다.

길동은 7개의 허수아비로 자신의 분신을 만들어 전국에 보내 의적 활동을 한다. 조정에서는 길동을 잡으려 애쓰지만, 길동은 그때마다 도술을 부려 위기에서 벗어난다. 임금은 어쩔 수 없이 길동을 궁궐에 불러들이기 위해 병조 판서 벼슬을 준다. 하지만 길동은 벼슬을 받자마자 절을 올린 후 하늘로 사라져 버린다.

조선을 떠난 길동은 부하들과 함께 성도라는 섬에 정착해, 근처에 있던 율도국을 정벌하여 그곳의 왕이 된다. 72세가 되던 해 길동은 산으로 들어가 자취를 감춘다.

생각열기 홍길동의 생애를 원인과 결과로 정리해요.

	탄생	11세	활빈당	판서가 됨	율도국
원인	양반인 아버지와 노비인 어머니 사이에서 태어나서.	홍 판서의 첩이 길동 모자를 시기하여 길동을 죽이려 해서.	산속에서 도적 떼의 소굴을 발견하고 그곳의 우두머리가 되어.	갖은 방법으로 도망치며 소동을 일으켜서.	조선을 떠나 성도에 정착해서.
결과	벼슬을 하지 못하고 아버지를 아버지로, 형을 형으로 부르지 못했다.	자객을 잡아 자초지종을 알고 집을 떠났다.	가난한 백성을 돕는 활빈당을 만들어 활동했다.	임금이 길동을 잡기 위해 병조 판서 벼슬을 내렸다.	근처 율도국의 왕이 되어 나라를 다스렸다.

94

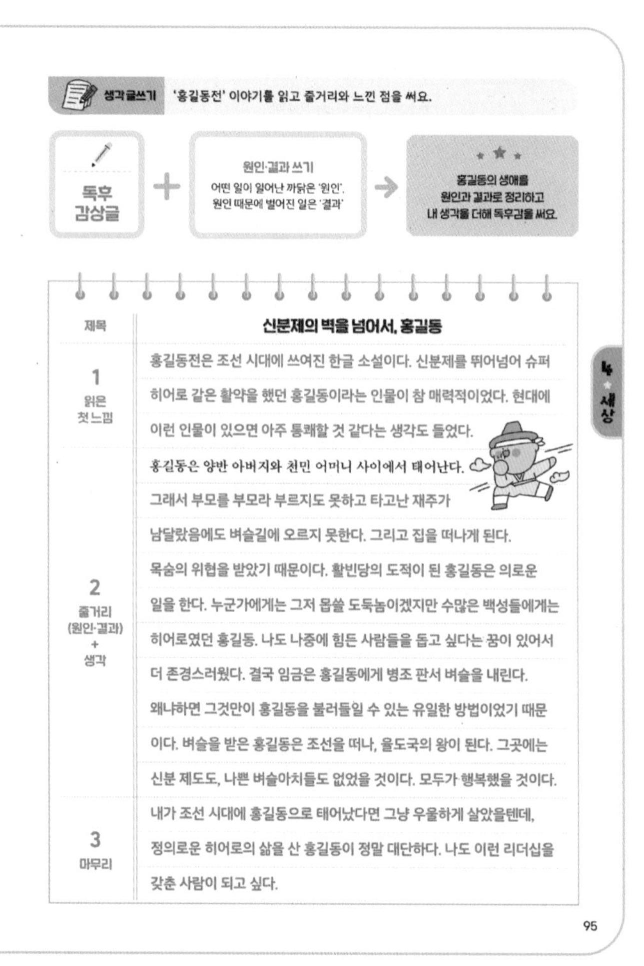

생각 글쓰기 '홍길동전' 이야기를 읽고 줄거리와 느낀 점을 써요.

독후감상글 + 원인·결과 쓰기: 어떤 일이 일어난 까닭은 '원인', 원인 때문에 벌어진 일은 '결과' → 홍길동의 생애를 원인과 결과로 정리하고 내 생각을 더해 독후감을 써요.

제목	**신분제의 벽을 넘어서, 홍길동**
1 읽은 첫느낌	홍길동전은 조선 시대에 쓰여진 한글 소설이다. 신분제를 뛰어넘어 슈퍼히어로 같은 활약을 했던 홍길동이라는 인물이 참 매력적이었다. 현대에 이런 인물이 있으면 아주 통쾌할 것 같다는 생각도 들었다.
2 줄거리(원인·결과) + 생각	홍길동은 양반 아버지와 천민 어머니 사이에서 태어난다. 그래서 부모를 부모라 부르지도 못하고 타고난 재주가 남달랐음에도 벼슬길에 오르지 못한다. 그리고 집을 떠나게 된다. 목숨의 위협을 받았기 때문이다. 활빈당의 도적이 된 홍길동은 의로운 일을 한다. 누군가에게는 그저 몹쓸 도둑놈이겠지만 수많은 백성들에게는 히어로였던 홍길동. 나도 나중에 힘든 사람들을 돕고 싶다는 꿈이 있어서 더 존경스러웠다. 결국 임금은 홍길동에게 병조 판서 벼슬을 내린다. 왜냐하면 그것만이 홍길동을 불러들일 수 있는 유일한 방법이었기 때문이다. 벼슬을 받은 홍길동은 조선을 떠나, 율도국의 왕이 된다. 그곳에는 신분 제도도, 나쁜 벼슬아치들도 없었을 것이다. 모두가 행복했을 것이다.
3 마무리	내가 조선 시대에 홍길동으로 태어났다면 그냥 우울하게 살았을텐데, 정의로운 히어로의 삶을 산 홍길동이 정말 대단하다. 나도 이런 리더십을 갖춘 사람이 되고 싶다.

4 세상

95

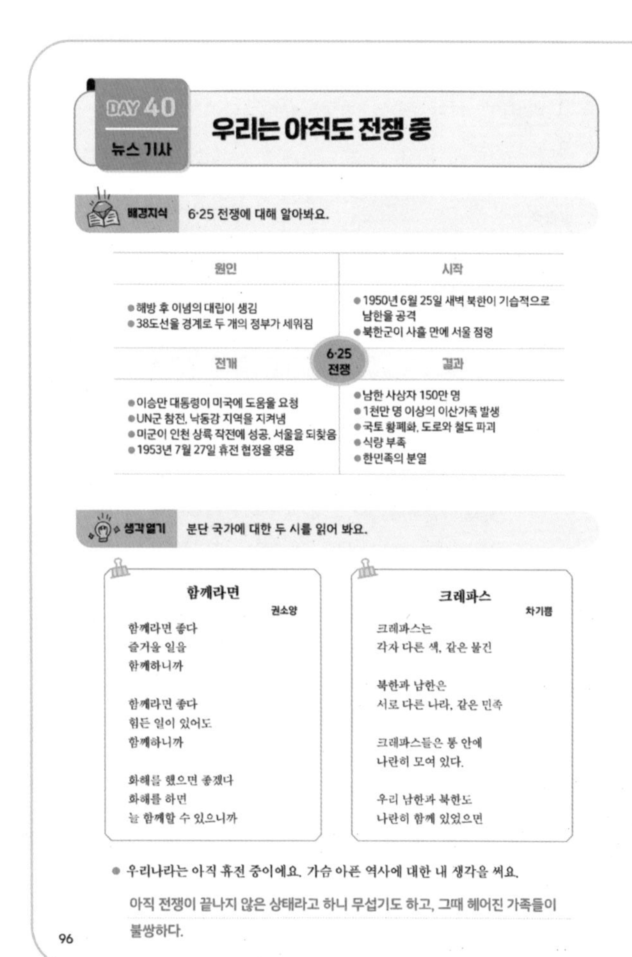

DAY 40
뉴스 기사

우리는 아직도 전쟁 중

배경지식 6·25 전쟁에 대해 알아봐요.

원인	시작
● 해방 후 이념의 대립이 생김 ● 38도선을 경계로 두 개의 정부가 세워짐	● 1950년 6월 25일 새벽 북한이 기습적으로 남한을 공격 ● 북한군이 사흘 만에 서울 점령
전개	**결과**
● 이승만 대통령이 미국에 도움을 요청 ● UN군 참전, 낙동강 지역을 지켜냄 ● 미군이 인천 상륙 작전에 성공, 서울을 되찾음 ● 1953년 7월 27일 휴전 협정을 맺음	● 남한 사상자 150만 명 ● 1천만 명 이상의 이산가족 발생 ● 국토 황폐화, 도로와 철도 파괴 ● 식량 부족 ● 한민족의 분열

6·25 전쟁

생각열기 분단 국가에 대한 두 시를 읽어 봐요.

함께라면

권소양

함께라면 좋다
즐거운 일을
함께하니까

함께라면 좋다
힘든 일이 있어도
함께하니까

화해를 했으면 좋겠다
화해를 하면
늘 함께할 수 있으니까

크레파스

차기쁨

크레파스는
각자 다른 색, 같은 물건

북한과 남한은
서로 다른 나라, 같은 민족

크레파스들은 통 안에
나란히 모여 있다.

우리 남한과 북한도
나란히 함께 있었으면

● 우리나라는 아직 휴전 중이에요. 가슴 아픈 역사에 대한 내 생각을 써요.

아직 전쟁이 끝나지 않은 상태라고 하니 무섭기도 하고, 그때 헤어진 가족들이 불쌍하다.

96

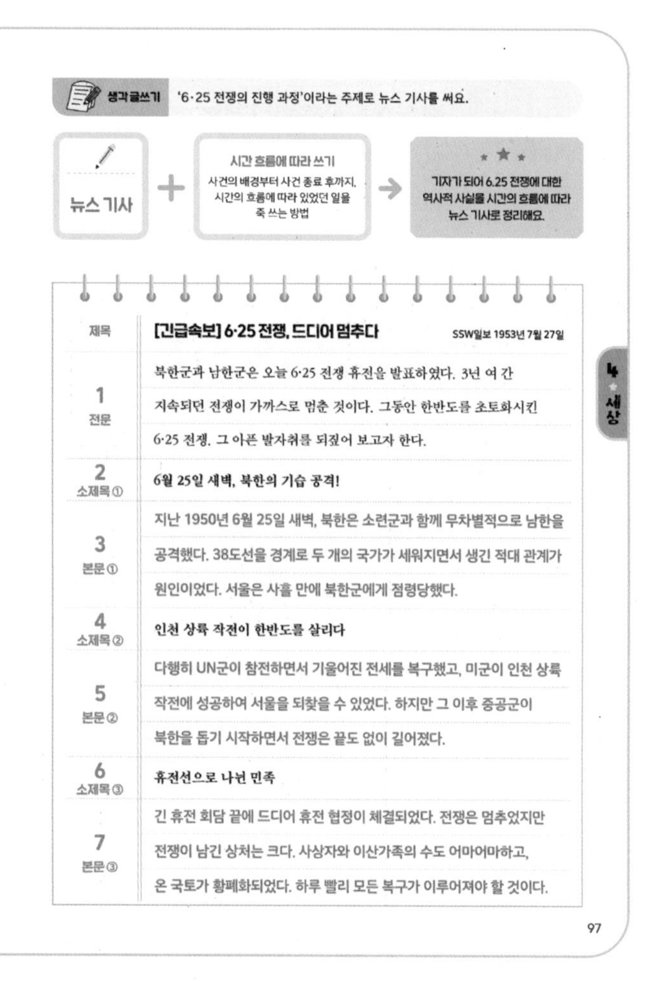

생각 글쓰기 '6·25 전쟁의 진행 과정'이라는 주제로 뉴스 기사를 써요.

뉴스 기사 + 시간 흐름에 따라 쓰기: 사건의 배경부터 사건 종료 후까지, 시간의 흐름에 따라 있었던 일을 죽 쓰는 방법 → 기자가 되어 6.25 전쟁에 대한 역사적 사실을 시간의 흐름에 따라 뉴스 기사로 정리해요.

제목	**[긴급속보] 6·25 전쟁, 드디어 멈추다** SSW일보 1953년 7월 27일
1 전문	북한군과 남한군은 오늘 6·25 전쟁 휴전을 발표하였다. 3년 여 간 지속되던 전쟁이 가까스로 멈춘 것이다. 그동안 한반도를 초토화시킨 6·25 전쟁, 그 아픈 발자취를 되짚어 보고자 한다.
2 소제목 ①	**6월 25일 새벽, 북한의 기습 공격!**
3 본문 ①	지난 1950년 6월 25일 새벽, 북한은 소련군과 함께 무차별적으로 남한을 공격했다. 38도선을 경계로 두 개의 국가가 세워지면서 생긴 적대 관계가 원인이었다. 서울은 사흘 만에 북한군에게 점령당했다.
4 소제목 ②	**인천 상륙 작전이 한반도를 살리다**
5 본문 ②	다행히 UN군이 참전하면서 기울어진 전세를 복구했고, 미군이 인천 상륙 작전에 성공하여 서울을 되찾을 수 있었다. 하지만 그 이후 중공군이 북한을 돕기 시작하면서 전쟁은 끝도 없이 길어졌다.
6 소제목 ③	**휴전선으로 나뉜 민족**
7 본문 ③	긴 휴전 회담 끝에 드디어 휴전 협정이 체결되었다. 전쟁은 멈추었지만 전쟁이 남긴 상처는 크다. 사상자와 이산가족의 수도 어마어마하고, 온 국토가 황폐화되었다. 하루 빨리 모든 복구가 이루어져야 할 것이다.

4 세상

97

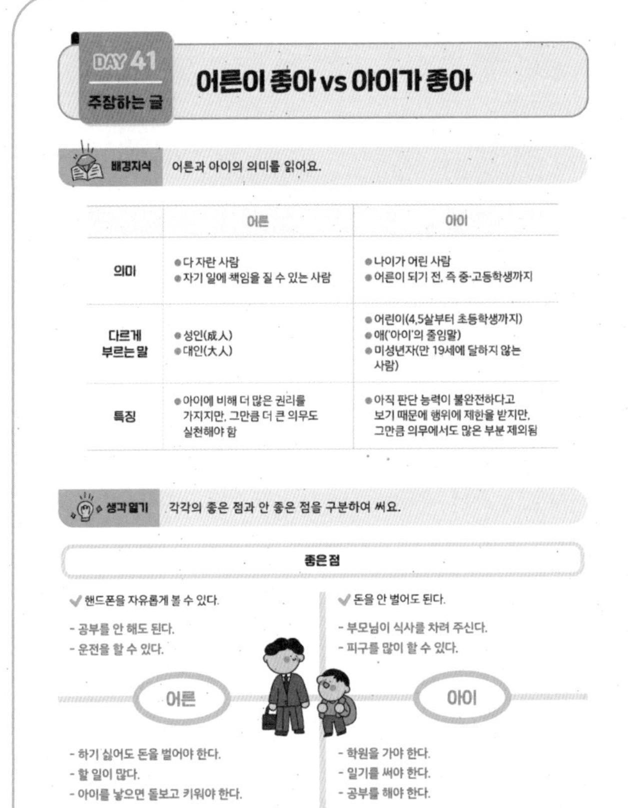

DAY 41
주장하는 글

어른이 좋아 vs 아이가 좋아

배경지식 어른과 아이의 의미를 읽어요.

	어른	아이
의미	● 다 자란 사람 ● 자기 일에 책임을 질 수 있는 사람	● 나이가 어린 사람 ● 어른이 되기 전, 즉 중·고등학생까지
다르게 부르는 말	● 성인(成人) ● 대인(大人)	● 어린이(4,5살부터 초등학생까지) ● 애('아이'의 줄임말) ● 미성년자(만 19세에 달하지 않는 사람)
특징	● 아이에 비해 더 많은 권리를 가지지만, 그만큼 더 큰 의무도 실천해야 함	● 아직 판단 능력이 불완전하다고 보기 때문에 행위에 제한을 받지만, 그만큼 의무에서도 많은 부분 제외됨

생각열기 각각의 좋은 점과 안 좋은 점을 구분하여 써요.

좋은 점

어른
- ✔ 핸드폰을 자유롭게 볼 수 있다.
- 공부를 안 해도 된다.
- 운전을 할 수 있다.

아이
- ✔ 돈을 안 벌어도 된다.
- 부모님이 식사를 차려 주신다.
- 피구를 많이 할 수 있다.

안 좋은 점

어른
- 하기 싫어도 돈을 벌어야 한다.
- 할 일이 많다.
- 아이를 낳으면 돌보고 키워야 한다.

아이
- 학원을 가야 한다.
- 일기를 써야 한다.
- 공부를 해야 한다.

100

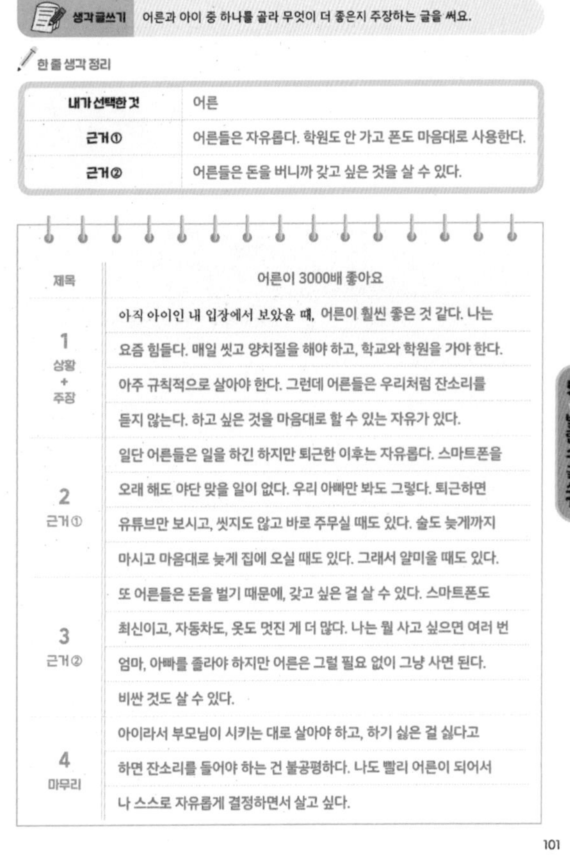

생각글쓰기 어른과 아이 중 하나를 골라 무엇이 더 좋은지 주장하는 글을 써요.

한 줄 생각 정리

내가 선택한 것	어른
근거①	어른들은 자유롭다. 학원도 안 가고 폰도 마음대로 사용한다.
근거②	어른들은 돈을 버니까 갖고 싶은 것을 살 수 있다.

제목	어른이 3000배 좋아요
1 상황 + 주장	아직 아이인 내 입장에서 보았을 때, 어른이 훨씬 좋은 것 같다. 나는 요즘 힘들다. 매일 씻고 양치질을 해야 하고, 학교와 학원을 가야 한다. 아주 규칙적으로 살아야 한다. 그런데 어른들은 우리처럼 잔소리를 듣지 않는다. 하고 싶은 것을 마음대로 할 수 있는 자유가 있다.
2 근거①	일단 어른들은 일을 하긴 하지만 퇴근한 이후는 자유롭다. 스마트폰을 오래 해도 야단 맞을 일이 없다. 우리 아빠만 봐도 그렇다. 퇴근하면 유튜브만 보시고, 씻지도 않고 바로 주무실 때도 있다. 술도 늦게까지 마시고 마음대로 늦게 집에 오실 때도 있다. 그래서 얄미울 때도 있다.
3 근거②	또 어른들은 돈을 벌기 때문에, 갖고 싶은 걸 살 수 있다. 스마트폰도 최신이고, 자동차도, 옷도 멋진 게 더 많다. 나는 뭘 사고 싶으면 여러 번 엄마, 아빠를 졸라야 하지만 어른은 그럴 필요 없이 그냥 사면 된다. 비싼 것도 살 수 있다.
4 마무리	아이라서 부모님이 시키는 대로 살아야 하고, 하기 싫은 걸 싫다고 하면 잔소리를 들어야 하는 건 불공평하다. 나도 빨리 어른이 되어서 나 스스로 자유롭게 결정하면서 살고 싶다.

101

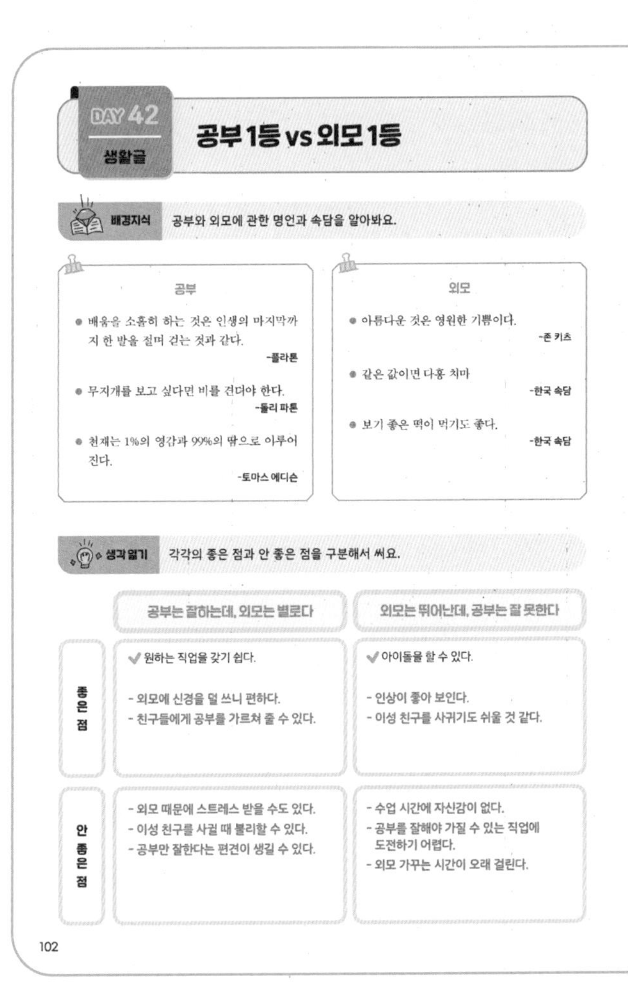

DAY 42
생활글

공부 1등 vs 외모 1등

배경지식 공부와 외모에 관한 명언과 속담을 알아봐요.

공부
- 배움을 소홀히 하는 것은 인생의 마지막까지 한 발을 절며 걷는 것과 같다. -플라톤
- 무지개를 보고 싶다면 비를 견뎌야 한다. -돌리 파튼
- 천재는 1%의 영감과 99%의 땀으로 이루어진다. -토마스 에디슨

외모
- 아름다운 것은 영원한 기쁨이다. -존 키츠
- 같은 값이면 다홍 치마 -한국 속담
- 보기 좋은 떡이 먹기도 좋다. -한국 속담

생각열기 각각의 좋은 점과 안 좋은 점을 구분해서 써요.

	공부는 잘하는데, 외모는 별로다	외모는 뛰어난데, 공부는 잘 못한다
좋은 점	✔ 원하는 직업을 갖기 쉽다. - 외모에 신경을 덜 쓰니 편하다. - 친구들에게 공부를 가르쳐 줄 수 있다.	✔ 아이돌을 할 수 있다. - 인상이 좋아 보인다. - 이성 친구를 사귀기도 쉬울 것 같다.
안 좋은 점	- 외모 때문에 스트레스 받을 수도 있다. - 이성 친구를 사귈 때 불리할 수 있다. - 공부만 잘한다는 편견이 생길 수 있다.	- 수업 시간에 자신감이 없다. - 공부를 잘해야 가질 수 있는 직업에 도전하기 어렵다. - 외모 가꾸는 시간이 오래 걸린다.

102

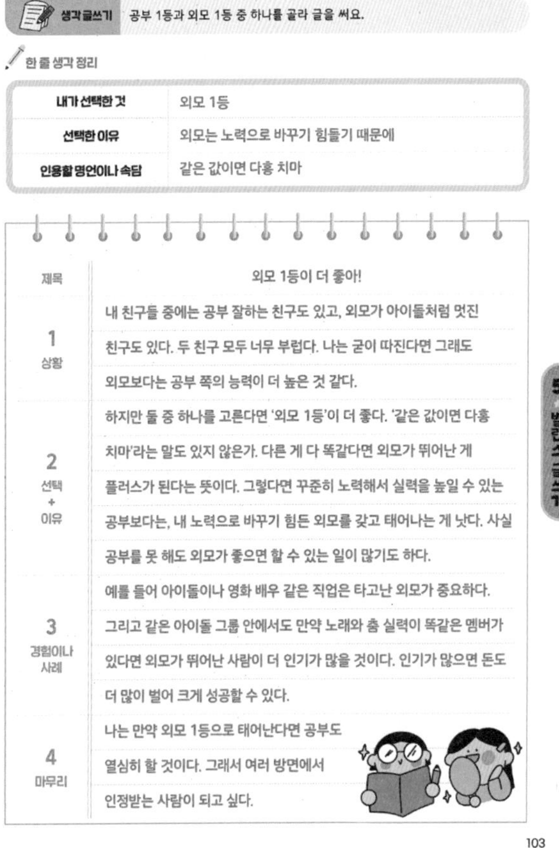

생각글쓰기 공부 1등과 외모 1등 중 하나를 골라 글을 써요.

한 줄 생각 정리

내가 선택한 것	외모 1등
선택한 이유	외모는 노력으로 바꾸기 힘들기 때문에
인용할 명언이나 속담	같은 값이면 다홍 치마

제목	외모 1등이 더 좋아!
1 상황	내 친구들 중에는 공부 잘하는 친구도 있고, 외모가 아이돌처럼 멋진 친구도 있다. 두 친구 모두 너무 부럽다. 나는 굳이 따진다면 그래도 외모보다는 공부 쪽의 능력이 더 높은 것 같다.
2 선택 + 이유	하지만 둘 중 하나를 고른다면 '외모 1등'이 더 좋다. '같은 값이면 다홍치마'라는 말도 있지 않은가. 다른 게 다 똑같다면 외모가 뛰어난 게 플러스가 된다는 뜻이다. 그렇다면 꾸준히 노력해서 실력을 높일 수 있는 공부보다는, 내 노력으로 바꾸기 힘든 외모를 갖고 태어나는 게 낫다. 사실 공부를 못 해도 외모가 좋으면 할 수 있는 일이 많기도 하다.
3 경험이나 사례	예를 들어 아이돌이나 영화 배우 같은 직업은 타고난 외모가 중요하다. 그리고 같은 아이돌 그룹 안에서도 만약 노래와 춤 실력이 똑같은 멤버가 있다면 외모가 뛰어난 사람이 더 인기가 많을 것이다. 인기가 많으면 돈도 더 많이 벌어 크게 성공할 수 있다.
4 마무리	나는 만약 외모 1등으로 태어난다면 공부도 열심히 할 것이다. 그래서 여러 방면에서 인정받는 사람이 되고 싶다.

5 밸런스 글쓰기

103

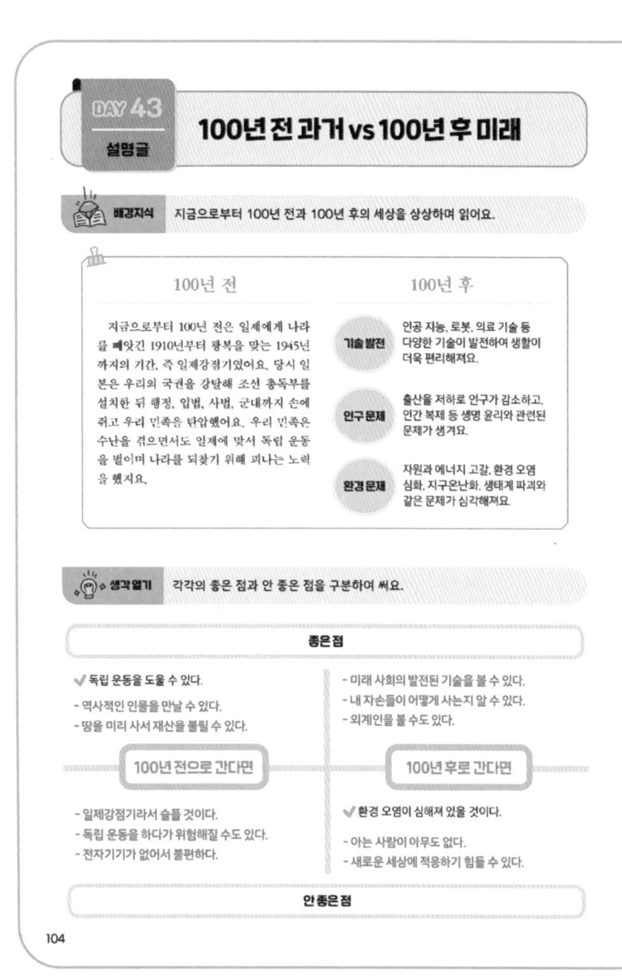

DAY 43
설명글

100년 전 과거 vs 100년 후 미래

배경지식 지금으로부터 100년 전과 100년 후의 세상을 상상하며 읽어요.

100년 전

지금으로부터 100년 전은 일제에게 나라를 빼앗긴 1910년부터 광복을 맞는 1945년까지의 기간, 즉 일제강점기였어요. 당시 일본은 우리의 국권을 강탈해 조선 총독부를 설치한 뒤 행정, 입법, 사법, 군대까지 손에 쥐고 우리 민족을 탄압했어요. 우리 민족은 수난을 겪으면서도 일제에 맞서 독립 운동을 벌이며 나라를 되찾기 위해 피나는 노력을 했지요.

100년 후

- 기술 발전: 인공 지능, 로봇, 의료 기술 등 다양한 기술이 발전하여 생활이 더욱 편리해져요.
- 인구 문제: 출산율 저하로 인구가 감소하고, 인간 복제 등 생명 윤리와 관련된 문제가 생겨요.
- 환경 문제: 자원과 에너지 고갈, 환경 오염 심화, 지구온난화, 생태계 파괴와 같은 문제가 심각해져요.

생각열기 각각의 좋은 점과 안 좋은 점을 구분하여 써요.

좋은 점

100년 전으로 간다면	100년 후로 간다면
✔ 독립 운동을 도울 수 있다. - 역사적인 인물을 만날 수 있다. - 땅을 미리 사서 재산을 불릴 수 있다.	- 미래 사회의 발전된 기술을 볼 수 있다. - 내 자손들이 어떻게 사는지 알 수 있다. - 외계인을 볼 수도 있다.
- 일제강점기라서 슬플 것이다. - 독립 운동을 하다가 위험해질 수도 있다. - 전자기기가 없어서 불편하다.	✔ 환경 오염이 심해져 있을 것이다. - 아는 사람이 아무도 없다. - 새로운 세상에 적응하기 힘들 수 있다.

안 좋은 점

104

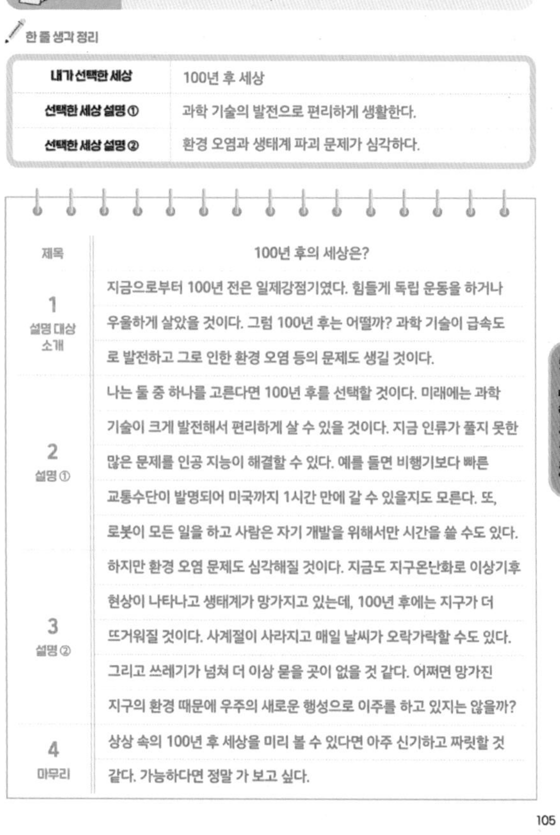

생각글쓰기 100년 전과 100년 후 세상 중 하나를 골라 설명하는 글을 써요.

한 줄 생각 정리

내가 선택한 세상	100년 후 세상
선택한 세상 설명 ①	과학 기술의 발전으로 편리하게 생활한다.
선택한 세상 설명 ②	환경 오염과 생태계 파괴 문제가 심각하다.

제목	100년 후의 세상은?
1 설명 대상 소개	지금으로부터 100년 전은 일제강점기였다. 힘들게 독립 운동을 하거나 우울하게 살았을 것이다. 그럼 100년 후는 어떨까? 과학 기술이 급속도로 발전하고 그로 인한 환경 오염 등의 문제도 생길 것이다.
2 설명 ①	나는 둘 중 하나를 고른다면 100년 후를 선택할 것이다. 미래에는 과학 기술이 크게 발전해서 편리하게 살 수 있을 것이다. 지금 인류가 풀지 못한 많은 문제를 인공 지능이 해결할 수 있다. 예를 들면 비행기보다 빠른 교통수단이 발명되어 미국까지 1시간 만에 갈 수 있을지도 모른다. 또, 로봇이 모든 일을 하고 사람은 자기 개발을 위해서만 시간을 쓸 수도 있다.
3 설명 ②	하지만 환경 오염 문제도 심각해질 것이다. 지금도 지구온난화로 이상기후 현상이 나타나고 생태계가 망가지고 있는데, 100년 후에는 지구가 더 뜨거워질 것이다. 사계절이 사라지고 매일 날씨가 오락가락할 수도 있다. 그리고 쓰레기가 넘쳐 더 이상 묻을 곳이 없을 것 같다. 어쩌면 망가진 지구의 환경 때문에 우주의 새로운 행성으로 이주를 하고 있지는 않을까?
4 마무리	상상 속의 100년 후 세상을 미리 볼 수 있다면 아주 신기하고 짜릿할 것 같다. 가능하다면 정말 가 보고 싶다.

105

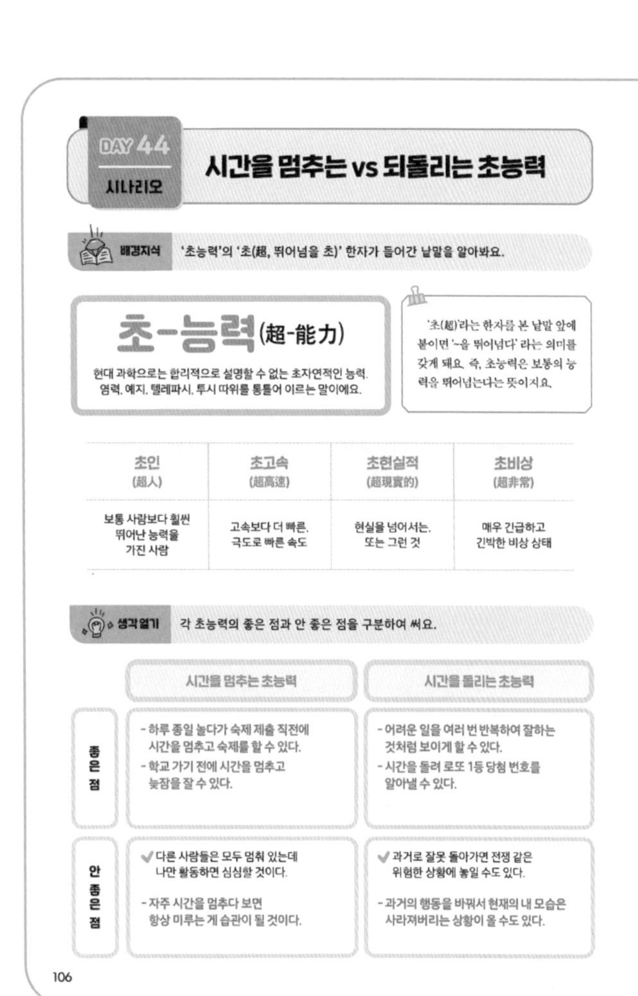

DAY 44
시나리오

시간을 멈추는 vs 되돌리는 초능력

배경지식 '초능력'의 '초(超, 뛰어넘을 초)' 한자가 들어간 낱말을 알아봐요.

초-능력(超-能力)

현대 과학으로는 합리적으로 설명할 수 없는 초자연적인 능력. 염력, 예지, 텔레파시, 투시 따위를 통틀어 이르는 말이에요.

'초(超)'라는 한자를 본 낱말 앞에 붙이면 '~을 뛰어넘다'라는 의미를 갖게 돼요. 즉, 초능력은 보통의 능력을 뛰어넘는다는 뜻이지요.

초인(超人)	초고속(超高速)	초현실적(超現實的)	초비상(超非常)
보통 사람보다 훨씬 뛰어난 능력을 가진 사람	고속보다 더 빠른. 극도로 빠른 속도	현실을 넘어서는. 또는 그런 것	매우 긴급하고 긴박한 비상 상태

생각열기 각 초능력의 좋은 점과 안 좋은 점을 구분하여 써요.

	시간을 멈추는 초능력	시간을 돌리는 초능력
좋은 점	- 하루 종일 놀다가 숙제 제출 직전에 시간을 멈추고 숙제를 할 수 있다. - 학교 가기 전에 시간을 멈추고 늦잠을 잘 수 있다.	- 어려운 일을 여러 번 반복하여 잘하는 것처럼 보이게 할 수 있다. - 시간을 돌려 로또 1등 당첨 번호를 알아낼 수 있다.
안 좋은 점	✔ 다른 사람들은 모두 멈춰 있는데 나만 활동하면 심심할 것이다. - 자주 시간을 멈추다 보면 항상 미루는 게 습관이 될 것이다.	✔ 과거로 잘못 돌아가면 전쟁 같은 위험한 상황에 놓일 수도 있다. - 과거의 행동을 바꿔서 현재의 내 모습은 사라져버리는 상황이 올 수도 있다.

106

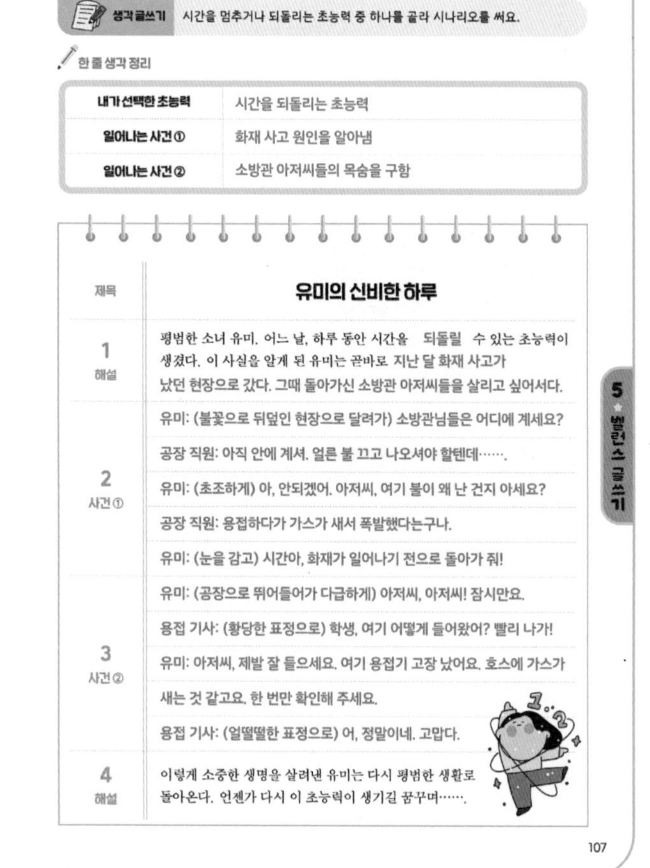

생각글쓰기 시간을 멈추거나 되돌리는 초능력 중 하나를 골라 시나리오를 써요.

한 줄 생각 정리

내가 선택한 초능력	시간을 되돌리는 초능력
일어나는 사건 ①	화재 사고 원인을 알아냄
일어나는 사건 ②	소방관 아저씨들의 목숨을 구함

제목	유미의 신비한 하루
1 해설	평범한 소녀 유미. 어느 날, 하루 동안 시간을 되돌릴 수 있는 초능력이 생겼다. 이 사실을 알게 된 유미는 곧바로 지난 달 화재 사고가 났던 현장으로 갔다. 그때 돌아가신 소방관 아저씨들을 살리고 싶어서다.
2 사건 ①	유미: (불꽃으로 뒤덮인 현장으로 달려가) 소방관님들은 어디에 계세요? 공장 직원: 아직 안에 계셔. 얼른 불 끄고 나오셔야 할텐데…… 유미: (초조하게) 아, 안되겠어. 아저씨, 여기 불이 왜 난 건지 아세요? 공장 직원: 용접하다가 가스가 새서 폭발했다는구나.
3 사건 ②	유미: (눈을 감고) 시간아, 화재가 일어나기 전으로 돌아가 줘! 유미: (공장으로 뛰어들어가 다급하게) 아저씨, 아저씨! 잠시만요. 용접 기사: (황당한 표정으로) 학생, 여기 어떻게 들어왔어? 빨리 나가! 유미: 아저씨, 제발 잘 들으세요. 여기 용접기 고장 났어요. 호스에 가스가 새는 것 같고요. 한 번만 확인해 주세요. 용접 기사: (얼떨떨한 표정으로) 어, 정말이네. 고맙다.
4 해설	이렇게 소중한 생명을 살려낸 유미는 다시 평범한 생활로 돌아온다. 언젠가 다시 이 초능력이 생기길 꿈꾸며……

107

DAY 45
상상글

100% 만 원 vs 50% 오만 원 복권

배경지식 복권을 주제로 한 뉴스 기사를 읽어요.

복권, 인생을 바꿔 줄 행운일까?

우리가 복권을 사는 이유

2002년 12월 처음 발행된 온라인 복권 로또. 지난 2022년 로또 연간 판매액은 6조 원을 돌파해 역대 최고치를 기록했다. 최근 조사 결과에 따르면 로또를 사는 이유는 '기대나 희망을 가질 수 있어서'(40.5%), '좋은 일이나 공익 사업에 사용되어서'(32.7%) 등이다. 반면, 부정적인 시각으로는 '사행성을 조장해서'(21.3%), '당첨 확률이 낮아서'(20.2%) 등이 꼽혔다.

*사행성: 우연한 이익을 얻고자 요행을 바라거나 노리는 성질

당첨되면 과연 행복할까

복권 당첨은 큰 행운이지만, 당첨 이후 소비 욕구가 강해져 당첨금을 탕진하고 빚까지 지는 경우도 드물지 않다. 연구 결과에 따르면 당첨 당시에는 행복감이 급격히 상승하지만, 몇 개월 후에는 이전 수준으로 되돌아간다고 한다. 결국 허황된 꿈보다는 자기 본연의 행복을 좇는 편이 진정 행복해질 수 있는 길 아닐까.

생각 열기 각 복권의 좋은 점과 안 좋은 점을 구분하여 써요.

	당첨 확률 100% 당첨금 만 원	당첨 확률 50% 당첨금 오만 원
좋은 점	✔ 어차피 당첨이 될 거니까 복권을 사기 전부터 기분이 좋다. - 무조건 만 원을 벌 수 있다.	✔ 만약 당첨이 된다면 선택을 잘했다는 사실이 뿌듯할 것이다. - 확률은 반반인데 오만 원을 벌 수도 있다.
안 좋은 점	- 당첨금이 적다.	- 당첨이 안 될 수도 있다.

생각 글쓰기 '어떤 복권을 고를까?'라는 주제로 상상글을 써요.

한 줄 생각 정리

내가 선택한 복권	당첨 확률 100%, 당첨금 만 원 복권
선택한 이유	무조건 만 원을 벌 수 있다.
예상되는 결과	만 원이 생겨 행복하다.

제목	복권으로 부자 되기
1 사건의 배경	어젯밤에 개똥을 밟고 너무 좋아하는 꿈을 꾸었다. 꿈에 똥이 나오면 운이 좋은 거라던데. 왠지 느낌이 좋아 복권을 사기로 했다. 나는 지갑을 들고 우리 동네 복권 판매점으로 달려갔다.
2 갈등의 상황	복권 판매점에는 두 종류의 복권이 있었다. 첫 번째는 꽝이 없는 당첨 확률 100%의 복권으로, 당첨금은 만 원이었다. 두 번째는 당첨 확률이 50%로 반반인 복권이었는데, 당첨금은 오만 원이었다. 둘 다 오천 원이었고, 둘 중 한 장만 살 수 있다고 했다.
3 내가 선택한 복권	결국 나는 당첨 확률이 100%인 복권을 샀다. 불안한 건 딱 질색이다. 만약 50%짜리를 샀다가 당첨이 안 되면 얼마나 후회가 될까? 그리고 만 원도 그렇게 적은 돈은 아니다. 만약에 이 복권을 1년 내내 매일 산다면, 나에게는 365만원이 생기는 것이다.
4 결과	나는 그렇게 만 원을 벌었다. 오천 원을 투자해서 그 두 배의 돈을 벌다니! 하늘을 날아갈 듯 기쁘고 뿌듯했다. 나는 앞으로 매일 이 복권을 살 것이다. 하루에 만 원씩 차곡차곡 모아 엄마, 아빠 생일 선물도 사 드리고 우리 가족 다 같이 세계 일주 여행도 떠나야지!

DAY 46
기행글

산으로 갈래 vs 바다로 갈래

배경지식 우리나라 대표 산과 바다의 특징을 알아봐요.

산

백두산
해발 2,744m의 한반도에서 가장 높은 산으로, 정상에 '천지'라는 호수가 있다.

한라산
제주도 중앙에 있는 휴화산. 해발 1,950m로 남한에서 가장 높다. 정상에 백록담이 있다.

지리산
해발 1,915m의 경상도와 전라도에 걸쳐 있는 산. 반달가슴곰이 살고 있다.

바다

*해안: 바다와 맞닿은 육지 부분

서해안(황해안)
- 해안선이 복잡하고 물이 깊지 않다.
- 갯벌이 발달하여 간척 사업이 이루어진다.

동해안
- 해안선이 단조롭고 물이 깊다.
- 물이 맑고 깨끗해서 해수욕장이 많다.

남해안
- 해안선이 복잡하고 물이 깊지 않다.
- 섬이 많아 '다도해'라 불린다.

생각 열기 각각의 장소로 여행 갔을 때 할 수 있는 일과 할 수 없는 일을 구분하여 써요.

	산으로 여행	바다로 여행
할 수 있는 일	✔ 풀과 나무 냄새를 맡을 수 있다. - 산길에 돌탑을 쌓을 수 있다. - 정상에서 경치를 감상할 수 있다.	- 가족들과 낚시할 수 있다. - 바다에서 수영할 수 있다. - 모래성을 만들 수 있다.
할 수 없는 일	✔ 바다 냄새를 맡을 수 없다. - 물놀이를 할 수 없다 - 모래찜질을 할 수 없다.	- 산림욕을 할 수 없다. - 등산을 할 수 없다.

생각 글쓰기 산과 바다 중 한 곳을 골라 여행했다고 상상하여 기행글을 써요.

한 줄 생각 정리

내가 선택한 장소	바다
선택한 이유	여름에 시원함을 느낄 수 있는 장소라서
가서 하고 싶은 것	물놀이, 모래 놀이

제목	여름엔 역시 바다가 최고!
1 여행의 배경	여름 휴가 기간 동안 가족 여행을 계획했다. 여름에는 뭐니 뭐니 해도 바다가 최고다. 더우면 물속에서, 추우면 모래사장에서 놀면 된다. 나는 한참 전부터 수영복, 선크림, 오리발을 챙겨 놓고 여행 날을 기다렸다.
2 장소①	차를 타고 2시간 동안 달려 드디어 바닷가 펜션에 도착했다. 창문을 열자 탁 트인 전망이 너무 좋았다. 우리 가족은 우선 옷, 튜브, 음식 등을 챙겨서 펜션 바로 앞의 바닷가로 나갔다.
3 장소②	해변에는 이미 자리 잡은 사람들이 많았다. 우리 가족도 파라솔을 설치하고 시원한 그늘 아래 짐을 풀었다. 나는 아빠와 같이 시원한 바닷물에 뛰어들어 잠수도 하고, 커다란 돌고래 튜브도 타며 신나게 놀았다.
4 장소③	한참을 놀다 보니 배가 고팠다. 모래사장에서 먹는 빙수와 치킨은 너무 맛있었다. 배를 채우고 나서 모두 함께 모래찜질, 모래성 만들기도 했다. 슬슬 해가 졌지만 그냥 펜션에 들어가기 아쉬워 바닷가 산책도 했다.
5 여행 후 소감	맛있는 것도 먹고 물놀이를 많이 해서 즐거웠지만 너무 피곤했다. 밤에 아빠의 코 고는 소리로 잠을 설쳐서 더 그랬던 것 같다. 그래도 여름에 가족과 함께 하는 바다 여행은 최고다. 내년에도 가고 싶다.

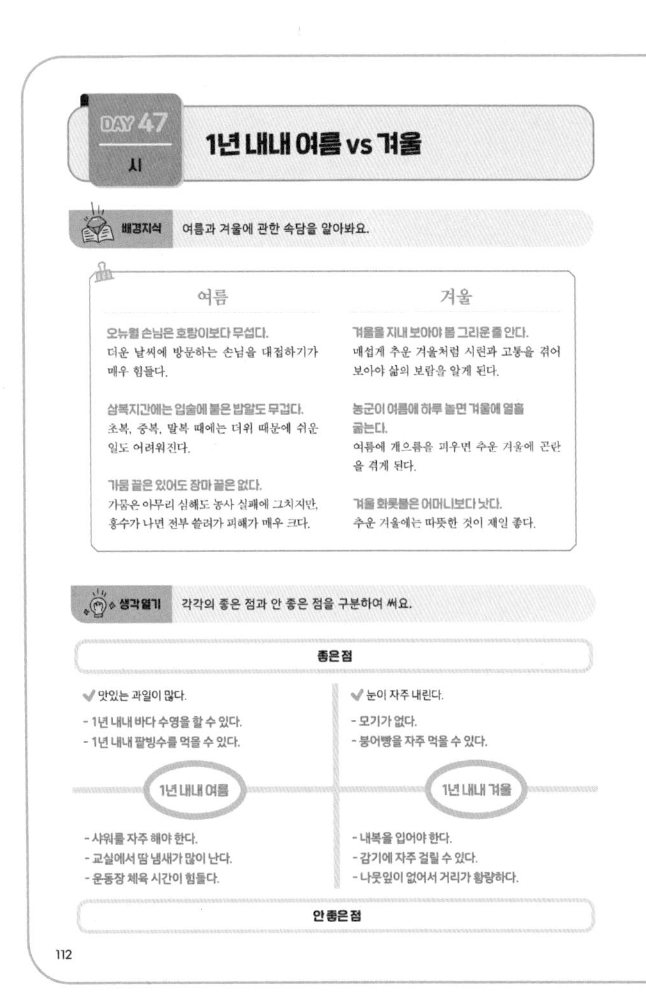

DAY 47 시

1년 내내 여름 vs 겨울

배경지식 여름과 겨울에 관한 속담을 알아봐요.

여름	겨울
오뉴월 손님은 호랑이보다 무섭다. 더운 날씨에 방문하는 손님을 대접하기가 매우 힘들다.	겨울을 지내 보아야 봄 그리운 줄 안다. 매섭게 추운 겨울처럼 시련과 고통을 겪어 보아야 삶의 보람을 알게 된다.
삼복지간에는 입술에 붙은 밥알도 무겁다. 초복, 중복, 말복 때에는 더위 때문에 쉬운 일도 어려워진다.	농군이 여름에 하루 놀면 겨울에 열흘 굶는다. 여름에 게으름을 피우면 추운 겨울에 곤란을 겪게 된다.
가뭄 끝은 있어도 장마 끝은 없다. 가뭄은 아무리 심해도 농사 실패에 그치지만, 홍수가 나면 전부 쓸려가 피해가 매우 크다.	겨울 화롯불은 어머니보다 낫다. 추운 겨울에는 따뜻한 것이 제일 좋다.

생각열기 각각의 좋은 점과 안 좋은 점을 구분하여 써요.

	1년 내내 여름	1년 내내 겨울
좋은 점	✓ 맛있는 과일이 많다. - 1년 내내 바다 수영을 할 수 있다. - 1년 내내 팥빙수를 먹을 수 있다.	✓ 눈이 자주 내린다. - 모기가 없다. - 붕어빵을 자주 먹을 수 있다.
안 좋은 점	- 샤워를 자주 해야 한다. - 교실에서 땀 냄새가 많이 난다. - 운동장 체육 시간이 힘들다.	- 내복을 입어야 한다. - 감기에 자주 걸릴 수 있다. - 나뭇잎이 없어서 거리가 황량하다.

112

생각글쓰기 '1년 내내'라는 제목으로 시를 써요.

한 줄 생각 정리

1년 내내 — 둘 중 하나를 선택한다면: 여름

	여름	겨울
좋은 점	팥빙수를 자주 먹을 수 있다.	모기가 없다.
안 좋은 점	땀을 많이 흘린다.	내복을 입어야 한다.

제목	1년 내내
지은이	이해린
1연 1년 내내 여름	1년 내내 여름 붕어빵은 없지만 맛있는 팥빙수가 있잖아
2연 1년 내내 겨울	1년 내내 겨울 내복을 입어야 하지만 짜증 나는 모기는 없잖아
3연 가정 선택	만약 둘 중 하나를 선택해야 한다면? 1년 내내 여름이지 차가운 눈보다 뜨거운 햇살이 좋거든!

5 밸런스 글쓰기

113

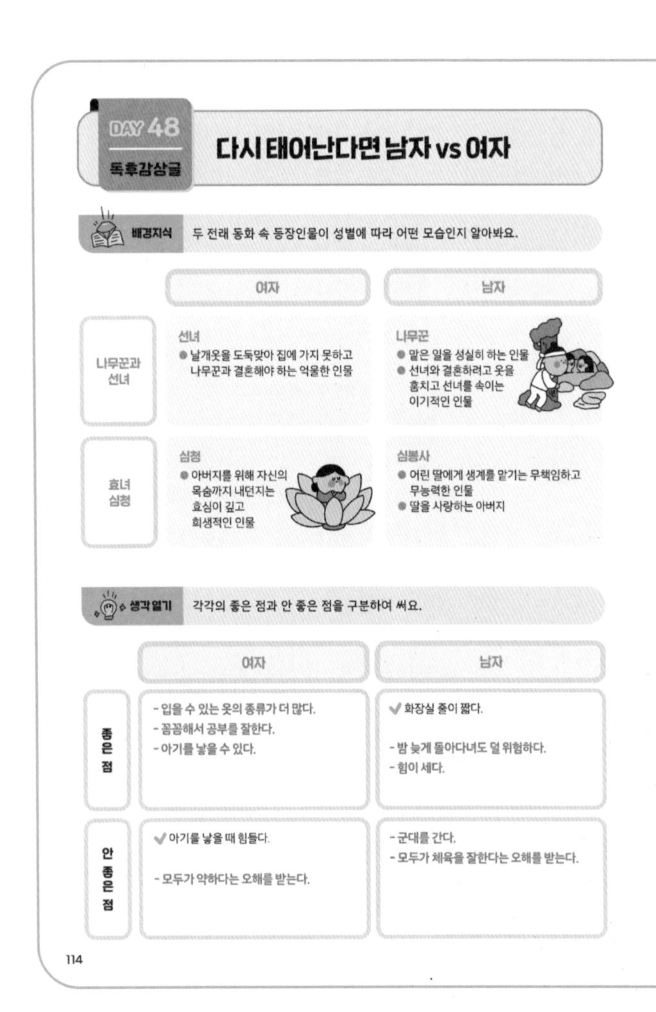

DAY 48 독후감상글

다시 태어난다면 남자 vs 여자

배경지식 두 전래 동화 속 등장인물이 성별에 따라 어떤 모습인지 알아봐요.

	여자	남자
나무꾼과 선녀	선녀 ● 날개옷을 도둑맞아 집에 가지 못하고 나무꾼과 결혼해야 하는 억울한 인물	나무꾼 ● 맡은 일을 성실히 하는 인물 ● 선녀와 결혼하려고 옷을 훔치고 선녀를 속이는 이기적인 인물
효녀 심청	심청 ● 아버지를 위해 자신의 목숨까지 내던지는 효심이 깊고 희생적인 인물	심봉사 ● 어린 딸에게 생계를 맡기는 무책임하고 무능력한 인물 ● 딸을 사랑하는 아버지

생각열기 각각의 좋은 점과 안 좋은 점을 구분하여 써요.

	여자	남자
좋은 점	- 입을 수 있는 옷의 종류가 더 많다. - 꼼꼼해서 공부를 잘한다. - 아기를 낳을 수 있다.	✓ 화장실 줄이 짧다. - 밤 늦게 돌아다녀도 덜 위험하다. - 힘이 세다.
안 좋은 점	✓ 아기를 낳을 때 힘들다. - 모두가 약하다는 오해를 받는다.	- 군대를 간다. - 모두가 체육을 잘한다는 오해를 받는다.

114

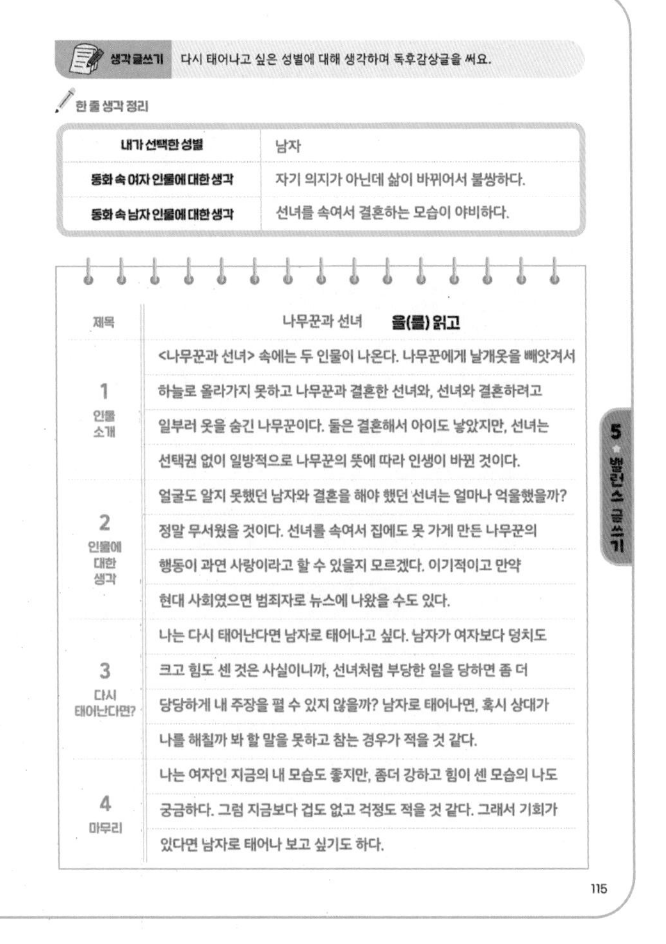

생각글쓰기 다시 태어나고 싶은 성별에 대해 생각하며 독후감상글을 써요.

한 줄 생각 정리

내가 선택한 성별	남자
동화 속 여자 인물에 대한 생각	자기 의지가 아닌데 삶이 바뀌어서 불쌍하다.
동화 속 남자 인물에 대한 생각	선녀를 속여서 결혼하는 모습이 야비하다.

제목	나무꾼과 선녀 을(를) 읽고
1 인물 소개	<나무꾼과 선녀> 속에는 두 인물이 나온다. 나무꾼에게 날개옷을 빼앗겨서 하늘로 올라가지 못하고 나무꾼과 결혼한 선녀와, 선녀와 결혼하려고 일부러 옷을 숨긴 나무꾼이다. 둘은 결혼해서 아이도 낳았지만, 선녀는 선택권 없이 일방적으로 나무꾼의 뜻에 따라 인생이 바뀐 것이다.
2 인물에 대한 생각	얼굴도 알지 못했던 남자와 결혼을 해야 했던 선녀는 얼마나 억울했을까? 정말 무서웠을 것이다. 선녀를 속여서 집에도 못 가게 만든 나무꾼의 행동이 과연 사랑이라고 할 수 있을지 모르겠다. 이기적이고 만약 현대 사회였으면 범죄자로 뉴스에 나왔을 수도 있다.
3 다시 태어난다면?	나는 다시 태어난다면 남자로 태어나고 싶다. 남자가 여자보다 덩치도 크고 힘도 센 것은 사실이니까, 선녀처럼 부당한 일을 당하면 좀 더 당당하게 내 주장을 펼 수 있지 않을까? 남자로 태어나면, 혹시 상대가 나를 해칠까 봐 할 말을 못하고 참는 경우가 적을 것 같다.
4 마무리	나는 여자인 지금의 내 모습도 좋지만, 좀더 강하고 힘이 센 모습의 나도 궁금하다. 그럼 지금보다 겁도 없고 걱정도 적을 것 같다. 그래서 기회가 있다면 남자로 태어나 보고 싶기도 하다.

5 밸런스 글쓰기

115

DAY 49
광고글

여행을 간다면 호텔 vs 풀빌라

배경지식 다양한 숙박 시설에 대한 설명을 읽어요.

여인숙	규모가 작고 가격이 저렴한 숙박 시설. 공용 화장실이 외부에 있고 시설이 낙후한 편임.
여관	대개 객실의 크기가 작고 가격이 저렴한 숙박 시설.
민박	집주인이 직접 운영하는 숙박 시설로, 집 전체 또는 일부를 빌려줌.
모텔	여관에 비해 주차 공간 등 편의성을 높여 자동차 여행자가 숙박하기에 편하도록 만든 숙박 시설.
호텔	건물 내부에 레스토랑이나 카페 같은 부대 시설이 있는 숙박 시설. 외국인 대상 서비스, 룸서비스 등 다양한 편의를 제공함.
콘도	스포츠, 놀이 등 각종 레저 시설을 부대 시설로 갖추고 있는 리조트 안의 숙박 시설.
펜션	민박의 가정적 분위기와 호텔의 편의성을 갖춘 소규모 고급 숙박 시설.
풀빌라	개인 수영장이 갖춰진 단독 주택을 통째로 대여하는 형태의 숙박 시설.

생각 열기 각 숙소의 좋은 점과 안 좋은 점을 구분하여 써요.

	호텔	풀빌라
좋은 점	- 직원이 많아서 안전하다. - 레스토랑, 수영장, 헬스장 등의 편의 시설이 많다. - 룸서비스가 있다.	✔ 수영장이 집 안에 있다. - 직접 요리를 해 먹을 수 있다. - 뛰어놀기 좋다.
안 좋은 점	✔ 다른 방의 소리가 들릴 수도 있다. - 가격이 비싸다. - 방에서 음식을 만들어 먹을 수 없다.	- 벌레가 있을 수 있다. - 시내와 먼 곳에 위치해 자동차를 이용해야 하는 경우가 많다.

생각 글쓰기 호텔과 풀빌라 중 하나를 골라 홍보하는 광고글을 써요.

한 줄 생각 정리

내가 선택한 숙박 시설	호텔
장점 ①	객실이 아름답고 침구가 푹신하다.
장점 ②	레스토랑, 수영장, 스파를 이용할 수 있다.

제목	'나이스 호텔' (으)로 오세요!
소개	즐거운 여행에는 편안한 숙소가 필수! 당신의 휴가를 완벽하게 만들어 줄 최고의 숙소를 소개합니다. 최상의 편안함과 럭셔리한 휴식을 원한다면, 나이스 호텔 (으)로 오세요!
1 소제목 ①	눈이 즐거운 인테리어
2 장점 ①	나이스 호텔은 객실을 파스텔톤으로 꾸며 편안하고 아늑한 느낌을 줍니다. 창밖으로 보이는 넓은 바다가 마음을 탁 트이게 해 주지요. 또, 최고급 매트리스와 침구로 폭신하고 편안한 잠자리를 약속합니다.
3 소제목 ②	고객 만족도 1위! 다양한 서비스
4 장점 ②	나이스 호텔에는 유명 셰프들의 한식, 양식, 일식, 중식 요리를 모두 맛볼 수 있는 레스토랑과 넓고 깨끗한 수영장, 최신식 시설이 완비된 스파도 있습니다. 다양한 시설과 룸서비스를 즐겨 보세요!
5 마무리	바다를 보며 힐링하고 싶은 사람, 맛있는 식사를 원하는 사람, 편안한 휴식을 원하는 사람! 모두 나이스 호텔로 오세요. 후회 없는 선택이 될 거예요.

DAY 50
편지글

착한 아싸 vs 이기적인 인싸 친구

배경지식 '인싸'와 '아싸'의 뜻을 알아봐요.

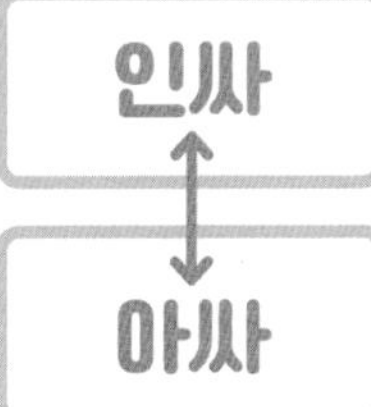

인사이더(in-sider)의 약자. 자신이 소속된 무리에 적극적으로 참여하며 사람들과 잘 어울려 지내는 사람을 일컫는 콩글리시 표현이에요. 주로 외향적이고 사회성이 뛰어난 사람을 가리키는 말로 쓰여요.

*콩글리시: 한국에만 존재하는 영어 표현

아웃사이더(out-sider)의 약자. 혼자 노는 사람, 무리에 어울리지 못하고 혼자 지내는 사람을 뜻해요. 원래 대학생 사이에서 사용하던 용어였지만 유튜브 등의 SNS로 퍼지면서 두루 쓰이는 말이 되었어요.

● 인싸와 아싸, 둘 중 고른다면 나는 어디에 더 가깝나요? 그 이유는 무엇인가요?

나는 우리 반 친구들과 두루 친하고 외향적이기 때문에 인싸에 가까운 것 같다.

생각 열기 각각의 좋은 점과 안 좋은 점을 구분하여 써요.

	이기적인 인싸 친구	착한 아싸 친구
좋은 점	✔ 같이 다니면 재미있는 일이 많을 것 같다. - 그 친구 주변에 친구가 많아 나도 인싸가 되거나 친구들에게 주목받을 수 있다.	- 나쁜 행동을 하지 않아 상처받을 일이 적을 것 같다. - 나와 단짝 친구가 될 수 있다.
안 좋은 점	✔ 스트레스 받을 일이 많을 것 같다. - 여러 친구들과 몰려다니게 되어 나만의 시간이 부족하다. - 친구에게 상처받을 수 있다.	- 친구들에게 주목 받기 어렵다. - 둘이서만 놀게 되면 심심할 수 있다.

생각 글쓰기 두 친구 중 하나를 선택한다면? 그 친구에게 편지를 써요.

한 줄 생각 정리

내가 선택한 친구	착한 아싸 친구
선택한 이유	배려심 있는 착한 친구와 함께 시간을 보내고 싶어서
그 친구를 무언가에 비유한다면?	예) 살가운 강아지, 가시가 있는 장미 순두부

받는 사람	지아 에게
1 쓴 이유	안녕, 지아 (아)야? 반가워. 난 윤서 야. 나는 착한 아싸 친구와 이기적인 인싸 친구 중에, 착한 아싸 친구인 너와 친해지고 싶어서 편지를 쓰게 됐어.
2 전할 말 ①	너는 마치 몽글몽글 흰 순두부 같아. 네 말투도, 성격도 정말 부드럽고 따뜻한 사람이라는 생각이 들거든. 너는 평소에 조용히 혼자 있을 때가 많지. 그래서 사실 처음엔 재미없는 친구라고 생각한 적도 있었어.
3 전할 말 ②	그런데 막상 대화를 해보니 참 속이 깊은 친구더라. 마음이 편했어. 그래서 나는 너랑 친해지고 싶어. 함께 다이어리 꾸미기도 하고, 공부도 하고 싶어. 차분하고 배려심 많은 너에게 내가 배울 점도 많을 것 같아. 우리 앞으로 어디든 함께 다니면서 단짝이 되지 않을래?
4 마무리	너랑 얼른 이런저런 이야기도 나누고 맛있는 것도 나눠 먹으면서 친해졌으면 좋겠다. 그럼, 학교에서 만나! 안녕.
날짜	20 XX 년 X 월 X 일
보내는 사람	윤서 가

5 밸런스 글쓰기